# LA MAISON

D'UN

# ARTISTE

4184

PARIS

TYPOGRAPHIE GEORGES CHAMEROT

19, rue des Saints-Pères, 19

# LA MAISON
## D'UN
# ARTISTE

PAR

EDMOND DE GONCOURT

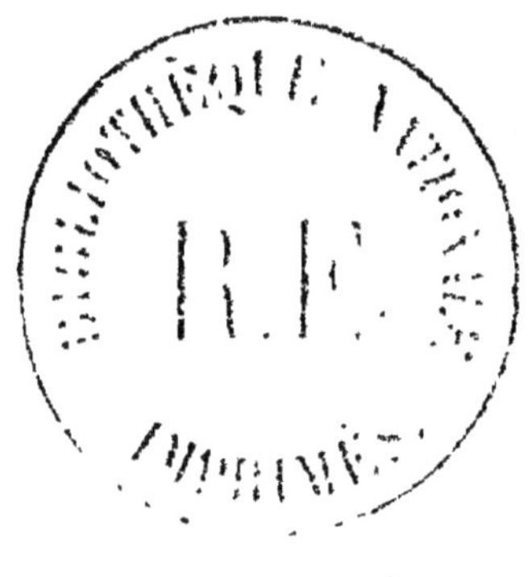

TOME SECOND

1891.

403

PARIS

G. CHARPENTIER, ÉDITEUR

13, RUE DE GRENELLE-SAINT-GERMAIN, 13

1881

Tous droits réservés.

LA

# MAISON D'UN ARTISTE

## CABINET DE TRAVAIL

(*Suite*).

Après la cheminée, le mur reprend avec la littérature, avec la poésie.

Avouons-le franchement, la poésie du temps ne vaut quelque chose que par les estampes des dessinateurs qui l'ont illustrée. Parlons donc des poètes à images.

C'est en première ligne Dorat et ses Baisers et ses Fables, et ses petits poèmes, avec ses illustrateurs ordinaires, Eisen et Marillier.

Puis, prenant au hasard dans la rangée de livres, il nous tombe sous la main la « Pucelle d'Orléans », avec les figures de Gravelot; les insipides « Héroïdes » de Blin de Sainmore à la pompeuse illustration; les trois volumes des « A-propos de société », où Moreau a fait tenir de si charmantes sociétés dans des carrés, grands comme une carte de visite; les « Saisons » de Saint-Lambert, avec les figures de Leprince et les en-tête de Choffart; « Mon Odyssée », décorée de dessins de Desfriches, gravés par Cochin, qui a dessiné incontestablement les figures des dessins; le rare petit poème, intitulé: « les Bienfaits du Sommeil », dont les Moreau sont si finement gravés par De Launay; les « Historiettes ou nouvelles en vers », par M. Imbert, dont le titre est à la fois dessiné et gravé par Moreau; les « Idylles » de Berquin, aux mièvres petites images, se payant aujourd'hui un prix si déraisonnable; le « Temple de Gnide » mis en vers par Colardeau, avec les estampes d'après Monnet; les « Amusements d'un Convalescent », dont le frontispice de Gravelot est la merveille des frontispices passés, présents et à venir; les « Quatre Heures de la toilette des Dames », poème dédié à la princesse de Lamballe, et princièrement illustré de vignettes et de culs-de-lampe de Leclerc; enfin un exemplaire des « Chansons de la Borde », en veau, il est vrai, mais payé 25 francs, et chez Sieurain, — il y a trente ans.

Gardons-nous de passer sous silence, parmi ces livres, l'édition de 1760, des « Poésies de M. Sedaine », qui renferme le rare et artistique portrait du poète et de l'ami, gravé par Gabriel de Saint-Aubin.

Et n'oublions pas encore les méchants vers badins du JOUJOU DES DEMOISELLES, aux deux titres dessinés par Eisen, et dont chaque page a un en-tête gravé; et les méchants vers polissons du BIJOU DE SOCIÉTÉ *ou l'Amusement des Grâces, A Paphos, l'An des plaisirs :* petits volumes au texte gravé, aux eaux-fortes maladroites.

Mais il faut encore donner place ici à ces almanachs chantants, qui font rage aujourd'hui, à ces almanachs illustrés de minuscules vignettes anonymes, mais souvent spirituelles, et qui s'appellent de ce titre : CALENDRIER DE PAPHOS, ou bien de cet autre : LA FLEUR DES PLAISIRS, *Étrennes chantantes à la mode, dédiées aux Grâces, enrichies de figures, et suivies du gazetier chantant avec tablettes économiques, Perte et Gain, petit secrétaire à l'usage des dames.* Chez le sieur Desnos. » L'un de ces petits volumes intitulé : LES DÉLICES DE CÉRÈS, contient des vues de promenades, des bals de Paris, du Salon de peinture.

Après les poésies, les romans. Ils sont nombreux, es romans, et nombreux dans tous les genres. J'en cite, un peu au hasard, quelques-uns :

« LA VIE DE MARIANNE, ou les Aventures de madame la comtesse de *** par M. de Marivaux » : un roman publié en 1731, en ces années où la critique professait que, seules, les aventures de la noblesse pouvaient intéresser le lecteur, et où l'auteur avait le courage de dire dans sa préface : « Il y a des gens qui croient au-dessous d'eux de jeter un regard sur ce que l'opinion a traité d'*ignoble*, mais ceux qui sont un peu plus philosophes, qui sont un peu moins dupes des distinctions, que l'orgueil a mis dans les choses de ce monde, ces gens-là ne seront pas fâchés de voir ce que c'est que l'Homme dans un cocher, et ce que c'est que la Femme dans une petite marchande. »

De Crébillon fils, les éditions originales du HASARD

DU COIN DU FEU et de LA NUIT ET LE MOMENT, ces analyses parlées, et dans la langue la plus subtile qui soit, des mouvements de l'âme de l'homme et de la femme du temps, ces jolies et spirituelles révélations de l'infiniment secret des tentations des sens et des caprices de cervelle de la créature des vieilles civilisations, ces petits romans de génie qui, un jour, prévaudront sur tout le fatras officiel du temps, et auxquels M. Villemain n'a pas même accordé l'honneur de nommer leur auteur, dans son « Cours de littérature du dix-huitième siècle ».

Et les romans philosophiques, parmi lesquels est un exemplaire d'IMIRCE, OU LA FILLE DE LA NATURE, 1764, par Dulaurens, un exemplaire aux armes et aux initiales de Groubentall, l'ami et le colloborateur de Dulaurens, avec une grande note de sa main, nous apprenant que l'auteur du livre était encore en prison le 5 juillet 1790, et que sa captivité l'avait rendu fou.

Et les romans historiques ou plutôt demi-historiques, dont un des plus curieux est : « MÉMOIRES DU CHEVALIER DE RAVANNE, page de S. A. le duc régent et mousquetaire, Londres 1781 », quatre petits volumes Cazin, reliés en maroquin rouge.

Et les romans militaires nous renseignant sur la vie des garnisons et des camps, et nous initiant aux conquêtes du soldat en France et à l'étranger, comme les : « EXPLOITS MILITAIRES ET GALANTS *des officiers de l'armée de France, en Allemagne*... Amsterdam, 1742 », ou comme : « L'ACADÉMIE MILITAIRE, ou les Héros subalternes, Amsterdam 1777 », quatre volumes ornés de vignettes, que je crois de Lepaon.

Et les romans de mœurs, où dans le tas je retire : « LE NOVICIAT DU MARQUIS de ***, ou l'Apprentif devenu maître à Cythère, avec l'approbation de Vénus, 1747 », petit roman rare qui raconte joliment les timidités et les embarras ingénus d'un premier amour; L'AMOUR DÉCENT ET DÉLICAT, *ou le Beau de la galanterie. A la Tendresse, chez les Amans*, 1760; LES SPECTACLES NOCTURNES, Londres 1756, donnant des détails sur la vie des petites maisons; « LE SOUPÉ, ouvrage moral. Londres », roman qui a toute la charmante désinvolture d'un style aujourd'hui perdu; LES DIALOGUES MORAUX d'un petit maître philosophe et d'une femme raisonnable, Londres 1774 », dialogues descendant des dialogues de Crébillon fils; LES SUCCÈS D'UN FAT, 1764, pourtraiturant l'homme auquel les femmes font la cour, et auquel elles sont reconnaissantes de l'honneur qu'il leur fait de publier, qu'il les a *conquises;* LA JOLIE FEMME, OU LA FEMME DU JOUR, 1769, avec son coquet titre, dont l'encadrement enferme une table à toilette; LA PARISIENNE EN PROVINCE, 1769, petit livre rendant l'étonnement naïf de la femme de la capitale devant cette nature de campagne, où il n'y a pas le moindre *boulingrin,* et qui dit, à l'aspect de paysans conduisant une charrue : « Ah! ils labourent, je m'en étais un peu doutée; voilà donc le labourage! Il y a si longtemps que j'étais curieuse de voir labourer! » LES LAURIERS ECCLÉSIASTIQUES, ou Campagnes de l'abbé T***. A Luxuropolis. De l'Imprimerie du clergé, 1777 », récit voluptueux et espiègle par un petit-collet,, de la défaite de soubrettes possédant de l'éducation et l'*ensemble de visage le plus frais,* de marquises au *pied de la délicatesse la plus achevée,* de présidentes bien en chair, d'adorables duchesses *ayant le diable au corps;* L'ANNÉE GALANTE, ou les Intrigues secrètes du marquis de L***, 1785 », roman fabriqué avec les aventures de l'Étorière, officier aux gardes; « LA MORALE DES SENS, ou l'Homme du siècle. Extrait des Mémoires de M. le Chevalier de Bar***, rédigés par MM... D. M., Londres, 1792 », avec une préface que Béranger semble avoir lue : « Un palais succède à ton taudis : te souviendras-tu alors de nos petits soupers tête à tête, de notre amour, de nos plaisirs. Je dirai, en voyant ta nouvelle métamorphose : Quand j'aimais Babet, nul mortel n'était plus heureux que moi : nous ne possédions que notre amour, et nous n'avions rien à désirer. Quand sa bouche me disait : Je t'aime, son cœur en palpitant me le jurait d'une manière plus touchante. Comme tout est changé!... quel luxe! quel fracas! Dis-moi, friponne, quand tu seras Émilie, oublieras-tu l'amant de Babet? »

Deux romans se distinguent de tous ces romans. Le premier, c'est ANGOLA, qui fait deux si ravissants petits volumes, dans l'édition de 1751, ornée des vignettes d'Eisen. Indépendamment de son style alerte et comme pirouettant sur un talon rouge, de sa jolie petite observation ironique à la façon d'un sourire de grande dame, indépendamment de ses croquetons sémillants, ce livre est un document curieux pour l'histoire de la langue; le soulignement de son italique nous conserve tous les néologismes, toutes les phrases que les puristes de 1750 ne voulaient pas accepter, et qui font aujourd'hui partie de la langue courante, parlée par tous. Les puristes de notre temps croiront-ils qu'on regardait alors, comme une audace de dire : *chercher chicane*, raconter d'*un ton lamentable*, *l'air consterné*, *chanter à faire peur*, *caresser* son jabot, être *exactement informé*, *une attitude singulière*, *des devoirs pénibles*, *railler sans miséricorde*, *les fondements d'un édifice*, les contes *dont on berce les petits enfants*, *tourner la cervelle*, *crever des chevaux de poste*, *toucher cette corde*, langage *entortillé*, *cavalièrement*, *rompre la glace*, rien *de si absurde*, *lutiner*, *mauvaise plaisanterie*, passion *malheureuse*, *prendre comme à tâche*, *ces sortes de conjectures*, *affaire arrangée*, *faire la bégueule*, *manège habile*, *quel enfantillage*, *suer à grosses gouttes*, etc.

Le second roman a pour titre : « THÉMIDORE ; à la Haye, aux dépens de la Compagnie, 1745 », attribué à Godard d'Aucour, le fermier général : une peinture vraie du caractère général de la fille d'alors, peinture bien plus vraie que celle de l'abbé Prévost dans « Manon Lescaut » qui a dû sa fortune sans exemple à un côté de sentimentalité moderne, n'existant pas le moins du monde chez les impures du dix-huitième siècle.

Puis ce sont presque tous les romans de Rétif de

la Bretonne, au milieu desquels se trouve un exemplaire broché de la PAYSANNE PERVERTIE avec les figures, avant les noms des dessinateurs et graveurs; et un exemplaire du NOUVEL ABAILARD, sur papier de Hollande, qui serait, d'après M. Paul Lacroix, le seul exemplaire connu d'un roman complet sur ce papier, du romancier.

Et encore le rarissime roman de Sénac de Meilhan, qui a pour titre : L'ÉMIGRÉ publié par M. de MEILHAN, *ci-devant intendant du pays d'Aunis de Provence, Avignon et du Hainaut, et intendant général de la guerre et des armées du Roi de France. A Brunswick : Chez P. Fauche et compagnie,* 1797, roman in-12 en quatre volumes, ornés d'estampes dessinées par Du Pré, et gravées par Benet, Salomon, Wagner, Dörnsted.

Terminons cette bibliographie romancière à vol d'oiseau par la liste des célèbres romans du dix-huitième siècle, avec l'illustration qu'en ont faite les dessinateurs et graveurs contemporains : l'édition de 1756, de « Manon Lescaut » avec les vignettes d'Eisen ; l'édition de 1764, de la « Nouvelle Héloïse », avec les vignettes de Gravelot; l'édition de 1772 du « Diable amoureux » de Cazotte, avec les figures où l'habile Moreau a si bien contrefait le dessin enfantin de l'homme de génie, trouvé dans une auberge par l'auteur; l'édition grand in-octavo de 1776, des Confessions du comte de *** par Duclos, avec les figures de Desrais; l'édition de 1796 des « Liaisons dangereuses » ; le terrible roman de Laclos, avec les estampes de Monnet, de Fragonard fils, de mademoiselle Gérard ; l'édition de l'an VI des « Amours de Faublas » avec les vignettes de Marillier, de Monnet, de Monsiau, de Dutertre, de Demarne, de mademoiselle Gérard ; l'édition de l'an XIII de « la Religieuse » avec les cinq figures de Le Barbier.

Quant aux nouvelles et aux contes, je ne citerai que les « Contes moraux » de Marmontel, dont l'édition de 1765, est peut-être, à l'heure présente, le moins cher des livres illustrés, quoique ce soit celui qui contienne les plus charmants et les plus amusants Gravelot, pris sur la vie contemporaine.

Ici, laissant de côté un certain nombre de séries, je vais droit aux livres sur les mœurs.

Tout d'abord les ouvrages sérieux comme le livre de Toussaint, intitulé : LES MŒURS, 1768, ou comme : « L'ÉCOLE DE L'HOMME, ou Parallèle des portraits du siècle et des tableaux de l'Écriture sainte, 1752 », une espèce de La Bruyère très inconnu du dix-huitième siècle, et qui a, en tête de sa première partie, une clef de ses portraits.

A la suite de ces deux traités dogmatiques, les ouvrages suivants : « LES MŒURS DE PARIS, par M. L. P. Y. E. Amsterdam, 1747 » ; « le TABLEAU DU SIÈCLE, par un auteur connu. Genève, 1759 » ; « ESSAI SUR LE CARACTÈRE et les mœurs des François comparées à celles des Anglois. Londres, 1776. »

Puis les petits livres, où la peinture des mœurs est relevée d'une forte pointe d'ironie, petits livres un peu trop méprisés de notre siècle, et qui contiennent cependant pas mal de l'alerte et vif esprit français du temps : « l'Apologie de la frivolité, 1750 » ; « les Ridicules du siècle, 1752 » ; « le Livre à la mode, 1760 », et les autres livres de Carraccioli ; « la Berlue, 1760 » ; « l'Inoculation du bon sens, 1761 » ; « la Philosophie à la grecque, 1772 » ; le Livre à la mode, dont son auteur, le chevalier Des Essarts, fait ce piquant portrait de l'officier petit-maître : « Un simple uniforme de drap propre, de grosses bottes soutenues par un talon de trois bons pouces, des éperons aussi clairs que la garde de l'épée, une chemise à manchettes unies, un chapeau retapé à la militaire, les cheveux en queue et une simple boucle ; ajoutez à tout cela un col noir, et une épée dont la lame est de défense. Est-ce là l'habillement, la façon de se mettre d'un officier ? Eh fi ! on a l'air trop soldat. Un officier petit-maître a bien plus de goût. Il lui faut autant de papillotes qu'il a de cheveux, une bourse à la françoise, ou au moins une petite queue ensevelie dans trois livres de poudre appliquées avec art, des manchettes à dentelles, des bas de soye, des souliers à talon rouge et surtout une épée à la françoise ; le chapeau... ! cet article m'embarrasse un peu... ce n'est pas un chapeau, il n'en a pas la forme ; ce n'est pas un bonnet, il n'en a pas la matière ; c'est un zest, un soupçon, une idée, un rien fait en forme de ce je ne sais quoi sur lequel est attaché trois petits morceaux de plumet, et on porte sous le bras cette singulière invention. »

Mais parmi tous ces livres et bien d'autres encore, les deux chefs-d'œuvre du genre sont : LE PAPILLO-

TAGE, 1767, et la BIBLIOTHÈQUE DES PETITS-MAITRES, *ou Mémoires pour servir à l'histoire du bon ton et de l'extrêmement bonne compagnie. Au Palais-Royal, chez la petite Lolo, marchande de galanteries, à la Frivolité*, 1762.

Dans cet ordre d'écrits au persiflage quintessencié, au joli babil littéraire, tout plein de tours et de voltes de phrases, exécutés avec une prestesse singulière, un abbé, l'abbé Coyer, a écrit un livre qui mérite sa place parmi les plus délicates et les plus incisives ironies : ce sont les BAGATELLES MORALES, et je ne connais rien, dans notre langue, d'une impertinence de style plus grand seigneur, que sa « Lettre à une dame anglaise » qui, dans l'édition originale publiée séparément, porte le titre : *Lettre à une jeune dame nouvellement mariée.*

Vient le tour des petits croquis satiriques d'une maladie du jour, d'un éphémère goût de la nation, de n'importe quoi enfin, d'un jeu à la mode aussi bien que d'un jubilé, et aussi bien d'un jubilé que de l'approche d'une comète. Les vapeurs sont prises à partie dans la PHILOSOPHIE DES VAPEURS, 1774, qui se raille agréablement de la sensibilité vaporeuse, née dans ce siècle de philosophie et de santé délabrée, où la Faculté vient de mettre un fort de la Halle au bouillon de poulet et à l'eau de tilleul. L'anglomanie de nos pères est moquée dans le PRÉSERVATIF CONTRE L'ANGLOMANIE, 1757, où l'auteur, après avoir plaisanté un moment, déclare que nos draps sont de meilleur user et plus maniables que les draps anglais, et établit la supériorité de nos teintures, de nos glaces, de notre argenterie, auprès de laquelle l'argenterie anglaise n'offre que des morceaux vilainement et archaïquement filigranés.

Y a-t-il un jubilé ? Voici : les EMBARRAS *du jubilé à Paris,* 1751, brochure qui nous fait assister au rétablissement dans tous les intérieurs des grands lits de ménage, et au relèguement des romans dans les cabinets, et au travail du convertisseur Doucin, rédigeant un agenda alphabétique des femmes de condition séparées de leurs maris et de celles qui ont des intrigues réglées sous leurs yeux.

Une comète montre-elle un rien de sa queue dans le ciel ? Aussitôt la brochure LA COMÈTE qui entre en matière en ces termes : Aradmé, jolie femme, tenait cercle, et déjà l'on avait épuisé la chronique du jour, tout le persiflage du temps, tous les *si* et les *mais* de la calomnie, la liste entière des nouveautés du *Petit Dunkerque,* etc., lorsqu'on vit arriver subitement certain lettré, pâle, essoufflé, oppressé, haletant, et ayant l'air de vouloir dire bien des choses, sans pouvoir en dire une. Ah ! Madame, s'écria-t-il enfin ; avez-vous ouï parler de la comète?—Monsieur, j'y ai joué quelquefois. — Ceci n'est point un jeu, Madame, vous ne savez donc pas qu'il nous arrive une comète ? — Elle ne m'a point fait part de son arrivée. — Trêve de raillerie, Madame ! Apprenez que cette comète est environ dix fois plus grande que notre terre...

Un jeu, le pauvre quadrille a contre lui le DÉPIT *du jeu de quadrille.*

Et sur le jour de l'an, il n'y a pas moins de quatre brochures : LES INCOMMODITÉS DU JOUR DE L'AN, 1743 ; LE JOUR DE L'AN, en vers ; LES VISITES DU JOUR DE L'AN, petite comédie ; et LES VISITES DU JOUR DE L'AN ou Étrennes de 1788, toutes brochures tournant en ridicule les visites, et dont la dernière fait ce joli tableau de la visite au Directeur :

Laquais, vite ; à la porte. On frappe. Alerte. Ouvrez.
Des sœurs du Sacré-Cœur ce sont les tourières.
Monsieur, permet-il ? C'est... de la part de nos Mères
Toutes en général lui font des complimens.
Et toutes pour Monsieur forment des vœux ardens.
« A son petit papa », notre mère Saint-Ange
Adresse six gâteaux. Ils sont de fleurs d'orange.
Voici des macarons de sœur Saint-Augustin
Et voilà du sirop de Bonne Saint-Justin.
. . . . . . . . . . . . . . . . . . . . . . . . . . . .
Recevez de nos sœurs Barbe, Claire et Marton
Ces biscuits à la rose et ces cœurs au citron.

Et nous voilà aux livres sur les Femmes, l'Amour, le Mariage, dont je vais donner quelques titres : « Réflexions nouvelles sur les femmes par une dame de la cour de France, 1730 » ; « Lettre de M. l'abbé d'A*** à une demoiselle de condition, au sujet de la politesse et des devoirs des jeunes personnes de son sexe, 1737 » ; « Lettre sur l'Éducation des femmes et leur caractère en général, par le chevalier de Rauto le Laborie, Saint-Omer 1757 » ; « l'Ami des Filles, 1762 » ; « les Testes folles, 1753 » ; « Tableau de la Bonne Compagnie, 1787 » ; « Tableau de la Vie, ou des Mœurs du dix-huitième siècle », etc., etc., et encore « la Confession d'une femme qui s'aime uniquement », une assez vraie confession de la femme du temps.

Dans tout ce fatras qui est énorme, deux livres seuls sont dignes d'attention. Le premier : « L'ESSAI SUR LE CARACTÈRE, LES MŒURS ET L'ESPRIT DES FEMMES, par Thomas, est un traité, un peu académique et pas assez spécial de la femme du dix-huitième siècle. Le second, porteur du titre si méchant : « PETIT TRAITÉ DE L'AMOUR DES FEMMES POUR LES SOTS ; A Bagatelle, 1788 », doit être accueilli comme une étude sérieusement psychologique de la femme du siècle, étude entremêlée de portraits, sous des noms supposés, de M^mes de la Suze, de Matignon, de Castellane, de Stael, de la Châtre et de la duchesse de Brancas. Et, avant d'arriver à « la Condition des femmes dans les Républiques, par le citoyen Théremin », arrêtons-nous à la « PÉTITION DES FEMMES DU TIERS ÉTAT, publiée en janvier 1789, qui résume en quelques lignes le triste tableau de leurs destinées :

« Les femmes du tiers état naissent presque toutes sans fortune ; leur éducation est très négligée ou très vicieuse : elle consiste à les envoyer à l'*école* chez un maître, qui lui-même ne sait pas le premier mot de la langue qu'il enseigne ; elles continuent à y aller jusqu'à ce qu'elles sachent lire l'office de la Messe en français et les Vêpres en latin. Les premiers devoirs de la religion remplis, on leur apprend à travailler ; parvenues à l'âge de quinze à seize ans, elles peuvent gagner cinq ou six sous par jour. Si la nature leur a refusé la beauté, elles épousent sans dot de malheureux artisans, végètent péniblement dans les provinces, et donnent la vie à des enfants qu'elles sont hors d'état d'élever. Si, au contraire, elles naissent jolies, sans culture, sans principes, sans idée de morale, elles deviennent la proie du premier séducteur, font une première faute, viennent à Paris ensevelir leur honte, finissent par s'y perdre entièrement et meurent victimes du libertinage.

Aujourd'hui que la difficulté de subsister force des milliers d'entre elles de se mettre à l'encan, que les hommes trouvent plus commode de les acheter pour un temps que de les conquérir pour toujours, celles qu'un heureux penchant porte à la vertu, que le désir de s'instruire dévore, qui se sentent entraînées par un goût naturel, qui ont surmonté les défauts de leur éducation, et savent un peu de tout sans avoir rien appris, celles enfin qu'un âme haute, un cœur noble, une fierté de sentiment fait appeler *bégueules*, sont obligées de se jeter dans les cloîtres où l'on n'exige qu'une dot médiocre, ou forcées de se mettre au service; quand elles n'ont pas assez de courage, assez d'héroïsme pour partager le généreux dévouement des filles de saint Vincent de Paul. »

Quant aux femmes de la société, parmi tous les documents qui peignent le désordre de la vie de la plupart de ces femmes, le relâchement des liens du mariage, la facilité des liaisons éphémères, je me bornerai à donner les titres de ces trois pièces réunies dans un volume : L'ISLE DE LA FÉLICITÉ, HISTOIRE DE LA

FÉLICITÉ, FORMULAIRE ET CÉRÉMONIAL *en usage dans l'ordre de la Félicité avec un dictionnaire des termes de marine, usités dans les escadres et leur signification en françois,* 1745 : trois pièces qui sont l'historique, les statuts et le vocabulaire d'une *Société du moment*, dont les affiliés faisaient brusquement l'amour, quand ils se rencontraient.

Et tant de maris trompés pendant tout le siècle, et tant d'enfants adultérins, amenaient, aux premières années de la Révolution, ces terribles et bien souvent calomnieux dénombrements, imprimés et criés dans la rue, et qui s'appellent : ASSEMBLÉE *de tous les bâtards du royaume*, — PROCÈS-VERBAL ET PROTESTATIONS *de l'assemblée de l'ordre le plus nombreux du royaume*, — SECOND PROCÈS-VERBAL *de l'assemblée de l'ordre le plus nombreux du royaume tenue à la plaine de Longs-Boyaux. A Concornibus, de l'imprimerie Kornemanique, rue des Cornards,* 1789, — et enfin, NOUVELLE ASSEMBLÉE *des notables cocus du royaume, en présence des favoris de leurs épouses. A Paris, l'an premier de la Liberté,* brochure dans laquelle le rédacteur donne la liste de tous les prétendus amants de la femme, et où, il lui faut rendre cette justice, il ne ménage pas plus l'honneur du tiers état que celui de la noblesse.

A la suite des livres sur la femme et l'amour, les livres sur la prostitution, dont j'ai fait une collection assez difficile à réunir aujourd'hui.

D'abord les traités du temps, contenant une historique de la prostitution, comme le CODE DE CYTHÈRE *ou lit de justice d'amour,* 1746, comme le CODE OU NOU-

VEAU RÈGLEMENT *sur les lieux de prostitution*, 1775, se terminant par une réglementation utopique que reprendra Rétif de la Bretonne dans son « Pornographe ». Dans cette catégorie de livres, il n'y a que les « DOLÉANCES D'UN AMI DES MOEURS, qui émettent des idées réalisables, pratiques, mais c'est un ensemble de mesures draconiennes, dont ne pouvait et ne pourra jamais vouloir la corruption d'une vieille civilisation.

Les ordonnances de police concernant les femmes de débauche, dont une à la date du 6 novembre 1778, leur fait « très expresses inhibitions et défenses de raccrocher dans les rues, sur les quais, places et promenades publiques, et sur les boulevards de cette ville de Paris, même par les fenêtres : le tout sous peine d'être rasées et enfermées à l'Hôpital, même en cas de récidive, de *punition corporelle.* »

Les livres documentaires sur la matière, dans des genres différents, tels que : LES CAUSES DU DÉSORDRE PUBLIC, *par un vrai citoyen*, 1784, qui comptent à Paris 60,000 filles de prostitution, auxquelles il faut ajouter 10,000 privilégiées, et tels que : REPRÉSENTATIONS *à Monsieur le Lieutenant-Général de Police de Paris, sur les courtisanes à la mode et les demoiselles du bon ton à Paris. De l'Imprimerie d'une société de gens ruinés par les femmes*, 1762, représentations qui disent qu'au commencement de l'année 1760, il y avait, chez les notaires de Paris, vingt-deux mille contrats de rentes constituées, tant petits que grands, assurant un revenu annuel d'au moins dix millions aux courtisanes de la capitale.

Les rapports de police, ces morceaux de biographie si exacts, dont on trouve des fragments dans la « Police Dévoilée » de Manuel, dans la « Chronique Scandaleuse », dans les « Souvenirs et Mélanges » de M. de Rochefort, dans la « Revue Rétrospective », et dont une partie a été publiée dans le volume ayant pour titre : « Journal des Inspecteurs de M. de Sartine », et encore dans la « Revue Anecdotique » ; ces rapports de police ont pour complément les deux rares volumes in-octavo, publiés en 1790 : LA CHASTETÉ DU CLERGÉ DÉVOILÉE, *ou Procès-verbaux des séances du clergé chez les filles de Paris, trouvés à la Bastille.*

Il y a encore un peu de biographie vraie de ces femmes dans la CHRONIQUE ARÉTINE, *Caprée* 1789, cette collection de scandaleuses monographies galantes, qui devait comprendre toutes les femmes de la grande et de la petite prostitution, mais dont seulement une livraison a paru, contenant les vies de Dervieux, Sainte-Amaranthe, Chouchou, Leblanc, etc.

Un recueil manuscrit de « Lettres secrètes, année 1783 », que je possède, et sur la première page duquel il y a écrit : « Monsieur Naigeon, ami de Diderot, tenait ce manuscrit de Grimm », renferme nombre de détails sur les filles des maisons de prostitution, et particulièrement de la Liébaut. Et sous la rubrique « Histoire des passions », le gazetier raconte les singulières amours du fermier général Mercier avec

Agathe, de l'architecte Bourgeois avec Euphrosine et Jeannette, et il indique la maison, rue Maubuée, où Rousseau se faisait « fouetter pour son petit écu », et il parle de la manie amoureuse du vieux Beaujon, qui prenait son plaisir à être emmaillotté, et à prendre la bouillie des mains de nymphes au jupon court.

Viennent ici les ouvrages *spirituels*, qu'il faut lire cependant : les LETTRES DE LA FILLON, 1751, la CORRESPONDANCE DE MADAME GOURDAN, 1784, et les CANEVAS DE LA PARIS *ou Mémoires pour servir à l'histoire de l'hôtel du Roulle*. Ce dernier in-douze mérite qu'on s'y arrête un moment. Il nous montre la maison de prostitution de l'aristocratie et de la finance, avec sa file de carrosses à la porte, sa cour d'honneur, ses remises, ses écuries, son grand salon aux fenêtres ouvertes sur un parterre de fleurs, ses boudoirs aux peintures voluptueuses, ses dégagements, et là dedans la maigre et couperosée Paris (1), ayant à ses côtés la Fatime et la Richemont. Il nous donne aussi une liste curieuse, la liste authentique, « des filles *roulantes* au Palais-Royal » en plein dix-huitième siècle, et qui étaient : la Boismilon, la Dalais, la Mortagne, la Petit, les deux Raton, la Jacquet, la Boufreville, la Dupont, la Delécluse, la Vitry, la Blanchard, la Delaunay, la Pichard, la Duvergier, la Deschamps, la Langlois, la Beaumont, la Désiré,

(1) En 1802 a paru chez Hocquart, en trois volumes, l'ouvrage intitulé : « LES SÉRAILS DE PARIS, ou Vies et portraits des dames Paris, Gourdan et Montigni et autres appareilleuses. »

la Dupuis, la Carville, la Rochebrune, la Valois.

C'est maintenant le tour des petits poèmes spéciaux, des « Réclusières de Vénus, 1750 », des « Très Humbles Remontrances adressées à Monseigneur le Controleur Général, par les Filles du monde », du « Brevet d'apprentissage d'une fille de mode, 1769 », du « Testament d'une fille d'amour mourante, 1769 », des « Sultanes nocturnes contre les reverbères, 1788 », des « Ambulantes à la brune contre la dureté des temps, 1789 » : méchants poèmes, détestables vers, qui fournissent une touche de couleur locale, un détail, une expression : c'est ainsi que les « Ambulantes » ont conservé la jolie phrase, avec laquelle les filles attaquaient dans la rue le passant : *Petit cœur, petit roi.*

Et nous voici arrivés aux romans qui sont tous le même : le saut d'une fille de *la bergame* et de la coiffeuse *au damas* et au coiffeur, et dont les moins mauvais sont : « MADEMOISELLE JAVOTE, histoire morale et véritable », « HISTOIRE NOUVELLE DE MARGOT DES PELOTONS, 1775 », l'exemplaire de Pixérécourt, « Margot la Ravaudeuse, 1777 », et enfin l'introuvable « HISTOIRE DE MADEMOISELLE BRION, DITE COMTESSE DE LAUNAY, *honnête P..... Imprimée aux dépens de la Société des filles du bon ton,* 1783 » (1).

(1) A ces romans il faut ajouter les recueils de nouvelles très peu historiques qui suivent : HISTOIRE DES FILLES CÉLÈBRES DU DIX-HUITIÈME SIÈCLE, 1761, par Desboulmiers; LE PALAIS-ROYAL, 1790, par Rétif de la Bretonne; LA CONFESSION GALANTE DE SIX FEMMES DU JOUR, 1797, par Rosny.

La Révolution favorise la publication d'une brochure vraiment intéressante pour l'histoire du personnel du Palais-Royal, et de la génération des filles qui succèdent aux filles citées dans « les Canevas de la Paris ». C'est la REQUÊTE *adressée à Monseigneur le duc d'Orléans par les demoiselles de Launay, Latierce, Labacante et autres pour obtenir l'entrée du Palais-Royal qui leur a été interdite.* Cette brochure nous donne les noms des abbesses en renom, la Langlois, la Masson, la Labady, le Destival, la Macarre, et, avec les matrones, les signalements des prostituées populaires. La Latierce : figure fine, lèvres rosées, taille svelte, pied pointu, cheveux bruns, front large, main délicate. La Bacchante, baptisée ainsi à cause de sa ressemblance avec une figure de bacchante, exposée au Salon : figure agaçante, jambe leste, chute de taille admirable. La Saint-Maurice : ton badin, figure vive, œil étincelant, voix charmante, démarche fière. Thévenin, dit l'As de Pique : œil bleu, figure large, nez long, gorge plate ; et à la suite de ces coryphées de la prostitution, la Blondy, la Delorme à la tête de Maure, la Delorme à la tête de mouton, la Duhamel, Victoire Gobet, la du Have, la *Blonde Élancée.*

Et, en ces années révolutionnaires, avec l'accroissement de la prostitution amené par la misère, par la ruine de beaucoup de travaux de femmes, et même par la fermeture des couvents, Paris est inondé de brochurettes et de feuilles volantes relatives aux filles. Ce sont les : « Doléances des femmes publiques », les « Lettres de ces dames à monsieur Necker », « l'Arrêté des demoiselles du Palais-Royal, confédérées pour le bien de leur chose publique », la « Ressource qui reste aux demoiselles du Palais-Royal », « l'Œuf de Pâques des demoiselles du Palais-Royal au Clergé », les « Très sérieuses Remontrances des filles à Messieurs de la Noblesse » ; petits factums plaisants, où le monde du Camp des Tartares pleure la diminution des revenus de la noblesse et du clergé. La brochurette la plus rare est ; LA G..... EN PLEURS, ornée d'une figure libre, et classée comme un pamphlet contre Marie-Antoinette (1), et qui n'est, dans une langue à la Grécourt, que la lamentation du chœur des filles du Palais-Royal sur leur détresse.

Le titre de cette dernière brochure vous dit le caractère des brochures pornographiques du temps, elles n'ont plus le langage, rien que galant, des livres du dix-huitième siècle, le Père Duchêne a fait son entrée dans la langue de l'amour, et nous avons un terrible spécimen de ce style, dans DOM B..... AUX ÉTATS GÉNÉRAUX où l'auteur, sous le voile d'un beau zèle pour le bien public et l'accroissement de la population, *bougrifie* de la manière la plus ordurière. Et c'est la même langue dans l'ORDONNANCE DE POLICE *de Messieurs les Officiers et Gouverneur du Palais-Royal qui fixe le droit et honoraires attachés aux fonctions*

(1) Cette attribution vient sans doute de cette phrase imprimée au bas du titre : « *Et se trouve dans les petits appartements de la Reine.* »

*de filles de joye de la ville*. Faut-il aussi parler, à propos des imprimés de ce genre, de l'ALMANACH DES HONNÊTES FEMMES, qui, sous l'invocation de la fête du Bidet, inscrit des noms de femmes de la société à côté de noms de prostituées. Car, à l'heure des haines politiques, la brochure pornographique devient, des deux côtés, une arme de guerre contre les femmes du parti ennemi, et les six numéros du PETIT JOURNAL DU PALAIS-ROYAL, *ou Affiches et Annonces et Avis divers*, sont un épouvantable échantillon de cette meurtrière et lâche diffamation. Et pendant la Révolution ce n'est pas seulement la passion politique qui a inscrit dans les listes de prostituées des femmes qui ne le méritaient nullement; ç'a été souvent le sale appétit d'un gain facile, d'un gain meurtrier, ainsi qu'il est arrivé pour ces ÉTRENNES AUX GRISETTES qui ont causé la mort d'une honnête jeune fille du peuple, *encataloguée* dans la brochure déshonorante (1).

Tout en ce temps fournit matière à listes, à catalogues de filles. La Fédération, la grande fête nationale du 14 juillet 1790, fait paraître le TARIF *des filles du Palais-Royal et lieux circonvoisins*, petit journal qui travaille, en plusieurs numéros, à empêcher

(1) Il a paru aussi dans le même temps un TABLEAU *de toutes les jolies marchandes des quarante-huit divisions de Paris, leurs qualités physiques et morales, leurs costumes, le nom de leurs rues et le n° de leur maison*. Mais l'adroit et prudent rédacteur de la liste, s'élevant contre le dénombrement des « jolies libertines », déclare qu'il remplit un devoir sacré en rendant hommage aux vertus des marchandes de Paris... républicaines.

« le nombre infini d'étrangers attirés par la fête patriotique », d'être victimes de la vorace cupidité des filles. Et ce tarif est bientôt suivi de l'immonde pamphlet intitulé : LES CONFÉDÉRÉS V..... *et Plaintes de leurs femmes aux p..... de Paris,* où l'écrivain royaliste nomme, parmi les femmes qui ont gâté les députés provinciaux, les épouses des plus célèbres révolutionnaires.

L'année suivante est publié un petit agenda qui a pour titre : ALMANACH DES ADRESSES *des demoiselles de Paris, ou Calendrier du Plaisir, contenant leurs noms, demeures, âges, portraits, caractères, talent et le prix de leurs charmes,* 1791. Ce sont presque tous les noms des actrices des grands et petits théâtres de Paris, mêlés à des noms de filles du monde et de prostituées du Palais-Royal, avec des indications facétieuses semblables à celles-ci : « Buisson, dite Jeannette, rue de Richelieu; cette nymphe a les plus jolis yeux du monde, la gorge un peu basse, mais passablement ferme. Elle joint à tout cela un joli petit tempérament qui a été fort exercé par son Jeannot (Volange) : un souper et 24 livres. » — « Langlade, Palais-Royal, n° 35, faisant la renchérie, demandant beaucoup, et se réduisant quand on tient bon à 6 livres (1). »

Le dernier document sur la prostitution est un

(1) On retrouve, sous l'Empire, quelques-unes des femmes nommées en ce calendrier du plaisir dans la NOUVELLE LISTE *des plus jolies femmes publiques de Paris,* 1801, et la NOUVELLE LISTE *des jolies femmes de Paris, ou le petit Lubrico,* 1805.

rarissime journal, à la date d'octobre et de novembre 1796, journal qui n'a eu que trois numéros, et qui ne figure dans aucune collection de la Révolution. Il est intitulé : JOURNAL DES FEMMES DU PALAIS *ou tableau de l'état physique et moral des femmes publiques*, « rédigé par Cars, officier de santé ». Le rédacteur dit avoir pour but de tracer « une carte fidèle de la sphère épicurienne », en prémunissant ses concitoyens des dangers cachés, pour leur santé sous les fleurs de la capitale (1); et commence une série de techniques paragraphes sur les charmes de Sainte-Foix, de Boston, de la novice Émée, de l'adorable Rolando, de Julienne qui sort pour la septième fois de l'hospice des Capucins, et de la femme la mieux faite du Palais, de Fanfan, qui ferait bien de remplacer Julienne là d'où elle vient.

Il y a chez moi un certain goût pour les livres des écrivains à l'imagination déréglée, aux concepts extravagants, aux idées singulières, — pour les livres un peu fous, ces livres où, selon Montaigne, l'esprit, faisant le cheval échappé, enfante des chimères, — et j'ai de ces livres, sur les planches de ma bibliothèque, une petite collection, dont la préface de l'un d'eux vaut la peine d'être citée :

(1) En 1769 avait paru une brochure intitulée : PROJET RAISONNÉ *et moyens immanquables pour arrêter les progrès, empêcher la circulation et détruire jusqu'au principe des maux vénériens dans toute l'étendue du Royaume*. Elle est curieuse, cette brochure, en ce qu'elle dit que la maladie vénérienne était, quelques années avant, complètement inconnue en province.

« Un littérateur dont l'âme est brûlante et le cerveau exalté, doit, dans la fougue de son délire, être incapable de mettre certaine suite dans ses conceptions, certaine harmonie dans ses discours, comme il n'écrit que par inspiration ; quand il a versé sur le papier l'idée qui l'obsédait, il ne doit plus se rappeler ce qu'il a pensé, il ne doit plus savoir ce qu'il va écrire.

. . . . . . . . . . . . . . . . . . . . . . . . . . . . . .

« Si, malgré tous mes aveux et mes protestations, on s'obstine encore à me démontrer que mon ouvrage est extravagant, et que je n'aurais jamais dû le mettre au jour, esprits froids, apathiques géomètres, m'écrierai-je, en lançant un regard de colère sur mes persécuteurs acharnés, qui n'avez jamais senti remuer votre être, tressaillir, fermenter vos facultés, qui n'avez jamais éprouvé le bouleversement d'une âme impétueuse, accablée du poids de ses idées, tourmentée par une excessive énergie et par un besoin d'explosion... Ah ! si vous connaissiez les pénibles convulsions d'un enthousiasme retenu, plus indulgents, vous me plaindriez et vous applaudiriez aux débordements de mon imagination... cruels... vous blâmez la ponction salutaire qui a dégagé mon hydropisie, et procuré l'écoulement des eaux putrides et corrosives qui minaient et allaient dissoudre mon existence... Oui, j'ai fait crever l'abcès... J'ai craché un amas prodigieux de glaire et de bile qui m'aurait infailliblement suffoqué... Dieu, votre cœur se soulève... eh bien, éloignez-vous de la *dégoûtante* cuvette où j'ai vomi, où sont en dépôt tant de *matières exécrables*... Ne pourrait-on pas conserver, par une espèce de curiosité, ma superfétation étrange, comme un médecin garde, dans un vase d'eau-de-vie, ces môles prodigieuses dont accouchent certaines femmes. » Et le livre qui a cette préface en tête, s'appelle : CATARACTES DE L'IMAGINATION, *Déluge de la scribomanie, Vomissement littéraire, Hémorragie encyclopédique, Monstre des Monstres, par Épiménide l'Inspiré. Dans l'antre de Trophonius, au pays des Visions*, 1779. Les Cataractes de l'imagination ont pour voisin : ICOSAMERON, *ou Histoire d'Édouard et d'Élisabeth, qui passèrent quatre-vingt-un ans chez les Mégamières, habitans aborigènes du protocosme dans l'intérieur de notre globe, traduite de l'anglais, par* JACQUES CASANOVA DE SEINGALT VÉNITIEN. *A Prague, à l'Imprimerie de l'École normale,* rêve en cinq volumes in-octavo, dans lequel Édouard et Élisabeth, pendant un séjour de quarante ans, en une station de ce monde sublunaire, laissaient quatre millions de descendants produits par l'heureuse propagation des quarante filles dont Élisabeth était accouchée depuis douze ans jusqu'à l'âge de cinquante-deux ans. Et de l'autre côté de l'Icosameron, voici : MORALI-PHILOSO-PHYSICO-LOGIE *des Buveurs d'eaux minérales aux nouvelles sources de Passy, en mai* 1787, *Divisée par matinées, par M. Tho. Mineau de la Mistringue, l'un des buveurs et leur secrétaire perpétuel, à la Fontaine Cocquerelle,* 1787 ; macédoine bizarre, où il est tour à tour question de la fée Bellie, du développement de la mémoire, grâce au sens interne de la substance *cendrée,* du jeu de *corbillon,* des avantages du célibat, du passage d'un convoi de galériens chantant les litanies de la Vierge, de la répartition de l'impôt territorial.

Mais le plus fou et le plus rare de tous ces livres, un ouvrage que je n'ai pas vu repasser une seule fois en vente depuis trente ans, c'est le : « MÉMORIAL POUR SERVIR A L'HISTOIRE DE LA CATINOMANIE... par l'auteur de *Deux Plaintes* (M. Buleau) rendues à la fin de 1784, l'une à M. le Procureur Général, l'autre à M. le baron de Breteuil, et d'une brochure qui fait la troisième partie de ces *Mélanges,* 1787. »

Dans ce volume in-quarto, qui n'est rien moins qu'érotique, l'auteur débute ainsi :

*Chant premier.*

Il y eut une fois chez des Ostrogots, peuple catinomane ou catinomaniaque, un particulier qui n'était rien, mais qui ne faisait de mal à personne...

... Et à la suite de ce début, M. Buleau fait entrer en scène la baronne de Gringole, madame Fétiche, madame Pagode, mesdemoiselles Bébé et Catin Bibi, le baron de l'Allure, le vicomte des Gilets, le commandeur des Ruines, monsieur des Cheveux-Gras, et Frétillard et Corniflet, qui se livrent aux digressions les plus entortillées et les plus abracadabrantes, sur toutes les choses discutables de ce monde.

L'histoire commence, chez moi, avec les vingt volumes en grand papier vélin de Saint-Simon, et, continuant dans les journaux et mémoriaux des ducs de Luynes, de Mathieu Marais, de Barbier, d'Argenson, de Grimm, de Bachaumont, finit avec la collection des Mémoires sur la Révolution, également en papier vélin.

A la suite des mémoires historiques généraux, s'allonge sans fin la rangée des mémoires et des documents biographiques. Ç'a été pour moi un amusement de faire, aussi complète que possible, la série des « Femmes » (1) en groupant autour de noms connus et même inconnus, d'abord les livres se rattachant à quelque partie de l'existence de la femme, puis les actes et les lettres émanant de sa main, puis les pièces véritablement historiques, puis enfin les biographies suivies des pamphlets : le tout terminé par les mémoires et correspondances apocryphes du temps. Du reste, je ne suis pas fâché de donner un modèle de ce classement, et je choisis Mme du Barry.

Madame du Barry, *Constitutions des religieuses de Sainte-Aure à Paris*. De l'imprimerie de C. Simon, 1786. (Mme du Barry a été élevée dans cette communauté.)

(1) Dans ma bibliothèque, la série des hommes est encore plus nombreuse et plus riche en documents rares.

— *Étrennes de la Cour-Neuve.* A la Cour-Neuve, 1774. (Mme du Barry a passé quelques années de sa jeunesse dans cette maison de campagne.)

— *Procès de M. le comte du Barry avec madame la comtesse de Tournon.* A Amsterdam, 1781. (Procès de la nièce de Mme du Barry contenant des détails sur la tante.)

— Lettre autographe de Mme du Barry, lettre d'amour adressée à lord Seymour, ambassadeur d'Angleterre en France.

— *Mémoires de Pajou et Drouais,* pour Mme du Barry. (Extrait des Mélanges des bibliophiles.)

— *L'Égalité controuvée, ou Petite Histoire de la Protection.* Contenant les pièces relatives à l'arrestation de la Du Barry, ancienne maîtresse de Louis XV... Ce 31 juillet 1793, l'an deuxième de la République une et indivisible. A Paris, chez Galetti... in-8.

— *Acte d'accusation contre Jeanne Vaubernier, femme Dubarry...* De l'imprimerie du Tribunal révolutionnaire, in-4°.

— *Mémoires historiques de Jeanne Gomart Vaubernier, comtesse Dubarry,* par de Favrolles (Mme Guénard). Lerouge, 1803, 4 vol. in-18.

— *Madame du Barry,* par J-A. Le Roy. Versailles, 1858, in-18.

— *Madame la comtesse du Barry,* par Capefigue, Paris, Amyot, 1862, in-18.

— *La du Barry,* par Edmond et Jules de Goncourt. Charpentier, 1878, in-18.

— *Mémoires authentiques de la comtesse de Barré*

(sic), maîtresse de Louis XV, roi de France. Extraits d'un manuscrit que possède M^me^ la duchesse de Villeroy, par le chevalier Fr. N. Londres, 1772 (roman), in-12.

— *Anecdotes sur madame la comtesse du Barri.* Londres, 1775, in-12.

— *Remarques sur les anecdotes de la comtesse Dubarri,* par madame Sara G. (Goudar). Londres, 1777, in-12.

— *Précis historique de la vie de madame la comtesse du Barry avec son portrait.* Paris, 1774, in-8°.

— *Gazette de Cythère, ou Histoire secrète de madame du Barry.* Londres, 1775, in-12.

— *Les Plaisirs de la ville et de la cour, ou Réfutation des anecdotes et précis de la vie de madame la comtesse du Barry,* écrits par elle-même. Londres, 1778 (roman), in-12.

— *Vie de madame la comtesse du Barry,* suivie de ses correspondances épistolaires et de ses intrigues galantes et politiques. De l'imprimerie de la Cour, 1790, in-8°, avec portrait.

— *Lettres de madame la comtesse du Barry,* avec celles des princes. Londres, 1779, in-12 (correspondance apocryphe).

Dans cette série, Marie-Antoinette est représentée par une centaine de brochures, de feuilles volantes, de volumes petits ou grands, parmi lesquels se trouve un exemplaire des « Pièces du Collier », qui compte 26 factums ; Mme de Pompadour y figure avec sa biographie de Mlle Fauque, imprimée, manuscrite et augmentée de fragments ajoutés, traduite en anglais, traduite en allemand; M$^{me}$ d'Épinay et M$^{me}$ Roland y sont sur papier vélin; M$^{me}$ du Deffand y a toutes ses éditions, et dans l'une sont encartées quelques lettres inédites de sa charmante correspondante, la duchesse de Choiseul, dont je détache celle-ci, relative aux étrennes de porcelaine, qu'elle avait l'habitude de donner à « la chère enfant » :

*Je n'ai pas pu aller souper aujourd'hui chez vous, ma chère enfant, et j'en suis bien fâchée, mais ce qui me fâche bien plus, c'est que je serai peut-être encore quinze jours sans vous voir. On dit que nous ne sortirons de Versailles qu'après les Rois. Je vous envoye d'assez vilaines choses pour vous occuper de moi en attendant. Je voudrais d'ailleurs que vous le fussiez plus agréablement. Je ne mets aucune tournure à mon vilain présent, il n'en vaut pas la peine, puis je suis si bête pour les tournures. Je vous ai demandé, l'autre jour, bien grossièrement ce que vous vouliés pour vos étrennes, vous n'avés jamais eu l'esprit de me le dire. Je vois que tout le monde vous donne, tous les ans, des porcelaines : c'est à cause de cela que je ne devrois pas vous en donner et je vous en donne toujours. Cette année, elles sont affreuses, et je vous en donne plus que jamais, afin que vous ayés des échantillons de tout, et que vous jugiés que, si ce que je vous envoie est affreux, c'est qu'il n'y a rien de joli. Vous avez une tasse de marbre, une de choux et une écuelle. M. de Beauveau ne manquerait pas de dire là-dessus que quand on est bête comme choux, on a beau jeter tout par écuelle, cela n'en est pas moins froid comme un marbre. Je ne suis pourtant pas froide pour vous, ma chère enfant : ainsi, vous ne me trouverés pas si bête, car c'est la chaleur qui fait tout, et sans elle il n'est rien.*

M<sup>me</sup> Geoffrin, elle! la placide et apaisée bourgeoise, laisse déborder sa colère, trois pages durant, contre le duc de Montmorency qui *n'a ni honneur ni bon sens*, à propos de ses intérêts dans la Compagnie des Glaces, où était placée une partie de sa fortune.

Ainsi défilent toutes les femmes, et toutes sortes de femmes, et le procès de Louise-Antoine Fontaine, condamnée à être attachée au carcan, *ayant deux chapeaux comme bigame,* voisine avec l'histoire des « Mesdemoiselles de Saint-Janvier, les deux seules blanches sauvées du massacre de Saint-Domingue ».

On trouve, en parcourant ces deux longues planches, où les femmes du passé semblent se tenir, un livre ou un petit bout de papier inédit à la main, on trouve de bien curieux rogatons d'histoire. On trouve le procès-verbal manuscrit de l'ouverture du corps de la Dauphine, mère de Louis XVI, par Tronchin; on trouve le précis en séparation de la comtesse d'Esparbès, la maîtresse aux jolis doigts qui épluchait les cerises de Louis XV; on trouve le fameux pamphlet, imprimé à la brosse, dans une imprimerie secrète : « LES DEUX CONVERSATIONS DE MADAME NECKER, *femme du Directeur-Général des Finances de France.* A Genève, chez Cruchaut, 1781 », dont l'édition publiée pendant la Révolution n'est qu'une réédition; on trouve le testament olographe de Louise-Marie-Thérèse-Bathilde d'Orléans, duchesse de Bourbon; on trouve l'extrait imprimé par l'ordre du département de Paris après l'assassinat de Marat, qui peint Charlotte Corday comme une *virago* malpropre, à la figure *érésipélateuse;* on trouve la rarissime affiche sur papier bleu de Théroigne de Méricourt aux 48 sections, demandant la formation d'un tribunal de conciliation entre citoyens, composé de femmes. On y trouve, — que n'y trouve-t-on pas? — à côté du billet, où Mme Tallien sollicite l'acteur Mayeur de jouer Dorothée et Bagnolet, on y trouve : LA LETTRE DU DIABLE *à la plus grande P..... de Paris. La reconnaissez-vous?*

Là je m'arrête, et ne veux pas revenir sur la masse des volumes du dix-huitième siècle et de la Révolution, dans tous les ordres et dans tous les genres, employés par moi, dans l'histoire que j'ai essayée de ces deux époques.

Un petit panneau, au retour du mur, est presque entièrement consacré aux livres de théâtre.

Les almanachs ouvrent la série théâtrale. C'est le rare « ALMANACH DES THÉATRES pour l'année bissextile 1744 » ; c'est le « CALENDRIER HISTORIQUE des théâtres de l'Opéra et de la Comédie Françoise et Italienne, 1751 », devenu en 1752 « l'ALMANACH HISTORIQUE ET CHRONOLOGIQUE de tous les théâtres », et qui, sous le titre nouveau : LES SPECTACLES DE PARIS, va de 1752 à 1815, sauf la lacune de 1794 à 1801 ; c'est le peu commun « TABLEAU DES THÉATRES, almanach nouveau pour l'année 1748 » ; c'est « l'ÉTAT ACTUEL de la musique de la Chambre du Roi et des trois spectacles de Paris », qui, sous un titre un peu modifié, paraît pendant quatorze années » ; ce sont « LES SPECTACLES

DES FOIRES ET DES BOULEVARDS DE PARIS, ou calendrier historique et chronologique des théâtres forains », renseignants petits volumes sur les théâtres méprisés par les autres almanachs, une suite, dit-on, de huit calendriers qui ne s'est jamais rencontrée complète, et dont je ne possède que les années 1776 et 1777. C'est enfin « l'ALMANACH GÉNÉRAL de tous les spectacles de Paris et des provinces », publié en 1791, et où se trouve seulement la nomenclature des nombreux cafés-concerts de la Révolution.

A ces almanachs il faut joindre la « LETTRE *à madame la duchesse de* ***, contenant des Observations sur les talens du Théâtre:.. 1745 » et « LES ÉTRENNES des Acteurs des Théâtres de Paris... 1747 » et les « ÉTRENNES LOGOGRIPHES du théâtre... Sipra, 1746 » et encore les « NOUVEAUX LOGOGRIPHES... où l'on trouvera les... danseurs, acteurs et symphonistes fameux de la France, 1744 » : mauvaises brochurettes en vers, qui, en ce temps si pauvre de renseignements sur le théâtre, contiennent au moins des noms.

Dans cette série d'almanachs rentre également une réunion de petits livres, almanachs ou autres, où à la nomenclature des noms s'ajoute un peu de critique ou de méchanceté. La Révolution y est représentée par LES MINIATURES, OU RECHERCHES SUR LES TROIS GRANDS SPECTACLES, 1790, et par l'ALMANACH DES GRANDS SPECTACLES DE PARIS, 1792, qui n'est que « la Chronique scandaleuse des théâtres, Thalicopolis », parue l'année dernière et dont le titre a été changé. Le Directoire grossit cette série par ses « Critique des

Acteurs et Actrices des différents théâtres de Paris », ses « Melpomène et Thalie vengées » ses « Revue des Comédiens », ses « Lorgnette de spectacle », ses « Espion des coulisses ».

A ces almanachs et critiques succèdent des journaux, parmi lesquels je ne mentionnerai que le Journal des Spectacles, 1793-1794 (194 numéros), si curieux pour les représentations de la période révolutionnaire, et encore le Journal des Théatres, (95 numéros), qui date de la *première sans-culottide,* an troisième.

Suit une intéressante réunion sur les costumes de théâtre : « Recherches sur les costumes et sur les théâtres, tant anciens que modernes, par Le Vacher de Charnois, 1802 », ouvrage orné de planches en couleur; « les Costumes et Annales des grands théâtres de Paris, 1786 », quatre volumes qui contiennent de si charmants portraits d'actrices, en les légers aquarellages gravés par Janinet; « Les Métamorphoses de Melpomène et de Thalie, ou caractères dramatiques des Comédies Françoise et Italienne. Dessiné par Wirsker »; « Collection de figures théatrales, inventées et gravées par Martin, cy-devant dessinateur des habillements de l'Opéra. Chez l'auteur... », un recueil de 20 grandes planches, qui ont reparu plus tard, en mauvaises épreuves, dans l'immense suite des costumes d'Esnauts et Rapilly.

Au milieu de ces ouvrages à figures, se trouve un manuscrit d'Alceste, *ou Mémoire détaillé sur les décorations et habits envoyés à M. de Zibel, pour servir à mettre sur le théâtre de S. M. le Roy de Suède, l'Opéra du Ch. Gluck, au 15 may 1781.* » Ce manuscrit est du plus haut intérêt, en ce qu'il donne la description minutieuse des costumes de tous les acteurs, actrices, figurants et figurantes de la pièce. De ce mémoire, qui commence par un grave cours sur le *chiton*, l'*exomide*, le *xistis*, donnons les bons costumes historiques d'Alceste, d'Admète, d'Hercule, d'une Divinité infernale : « *Alceste.* La tunique de dessus de satin blanc, avec des bordures de satin pourpre, broché d'or, et des émeraudes, ainsi qu'aux bracelets d'or des manches. La tunique de dessous de satin bleu anglais, avec une bande de pourpre, lisérée de deux filets d'or, garnie d'une frange de soye pourpre, d'une forme singulière; et dessous, une dernière tunique de gaze d'Italie avec une petite frange unie de soie blanche. Le voile de gaze très claire, gorge de pigeon. Le manteau de velours bleu, brodé d'or, avec deux glands d'or au devant, doublé de taffetas blanc. Le diadème de pourpre avec franges d'or aux deux bouts. La ceinture de soye verte et or avec des glands. La chaussure formée par des bandes de pourpre. *Admète.* La tunique de dessus de satin blanc, avec bordures pourpre, brochées d'or. Le manteau de velours pourpre avec broderie d'or et d'émeraudes. Le diadème de velours pourpre brodé et frangé d'or. La ceinture aurore, à filets pourpre, houppe assortie. La culotte taffetas gorge de pigeon. La chaussure, des bandes de pourpre. *Hercule.* La tunique, la chaussure, la culotte de satin couleur de feu... *Divinité Infernale.* Un manteau de satin couleur de chair tannée, exprimée au dessin, à préférer à la couleur rouge employée à Paris. »

Du reste, le pauvre diable de costumier fait tous ses efforts pour arriver à la couleur locale, il supplie M. de Zibel de supprimer les bas de soie blanche pour les soldats de la suite d'Hercule, et il lui prêche une révolution, l'engageant à remplacer sur les bras, supposés nus, les manches de taffetas couleur de chair et attachées avec des boutons, par un tricot.

Et, à côté de ce manuscrit, voici le « Catalogue de vente des costumes, tableaux, dessins, gravures, composant le cabinet de feu François-Joseph Talma », où nous trouvons son costume de Néron dans « Britannicus » : Deux manteaux, l'un pourpre et l'autre bleu de ciel avec brocarts d'or; deux tuniques bourre de soie blanche brodées en or : deux mouchoirs blancs et une ceinture bleue rehaussée d'or. Le costume d'Othello était : « un habit de casimir écarlate orné de broderies et velours noir avec dessous en reps blanc enrichi d'or; autre gilet en drap de castor jaune, une ceinture et sa cordelière en soie avec brocarts d'or. »

Les pièces de théâtre du dix-huitième siècle ne sont pas nombreuses chez moi. On y trouve un frais exemplaire du Mariage de Figaro décoré des figures de Saint-Quentin, un Théâtre de Diderot, dont les pièces originales ont été réunies, lors de leur apparition, dans un beau vieux maroquin rouge, un Théâtre de M^me^ de Montesson, également en maroquin rouge;

deux volumes imprimés dans une imprimerie particulière, et que Quérard croit tirés à douze exemplaires; enfin, le recueil en 16 volumes des opéras, imprimés par Ballard, l'exemplaire de Sophie Arnould avec son *ex libris* et quelques notes jetées en marge; — et c'est tout (1). Cependant j'ai recherché des pièces dans lesquelles étaient mis en scène des vivants, et sur les planches de la bibliothèque sont rangés : l'ACTRICE NOUVELLE, pièce allusive à la Lecouvreur, qui en fit défendre la représentation et la publication; — la FACULTÉ VENGÉE, dont la scène se passe aux Écoles de médecine, rue de la Bucherie, et où la Tulipe est Falconet; Don Quichotte, Dionis; Sot-en-Ville, Bouillac; Grésillon, Helvétius; Savantasse, Astruc; Muscadin, Sidobre; — le BUREAU D'ESPRIT, qui représente M^me^ Geoffrin sous le nom de M^me^ de Folincourt; Diderot, de Cocus; le baron d'Holbach, de Cucurbitin; d'Alembert, de Rectiligne; Condorcet, du marquis d'Orsimont; Thomas, de Thomassin; Marmontel, de Féaribole; La Harpe, de M. du Luth; etc.

Maintenant passons aux livres, dans tous les genres, consacrés spécialement à l'Opéra, à la Comédie-Française, à la Comédie-Italienne.

Je laisse, pour l'Opéra, les ordonnances, les règlements, les traités sérieusement historiques, les innombrables brochures sur la querelle de la musique italienne et française, et, dans le tas de papier imprimé et cartonné, je choisis quatre ou cinq pla-

(1) Je possède un Saint-Évremont avec le nom de M^lle^ Clairon imprimé sur les plats des volumes.

quettes, qui nous donnent la vie vivante du tripot lyrique.

Voici les RÉFLEXIONS D'UN PEINTRE SUR L'OPÉRA, 1743 : une spirituelle photographie de ce qui se voit, en même temps qu'une sténographie de ce qui s'entend à une représentation. C'est un baron étranger qui dit, en prenant place au balcon : « Je viens voir ce fâcheux Opéra. » Au parterre, on n'entend que : « Ah ! bonjour, vous voilà ! que venez-vous faire ici? Le tambourin est manqué, les paroles sont horribles, et j'ai compté plus de cinq rimes qui ne seroient pas reçues à l'Opéra-Comique. » Dans un coin, un prôneur du passé, un admirateur de Perrin, s'écrie : « Oui, messieurs, je le soutiens, oui, je trouve plus de conduite, plus de décence, plus de gentillesse dans la pastorale de Pomone, que dans tous vos poèmes alambiqués. » Dans une première loge, une femme de la cour, nonchalamment couchée, dit, en allongeant ses mots, négligeant les *r*, grasseyant par intervalles : « Mais, mon Dieu, il y a ici un monde effroyable. En vérité, il faut avoir perdu l'esprit pour venir s'ennuyer de ce charivari : c'est de la musique pour les étrangers. » Une grosse brune qui remplit la moitié d'une seconde loge, jette à ses voisins : « Cet Opéra, il n'a pas quatre représentations dans le ventre : aussi, il le mérite bien, il n'y a pas le moindre chariot volant ! » Et, sur le pas de la porte d'un corridor, on entend un jeune et sémillant magistrat lancer à un ami : « Adieu, ton opéra m'ennuie, je le sais à présent par cœur, il y a trop de monde, je m'en vais à la foire. » Cela, pendant que le foyer retentit de cette phrase adressée à toutes les danseuses et les chanteuses : *Bonjour, la reine : vous êtes adorable, vous avez joué comme mille anges!*

La LETTRE FAMILIÈRE *de M. le comte d'Albar... à madame la duchesse de L*** sur l'Opéra*, nous montre le comte d'Albaret tenant sa chaire de musique, au n° 12 des premières loges, avec un tel enthousiasme lyrique, qu'il fait dire à celui-ci : « Où donc a dîné d'Albaret? Il est sorti trop tard de table, il est venu trop tôt à l'Opéra » ; qu'il fait dire à celui-là : « Comment, mon Dieu, d'Albaret n'est pas mort! Ah! si je l'eusse cru en vie, je ne serais pas venu à l'amphithéâtre. »

Et la jolie et raillarde mise en scène d'une assemblée générale des premiers sujets de l'Opéra et de leur plaisante levée de boucliers contre Devisme, dans la « LETTRE *des premiers sujets de l'Académie royale de Musique et de Danse à M. Duval, premier commis au café du Caveau, département des Glaces* », où Vestris prend ainsi la parole : « Messioux, vous voyez devant vous oun soujet, qui sert depouis trente-oun ans l'Académie royale de Mousique et de Danse, en qualité de premier dansour; il ne s'est jamais vou, et ne se verra peut-être jamais oun homme conserver si long-temps le bonhour de plaire au poublic, dans oun premier genre, mais ce qui sera non moins rare, c'est de voir oun petit soufflsant tomber des noues comme oune masse sur notre tête, vouloir nous traiter comme des poulissons. Par la chacoune de M. le Brethon, je ne souffrirai pas oune telle infamie, et j'aimerois mioux que moi et mon fils oussions les gambes cassées, que de danser pour faire oun tel homme riche... » Noverre lui succède et dit : « Ce que z'avance est connu de tout le monde ; c'est moi qui menai M. de V*** (de Visme) zès mademoiselle Guimard. Dans ce temps-là il n'avoit pas les mêmes fasons qu'auzourd'hui ; il n'avoit pas ze beau diamant qu'il porte au doigt ; il ne parloit pas de mettre tout le monde au Fort-l'Évêque ou dans la rue... En revanze, il avoit d'essellentes qualités ; il étoit doux poli, révérenzieux, il faisoit le punch zès zette aimable demoiselle avec un zèle, une perfection à faire tourner la tête... » Et tour à tour parlent M^lle^ Levasseur, M^lle^ Guimard, parodiées dans l'emphase de leurs prétentions et le comique de leur majesté. A ces petits livres d'observation ironique, viennent naturellement se joindre les ironies toutes pures qui ont pour titre : LE CODE LYRIQUE, *ou Règlement pour l'Opéra de Paris,* 1743, et LA CONSTITUTION DU PATRIARCHE de 1744. Le Code lyrique, plein de notules instructives, demande qu'on bâtisse un hôtel sur le modèle de l'hôtel des Invalides, à l'effet de servir de retraite aux pauvres chanteuses et danseuses, aux *nécessiteuses,* que leurs longs services et l'altération de leur santé ou de leurs talents obligeront de quitter l'Opéra.

Sur la Comédie-Française, des livres et des brochures de toutes sortes et de tout format, des traités *ex professo* de l'excommunication, des règlements, des remontrances, des extraits du registre des délibérations, des coups d'œil sur la salle, des mémoires contre l'entrepreneur du spectacle du faubourg Saint-Antoine et autres, des observations, des doléances, un procès contre la dame Vestris, la demoiselle Desgarcins, le sieur Dugazon, le sieur Talma qui ont déserté la Comédie de la rue Richelieu, etc.

Sur la Comédie-Italienne, des annales du Théâtre-Italien, quatre ou cinq brochures spirituelles parlant des *Bouffons*, et au milieu d'elles un Règlement pour les Comédiens-Italiens ordinaires du Roi, 1781, dans une magnifique reliure en maroquin rouge, et portant dans son écusson autour des trois fleurs de lys : *Menus Plésirs du Roy* (sic).

Un théâtre, de date plus récente, a son foyer et son monde peints dans deux petits livres. C'est le théâtre Montansier, sur lequel ont paru : *l'Optique du jour, ou* le Foyer de Montansier, par Joseph R*** (Rosny), Paris, an VII, et le Tableau comique, *ou l'Intérieur d'une troupe de Comédiens, faisant suite à l'Optique du jour. Paris, an VII.*

Nous voici enfin arrivés à la partie théâtrale collectionnée avec amour, à la biographie des acteurs et actrices, qui se divise en biographies générales des trois grands théâtres, biographies générales d'un des trois grands théâtres, biographies particulières.

Parmi les trois grands théâtres, il n'y aura à nommer que la Galerie dramatique de Saint-Sauveur, petit ouvrage bien mal fait et dont les figures coloriées sont du dernier mauvais.

Parmi les biographies générales comprenant un théâtre, rappelons pour l'Opéra : LE VOL PLUS HAUT, OU L'ESPION DES PRINCIPAUX THÉATRES DE LA CAPITALE. *A Memphis, chez Sincère, libraire, réfugié au puits de la Vérité,* 1784. Ce volume, malgré son titre, ne concerne que l'Opéra, et donne des biographies satiriques et libertines de Mlles Arnould, Guimard, Duplant, Levasseur, Laguerre, Saint-Huberty, Théodore, Peslin, Allard, la Prairie, Dervieux, Aurore. La Comédie-Française, elle, a la vie de ses acteurs et des actrices contée bien succinctement dans la « Galerie Historique » de Lemazurier et les « Lettres sur l'ancien théâtre par un vieil amateur ». Il n'existe pas de biographie générale pour les acteurs et les actrices de la Comédie-Italienne.

Quant aux spectacles des boulevards, c'est une biographie, une biographie légèrement scandaleuse des acteurs et actrices du théâtre des Variétés Amusantes, de l'Ambigu-Comique, du spectacle des Grands Danseurs, sauteurs, voltigeurs du spectacle des Associés, dans deux volumes pas assez connus : LE CHRONIQUEUR DÉSŒUVRÉ, OU L'ESPION DU BOULEVARD DU TEMPLE, *contenant les annales scandaleuses et véridiques des directeurs, acteurs et saltimbanques du boulevard, avec un résumé de leur vie et mœurs par ordre chronologique, Londres,* 1782, et LE DÉSŒUVRÉ MIS EN ŒUVRE, OU LE REVERS DE LA MÉDAILLE 1782, *pour servir d'opposition à l'Espion du boulevard du Temple et de préservatif à la prévention, Paris,* 1782. Sur les théâtres des boulevards, il existe encore deux petits volumes nés pendant la Révolution, et presque introuvables aujourd'hui, deux petits in-12 à la langue obscène comme les estampes qui les décorent, mais contenant au fond de leurs ordures quelques éléments de biographie. Ce sont : les PANTINS DES BOULEVARDS OU B... DE THALIE, *Confessions paillardes des tribades et catins des tréteaux du boulevard, recueillies par le compère Mathieu. A Paris, de l'imprimerie de Nicodème dans la Lune*, 1791. Cette première série comprend le Théâtre Français et Lyrique, l'Ambigu-Comique, les Délassements-Comiques. Cette première série a pour suite, la même année, une seconde série, consacrée au théâtre de Nicolet, aux Associés, aux Beaujolais, sous les aimables sous-titres de : *Obscénités triviales des Danseurs de cordes, Tréteaux gaillards et crapuleux des Associés, Passe-Temps orduriers des Comédiens de Baujollois.*

C'est en dernier lieu le tour des biographies particulières (1), telles que l'accumulis, pendant des années, des lettres autographes, des manuscrits, des brochurettes peu communes, des procès rares, les ont faites sur les planches de la bibliothèque.

(1) Je parlerai seulement des temmes, les biographies d'hommes me conduiraient trop loin. Et cependant, les curieuses feuilles volantes émanant d'auteurs mêlés à la Révolution! Je ne citerai qu'une seule curiosité : le récit manuscrit d'un voyage dans l'intérieur de l'Ile-de-France, en 1779, par Mayeur.

## OPÉRA

Mademoiselle ARNOULD (Sophie). — Fragment de mémoires autographes que j'ai donnés dans ma « Sophie Arnould » publiée chez Dentu en 1877.

Lettre autographe signée, à la date du 13 floréal an IX, où la chanteuse, déjà bien malade, écrit gaiement « *qu'elle travaille à raccommoder son cuvier* ».

« Arnoldiana, ou Sophie Arnould et ses contemporains... Paris, 1813. »

Mademoiselle BON (1). — « Discours d'un ancien avocat général dans la cause du comte de (Suze) et la demoiselle (Bon), chanteuse de l'Opéra. Lyon, chez Sulpice Grabit, 1772. »

Il s'agit d'une obligation contractée en 1761 par le comte de Suze, au profit de la chanteuse, contrat de 50,000 livres, contre lequel le comte prenait des lettres de rescision.

Mademoiselle CAMARGO. — « Éloge de mademoiselle Camargo. » (Tiré du nécrologe.)

Mademoiselle CARTOU. — « Lettre de M. le Président D... à mademoiselle Cartou au sujet du code lyrique. »

Mademoiselle CARVILLE. — « Sommaire signifié

(1) Je ne trouve pas ce nom dans les almanachs de théâtre. Je crois M^lle^ Bon tout simplement une chanteuse d'opéra de province. Serait-elle par hasard la fille d'une Hollandaise nommée Gertrude Boon, qui a dansé, dans le commencement du siècle, aux foires Saint-Laurent et Saint-Germain, et dont je possède un mémoire imprimé en cassation de mariage avec un mauvais chanteur de l'Opéra, fils d'un pâtissier, nommé Gervais?

pour messire Jean Guillaume de Mazens, comte d'Arquian, chevalier des ordres royaux, militaires et hospitaliers de Notre-Dame de Mont-Carmel et de Saint-Lazare de Jérusalem, appelant contre Marie-Louise-Thérèse Carville, ci-devant danseuse à l'Opéra, intimée. »

Réclamation, par voie de rescision, du sieur d'Arquien contre deux contrats de rentes viagères de 600 livres chacun, « arrachés à la faiblesse du réclamant, dans le temps où la danseuse avait un pouvoir absolu sur son esprit », déclarant ledit réclamant, que « si la demoiselle Carville a eu des complaisances pour lui, elle a été payée par l'usage et la consommation de plus de 40,000 livres qu'il avait en effets ».

Mademoiselle Coupée. — « Requeste présentée à Momus par les demoiselles Coupée et Desgranges, actrices de l'Opéra, tant pour elles que pour celles de leurs compagnes, qui se trouvent dans le cas de l'article XX du code lyrique ou règlement pour l'Opéra, imprimé au mois de juin 1743. »

Facétie faisant allusion au cas des requérantes, et commettant le sieur Southain, le seul et unique accoucheur de l'Opéra, qui sera appelé à déclarer s'il doit être sursis aux exercices des requérantes.

Mademoiselle Dervieux. — Petite biographie manuscrite trouvée dans les papiers de Sophie Arnould. — Une lettre autographe signée, adressée à madame Lacoste, dans laquelle elle dit :

« *Madame et bien bonne amie, votre charmante lettre m'a*

*fait éprouver le premier sentiment de plaisir que j'ai goûté depuis plus de huit mois. Une longue et cruelle maladie, suite des soins et des peines que Bellanger s'est donnés à l'occasion du mariage de M. le duc de Berry, l'a mis aux portes de la mort. Une fièvre catharale, bilieuse, quotidienne, etc., lui a fait garder le lit pendant trois mois; une rechute très grave et à sa suite une convalescence très longue, que le temps retardait encore, nous donnait encore les plus vives inquiétudes. Enfin, le ciel a exaucé mes vœux et je n'ai plus que des grâces à lui rendre pour le mieux sensible qu'éprouve mon mari...* »

Le mari dont elle parle, est l'architecte Bellanger, l'ancien amant de Sophie Arnould, que la Dervieux lui avait enlevé.

La Duthé (1). — Quatre lettres autographes, signées de la Duthé de 1786 à 1800, au banquier Perregaux.

Une danseuse appartenant plus à la grande prostitution qu'à l'Opéra (2); une figure de courtisane dont j'étais tenté de faire, un jour, un médaillon, et sur laquelle j'avais réuni des notes, des lettres, des fragments de sa vie galante.

Un buste de Houdon (vu chez M. Miallet au mois de mars 1865) nous fait revoir, en un marbre de Paros, ses paupières lourdes, sa petite bouche en forme d'arc, son ovale grassouillet aux fossettes souriantes, sa figure ingénieusement *bebête* sous le dé-

(1) Son vrai nom est Catherine-Rosalie Gérard. Les *Mémoires turcs* de Godard d'Aucour lui sont dédiés dans une épître ironique.

(2) M. Hervey, très bien renseigné sur les choses du théâtre, la donne dans son catalogue d'autographes comme attachée à l'Opéra; pour moi, je n'ai trouvé son nom sur aucun état.

sordre de cheveux, où un *repentir* se mêle à une coiffure grecque, et encore un bout de sein s'échappant d'une dentelle de chemise, maintenue par une bandelette, et un morceau de bras nu, sur lequel le sculpteur a posé un papillon.

Un tableau de la vente de la duchesse de Raguse (décembre 1857) nous la représente d'une manière plus intime. Près d'un bonheur du jour, sur lequel repose un petit Amour en marbre blanc, un doigt sur la bouche, sur une ottomane bleu de ciel, chargée de livres de musique, la Duthé est agenouillée d'un genou, en train d'accrocher un tableau sous le dais d'étoffe du canapé. La courtisane est toute blanche, un fichu de gaze autour du cou, et habillée d'un pierrot blanc aux petites basques retroussées et sans manches, et noué lâchement par de larges rubans d'un violet pâle, dénoués sur la poitrine. Elle a des bas avec deux raies cerise, et des souliers jaunes aux talons rouges. Ses cheveux, dans lesquels est piqué un nœud de ruban blanc, libres et flottants, semblent blonds sous leur œil de poudre, et on lui voit des sourcils châtains, des yeux noirs brillants et sourieurs, un petit nez au méplat charnu, une bouche retroussée, un front très bas (1).

Or ce portrait de la vente de la duchesse de Raguse

(1) La peinture était attribuée à Mme Lebrun, mais je la crois plutôt d'un peintre anglais. La Duthé parle, dans une lettre à Perregaux, de l'envoi de son portrait que peint dans le moment un peintre anglais. Serait-ce le portrait de Parkes que signale plus loin sir Pimberton, et qu'elle se serait décidée à payer?

venait de son père, qui était le banquier Perregaux, de chez lequel, vendus autrefois à la livre, sont sortis les seuls documents qu'on ait sur l'existence de la maîtresse du comte d'Artois : les lettres que la Duthé écrivit à son tuteur pendant son long séjour en Angleterre.

O le curieux contraste entre l'élégante apparition de ce marbre, de cette toile, et la teneur et l'orthographe des lettres de la femme représentée!

*Ce que vous ne voudrés pas croire*, écrit-elle au mois d'avril 1786, lors de son passage en Angleterre, *c'est que je suis viairge, depuis que j'ai quitté Douvre..... Malgré toute la foule de courtisans, je suis très sage, je vous jure, et ne veux prendre personne jusqu'à nouvel ordre...*

Dans cette traversée, prend cependant naissance la grande liaison de la Duthé avec sir Léé, et j'ai eu entre les mains la lettre où elle parle « d'un jeune *benêt* d'Anglais qui lui tient la tête et qu'elle a appris être très riche ». Mais, sur cette liaison, donnons les notes que j'ai pu copier sur un mémorandum, fourni par M. Henry Pimberton, parent de M. Léé :

*Liaison de la Duthé et de Léé, née sur le bateau de Calais à Douvres. Léé soigne la Duthé, quoique malade lui-même. Liaison qui finit deux ans avant le retour de la Duthé en France. Sans doute, la Duthé descendit à Londres chez M. Léé qui demeurait Dover-Street.*

*Grand train de la Duthé. Revenu de non moins de cent soixante mille francs. L'éclat était pour elle tout; la simplicité rien. Livrée bleu et jaune. Toilette extravagante, robes extravagantes, jusqu'à huit jupes. Recherche de grands laquais, — peu importait le service, — mais de six et même de sept pieds.*

*Son luxe, quatre grands escogriffes derrière son carosse; elle! vêtue de toutes les couleurs de l'arc-en-ciel* (1), *souriant aux passants, ce qui dépitait Lée qui était très jaloux.*

*Elle voulut recevoir la haute aristocratie, mais certains refus, particulièrement du duc de Richmond, la dégoûtèrent de la ville, et pour la première fois elle alla passer six mois dans la campagne de M. Lée, où elle s'ennuya à la mort. Un jeune homme la consola; amourettes et rendez-vous pendant la chasse de Lée.*

*Elle revint à Londres et se mit en quête d'un autre entreteneur. Séduisit Sir Busham, un des plus nobles et des plus élégants cavaliers de Londres. Il lui donna une parure de diamants de* 75,000 *francs, six grands laquais, voiture, etc. Ça ne dura pas longtemps. Elle se mit à dépenser les restes de la générosité de Busham, soutenue d'ailleurs par ses revenus de France. Tantôt caprice avec un grand seigneur, tantôt avec un valet, Maison Clarges-Street. Grande prodigalité. Logeait dans sa maison trois ou quatre compatriotes, particulièrement une Mlle Aurore, ancienne danseuse. Allait à l'Opéra et aux petits spectacles, quoiqu'elle ne comprît qu'imparfaitement la langue anglaise. M. Parks, peintre anglais distingué, fit son portrait, mais il le reprit, n'étant pas payé.*

*Le pied très mignon. Elle passait pour avoir une dent postiche, en ayant perdu une dans une rixe, à la suite d'une orgie, mais elle était si bien mise qu'on ne s'en apercevait pas. Le visage assez joli, mais les traits sans mobilité. Pas bête, mais l'esprit commun et n'excellant qu'à dire des grivoiseries, dont aurait rougi une fille du Ranelagh. Elle s'amouracha de Kemble au beau profil, qui la dédaigna; alors elle se consola avec un petit musicien d'Hay-Market, nommé Lewis.*

(1) Cette affirmation est contraire à tous les témoignages français. L'élégance de sa toilette, la Duthé la cherchait dans une certaine simplicité, et l'on connaît la gageure qu'elle fit d'être la femme la plus remarquée à Longchamps en la mise la plus simple, et elle gagna avec une toilette faite dans de la toile à torchon.

Ce séjour en Angleterre, la Révolution et ses terreurs le prolongèrent de longues années, et, au mois d'août 1789, la peureuse courtisane écrivait avec une orthographe plus affolée que jamais :

*Mon cher tuteur, malgré le desir que j'aî d'aller vous voir, je ne me sens pas assé Brave* (1) *pour m'i resoudre avant que vous ne m'ayé assuré que je puis m'i rendre sans dangé... J'ai mendé à Sanville que, si l'on trouvois six milles louis de ma maison, je la vendrois de bien Bon cœur, c'est-a-dir Argen comtent. Adieu mon bon tuieur. Je dérésonn à force de peure* (2). »

Madame Gardel. — « Notice sur madame Gardel, par Amanton. Dijon, de l'imprimerie de Trautin, 1793. »

Mademoiselle de Lecluse. — « Mémoire pour messire Jean Louis de Lestandart, chevalier, marquis de Bully, Defendeur. Contre Edme-Élisabeth de Lécluse, dite de Mereuil, ci-devant actrice de l'Opéra. Demanderesse. » Un mémoire dans lequel la ci-devant actrice de l'Opéra fait tout à coup apparaître sur la scène un enfant de dix-huit ans, dont elle rapporte l'honneur de la paternité au marquis, factum spirituellement

(1) Dans une autre lettre adressée à Perregaux, le 15 juillet, elle écrit : *Mon cher tuteur, je comptois partire hier pour Paris, mes le courié nous a aporté des nouvelles si effreiantes, que mon dépar est suspendu. Mendé-moi, je vous prie, tout de suite s'il y a du dangé pour les effets qui son dans ma maison. A ce cas, vous auriès la bonté de les mettre en lieux de surtée inci que mon arjeanterie. Recommandé bien à Sanville de ne pas trop s'absenter de la maison, et d'avoir soin de faire fermer les portes, je ne vous envoi pas aujourd'hui mon sertificat de vie, parce qu'on m'a dit que le payements des rente étoit suspendu...* »

(2) La Duthé mourut en France en 1826. (Voir le *Figaro*, octobre et novembre 1856.)

troussé, et donnant l'historique vrai d'une liaison de théâtre de ce temps, avec le premier souper, l'évanouissement feint ou fortuit de la demoiselle, ses apparentes velléités d'entrer au couvent, et finalement la tromperie de l'entreteneur avec son intendant.

Mademoiselle LEMAURE. — « Manifeste de mademoiselle Lemaure, pour faire part au public de ses sentiments sur l'Opéra et des raisons qu'elle a de le quitter », manifeste dans lequel elle se plaint « de l'emprisonnement injurieux et tortionnaire de sa personne ès-prisons du Fort-l'Évêque ».

— « Lettre au sujet de la rentrée de la demoiselle Le Maure à l'Opéra, écrite à une dame de province par un solitaire de Paris..... A Bruxelles, 1740. »

La lettre raconte plaisamment la notification de la chanteuse à son directeur par laquelle elle se consacre à la piété, ses succès aux Ténèbres, sa conversion par l'abbé B...., ses combats entre la dévotion et ses anciens goûts, enfin sa défaite par le diable, et sa rentrée triomphale à l'Opéra (1).

M<sup>lle</sup> PÉLISSIER. — « Mémoires-anecdotes pour servir à l'histoire de M. Duliz et la suite de ses aventures après la catastrophe de celle de mademoi-

(1) Une note perdue dans le CODE DE CYTHÈRE dit : « La célèbre et la divine demoiselle M..., cette chanteuse sans parangon pour la voix, qui a fait les délices et l'admiration de tout Paris, dont le corps et la taille semblent avoir été moulés pour former une actrice inimitable et unique, passe chez elle son temps dans son lit; elle y mange, elle y boit, elle y gronde, et sûrement je ne dis pas tout. C'est la Cendrillon de M. Perrault. »

selle Pélissier, actrice de l'Opéra de Paris, Londres, 1739. »

Roman peignant, avec des traits connus des contemporains, la rapacité de la grande chanteuse de l'Opéra.

Mademoiselle Petit. — « Recueil de pièces pour et contre concernant l'affaire de mademoiselle Petit, actrice de l'Opéra de Paris. A Cythère, de l'imprimerie de Vénus, 1741. »

A propos de la révocation de cette danseuse, qui s'était laissé surprendre dans sa loge par sa camarade, mademoiselle Jaquet, dans le moment où elle avait des complaisances, *la toile levée*, pour un quidam.

Mademoiselle Prévost. — Mémoire pour la demoiselle Prévost en réponse à celui de M. l'ambassadeur de Malte (copie manuscrite du temps).

Le premier de ces mémoires, où la verve de style d'un avocat dans une affaire scandaleuse, commence à amuser la Cour, la ville et les provinces, et qui nous montre le coup de cœur du chevalier de Mesme devant la danse de Fanchonette, et son entrée dans la pauvre chambre où errent quatre chaises et une bergame, et son offre de se charger des mémoires du rôtisseur et du cabaretier. Puis changement de décoration. Voici le chevalier de Mesme, bailli de Malte, ambassadeur, et aussitôt beaux habits, bijoux, avec meubles et vaisselle plate, et maison montée, dont un jour Fanchonette, devenue Mlle Prévost, prie, d'un air digne, le bailli d'en sortir.

Saint-Huberty. — Papiers de famille.

— Recueil de lettres adressées à son amant et plus tard son mari, le comte d'Antraigues.

Ces papiers et lettres doivent paraître dans une biographie de la Saint-Huberty, sous presse.

## COMÉDIE-FRANÇAISE.

Mademoiselle CANDEILLE. — Recueil de lettres du commencement du XIXe siècle, relative à sa littérature, à ses romans. Une de ses lettres raconte qu'un moment, les jeunes élèves de David ont porté des barbes *postiches* de philosophes grecs, et cette lettre contient un post-scriptum de son mari Perié, s'inscrivant, pour son compte, contre le mot postiche.

Mademoiselle CONTAT. — Lettre autographe, signée de ses initiales (sans date), dans laquelle elle conjure un homme d'affaires de lui épargner une saisie « qui *ferait un esclandre dans sa maison et lui causerait un chagrin mortel* ».

Mademoiselle CLAIRON. — Ordre de doubler la demoiselle Dangeville, signé du duc de Gesvres :

*Nous duc de Gesvres, Pair de France, Premier gentilhomme de la chambre du Roi,*

*Voulant que chacun des acteurs et actrices de la Comédie-Française se prête à tout ce qui peut faire le bien du service, et connaissant la nécessité d'avoir plus d'une actrice pour remplir les rôles de soubrette, en expliquant en tant que besoin est l'ordre de réception donné à la demoiselle Clairon, lui ordonnons de se tenir prête à doubler la demoiselle Dangeville dans tous les rôles de son emploi.*

*Mandons à M. de Bonneval, Intendant des Menus Plaisirs, en exercice, de tenir la main à l'exécution du présent ordre.*

*Fait à Versaille le* 30 *décembre* 1743.

— « Mémoire pour le sieur de Lanoue, la demoiselle Gaussin et consorts, opposants à la réception de la demoiselle Clairon. »

Ironie moquant les effarouchements de pudeur des vertus de la Comédie-Française : « Quelle humiliante rivalité pour la demoiselle Gaussin ! L'innocence de ses mœurs n'aurait-elle pas dû la soustraire à de pareils accidents? » Et la brochurette rappelle l'humaine parole qu'elle avait souvent à la bouche : « Et comment en effet est-il possible de refuser un galant homme, qui se présente de bonne grâce et nous presse avec instance! »

— Histoire de mademoiselle Cronel, dite Fretillon, actrice de la Comédie de Rouen, écrite par elle-même. La Haye, 1758.

Roman allusif aux commencements de la tragédienne.

— « Mémoires de mademoiselle Clairon, actrice du Théâtre-Français, publiés par elle-même, 1822. »

Mademoiselle Dangeville. — « Lycée des arts. Éloge de la citoyenne Dangeville, ancienne artiste du Théâtre-Français. Fait et prononcé par le citoyen Molé, artiste du même théâtre, et membre du Directoire du Lycée des Arts, le 20 fructidor an II de la République

Française une et indivisible. De l'imprimerie de Lenormant. »

Mademoiselle DE LA MOTTE. — « Éloge de mademoiselle de la Motte, de la Comédie-Française. » (Tiré du Nécrologe.)

Mademoiselle DUCLOS. — « Mémoire pour Marie-Anne de Chasteauneuf-Duclos, Demanderesse. Contre Pierre Chemin, tuteur de Pierre-Jacques Chemin, son fils, défendeur. »

C'est une pièce du procès de la vieille Duclos, demandant la nullité de son mariage avec un jeune mari de dix-sept ans, tombé, un jour d'incendie, dans sa chambre, en chemise.

— « Réponse au mémoire intitulé : Accusation de bigamie par une seconde femme contre un mari, dont la première femme a esté enlevée et déguisée pendant sept ans sous l'habillement d'homme, et est morte chez demoiselle Duclos, comédienne, et a été inhumée à Saint-Sulpice sous le nom de Chevalier de Morsan. Paris, 1734. »

Trouble et mystérieux procès, qui laisse indécise la question du sexe de l'individu mâle ou femelle, qui se cachait sous le lit ou dans la ruelle de la comédienne, quand quelqu'un entrait.

Mademoiselle DUMESNIL. — « Lettre d'un négociant de Marseille à un de ses amis de Paris. »

A propos des représentations de la Dumesnil, au mois d'août 1753, à Marseille, pendant lesquelles le duc de Villars, gouverneur de la province, avait fait doubler les places, au profit de la tragédienne.

— « Mémoires de mademoiselle Dumesnil en réponse aux Mémoires d'Hippolyte Clairon par Dussault. Paris, 1829. »

Mademoiselle Durancy. — « Notice sur Mademoiselle Durancy. » (Tirée du Nécrologe.)

Mademoiselle Gaussin. — « Éloge de mademoiselle Gaussem », qui serait le vrai nom de l'actrice. (Tiré du Nécrologe.)

— « Réponse pour mademoiselle Gaussin à Mademoiselle d'Arimath, de l'Opéra-Comique, en forme d'une lettre, adressée à M. Fagon, sur sa nouvelle pièce, intitulée « l'Heureux Retour ».

Madame Joly. — « Aux Mânes de Marie-Élisabeth Joly, artiste célèbre du Théâtre-Français, par Dulomboy, ancien capitaine de cavalerie, Paris, an VII de la République. »

Joli petit monument typographique, avec les deux figures dessinées par Dugoure, et la musique gravée de ses tristes romances, par l'ami, l'amant, l'époux de l'actrice.

Mademoiselle Lange. — Lettre autographe signée de son nom de femme mariée : Simon.

*De Meudon*, 18 *fructidor*.

*Combien vous devez m'en vouloir ! et combien vous avez raison. Je n'ai pas d'excuses à mes yeux, jugez aux vôtres. Je ne conçois pas ma négligence ; elle ne vient pas cependant de mon cœur, je puis vous l'assurer.*

*Papa se porte à merveille, il est d'une égalité tout à fait aimable, pas un moment d'humeur, grâces vous soient rendues ! Il me parle beaucoup de vous, ce n'est pas le moment où, à mon avis, il parle le moins bien. Je comptois beaucoup sur le plaisir de vous voir cette année, je n'y ai pas encore renoncé, mais je crains que ce ne soit pas tout de suite. Les plaisirs de Paris sont bien monotones : quelques concerts donnés dans des cafés en plein air, exécutés par de malheureux artistes si honteux ou si tristes d'en être réduits là, qu'ils se sont faits mettre en cage pour n'être pas vus. Plus de société, tout le monde est retiré à la campagne. Moi je suis triste, mais je ne m'ennuie pas, je travaille, je chante, Michel m'aime, je le lui rends, et le temps passe. Envoyez-moi donc, en parlant chanson, une petite romance dont l'accompagnement soit bien facile, afin que je vous montre, quand j'aurai le plaisir de vous voir, combien je suis savante. Parlez de moi à Pierre, et faites-moi le plaisir de lui dire pour moi mille choses. Adieu, Jules. Je ne vous recommande pas de ne pas m'en vouloir. Je connais votre cœur et je suis sûre que l'exorde serait inutile. Je vous embrasse de toute mon âme.*

*F. Simon.*

Mademoiselle LECOUVREUR. — « Lettre à mylord D*** sur Baron et la demoiselle Lecouvreur où l'on trouve plusieurs particularités théâtrales, par Georges Wink. Paris, 1730. »

— Notice sur Adrienne Lecouvreur, par Lemontey, in-4°; sans date; composée pour la Galerie française.

Mademoiselle MEZERAY. — Lettre d'amour autographe de Mezeray avec son original cachet l'annonçant ainsi : *C'est de moi.*

*Si je ne réponds pas à votre lettre aussi bien que je le voudrois, c'est à mon esprit qu'il faut le reprocher et non à mon cœur qui, je vous jure, n'en mérite aucun. Il ne recèle rien que je ne puisse vous ouvrir avec plaisir et franchise, et cela dans tous les temps de ma vie.*

*Votre lettre m'afflige, je vous dirai en quoi. Je remets à jeudi à vous dire ce que j'en pense. J'ai trop d'amitié pour vous, pour me plaindre du peu de justice que vous rendez à votre amie.*

*Bonjour, je ne puis vous en dire plus, ce qui me fâche..... Mais à jeudi à dîner, peut-être vous verrai-je avant, je l'espère et le désire toujours.*

Mademoiselle QUINAULT. — Lettre autographe (sans date) à madame de Graffigny, qui commence ainsi : *Je ne sais pas si c'est de trop manger, mais j'ai la valeur de quatre indigestions*, et elle termine en disant : *Mes chats et moi nous vous baisons les pattes.*

Mademoiselle RAUCOURT (1). — « LA LIBERTÉ, OU MADEMOISELLE RAUCOURT. *A toute la secte anandrine assemblée au foyer de la Comédie-Française. Se trouve dans les coulisses de tous les théâtres,* 1791 », avec une figure libre. Texte différent de celui publié dans « l'Espion anglais » sous le titre : « Apologie de la secte anandryne, ou Exhortation à une jeune tribade par mademoiselle de Raucourt, prononcée le 28 mars 1778 » (2).

Mademoiselle SAINVAL cadette. — « Lettres de madame la comtesse de Mal..... à madame la marquise d'A.. .. Paris, 10 mai 1779. »

(1) La notice la plus complète sur Mlle Raucourt se trouve dans un recueil bien inconnu. Ce sont LES DIX MÉLANGES, *ou Mémoires secrets*, par A. Châteauneuf. Premier cahier. Paris, chez Ponthieu, 1809.

(2) Mlle Raucourt n'a point été calomniée. Vignères a vendu, il y a une quinzaine d'années, une collection de lettres de la Raucourt adressées à des femmes, qui avaient la tendresse et la passion des lettres d'un amant.

— « Lettre de mademoiselle Sainval cadette à la Comédie-Françoise, du 14 janvier 1784. »

Deux brochures concernant la querelle de mademoiselle Sainval, soutenue par le public contre madame Vestris, protégée par le maréchal duc de Duras et les gentilshommes de la chambre.

— Lettre autographe signée, à la date du 11 août 1785, relative au duel entre les deux femmes qui dure jusqu'à la Révolution.

*Monseigneur,*

*Je suis si touchée, si pénétrée de la manière pleine de bonté dont vous m'avez reçue que je ne puis taire tout le plaisir que j'ai eu, que j'ai encore, et que je dis à tout le monde.*

*Si les personnes, Monseigneur, qui vous indisposoient sans cesse contre moi, qui grossissoient mes torts, m'en donnoient toujours et mettoient un voile épais sur mes foibles qualités, m'avoient abandonné à votre bonté naturelle, les méchants qu'ils sont, m'auroient épargné bien des chagrins : puissent-ils être les derniers, et je leur pardonne de bon cœur.*

*Vous avez daigné, Monseigneur, écouter des détails, que j'ai abrégés, parce que je ne les faisois pas pour vous apprendre les torts de mes ennemis, mais je vous ai supplié, Monseigneur, de me permettre de vous rappeler ma conduite à la Comédie, celle que l'on a tenue avec moi, pour vous bien convaincre que je ne suis ni folle, ni méchante. Madame Vestris par des procédés et des vexations insupportables, pendant huit ans, étoit parvenue à me dégoûter de mon état, à me faire désirer de quitter Paris, préférant ma tranquillité à tout. Elle y a mis le comble en faisant à mon insçu imprimer une lettre écrite, dans un moment de douleur, à mes camarades, et qui ne devoit être connue que d'eux. Le libelle qu'elle y joignit, les mensonges qu'il contenoit, la cour, la ville, les provinces qui en ont été assaillies! Jugez-la, Monseigneur, et jugez-nous. Vous désirés maintenant pour le bien général, pour l'intérêt particulier, que je sacrifie mon juste ressentiment, que je regarde madame Vestris comme une femme ordinaire pour moi; je ne la hais plus, Monseigneur, mais je me rappelle, malgré moi, tout ce qu'elle m'a fait, tout ce qu'elle peut faire, et j'ai toujours peur..... Je vous ai promis, Monseigneur, de jouer avec elle, puisque vous le désirés, et je ferai, pour vous seul, ce que la crainte ne pourroit obtenir de moi; mais, Monseigneur, que je puisse au moins dire au public : J'ai été vaincue par les bienfaits de monsieur le Maréchal de Duras...*

Mademoiselle DE SEINE. — « Lettre de mademoiselle de Seine, comédienne ordinaire du Roy, à Messieurs de l'Académie françoise au sujet de la lettre de cachet décernée contre elle, sur la réquisition de messieurs les premiers gentilshommes de la chambre, 1735. » (Copie manuscrite du temps.)

Pamphlet dans lequel est surtout maltraité le marquis de Nesle, le père des sœurs maîtresses de Louis XV.

## COMÉDIE-ITALIENNE

Mademoiselle CAMILLE. — « Éloge de mademoiselle Camille. » (Tiré du Nécrologe.)

Mademoiselle DUFAYEL l'aînée. — « Mémoire pour la demoiselle Dufayel l'aînée, actrice de la Comédie-Italienne, pensionnaire du Roi. »

Brochure dans laquelle l'actrice de la Comédie-

Italienne s'indigne contre le bruit calomnieux qui l'accuse d'avoir essayé d'empoisonner sa sœur cadette dans un verre d'eau, présenté par sa femme de chambre, pendant un entr'acte de Zémire et Azor.

Madame Favart. — « Éloge de madame Favart. » (Tiré du Nécrologe.)

— « Manuscrit trouvé à la Bastille, concernant deux lettres de cachet lâchées contre mademoiselle de Chantilly et M. Favart, par le maréchal de Saxe, 1789. »

Mademoiselle Mazarelli. — « Mémoire pour demoiselle Claire Mazarelli, fille mineure, accusatrice contre le sieur L'Homme, écuyer, ancien échevin de la ville de Paris, et ses fils et complices, accusés. »

Mémoire qui nous a conservé la figure de cette danseuse, qui n'a dansé qu'un an, de cette courtisane bocagère que nous avons peinte dans « la Femme du dix-huitième siècle », se promenant sur son batelet ou conduisant sa petite chaise et ses deux chevaux, cortégée par un chœur de paysannes, habillées comme elle, par un costumier des Menus.

Mademoiselle Régis. — « Mémoire pour Claude d'Hennequin d'Herbouville, demoiselle majeure. Contre la Rey ou Régis. »

Exposé de fait curieux dans lequel la demoiselle d'Herbouville se défend d'être responsable d'un vol commis chez ladite actrice et se refuse à payer 1,668 livres que la Régis lui réclame pour la perte de 9 corsets, 8 casaquins, 11 fichus, 6 nappes, 3 douzaines de serviettes, 4 draps de maître, 36 mouchoirs, 14 tabliers de mousseline, 20 jupons, 40 coeffures, 22 chemises, 38 paires de bas, 1 toilette de mousseline et peignoirs.

— « Mémoire pour Antoine Bonaventure Pitrot, maître des ballets de la Comédie-Italienne. Intimé et incidemment demandeur et défenseur. Contre Louise Regis sa femme, soi-disante aussi fille majeure, danseuse au même théâtre, appelante comme d'abus, demanderesse, incidemment en séparation de corps et d'habitation, défenderesse. »

. Mémoire, dans lequel la Régis appelle comme d'abus de la célébration de son mariage, au moyen de ce fabuleux récit : « Un beau jour, dit-elle, — et cela se passe après la naissance de deux enfants, — Pitrot excite la crainte dans mon esprit ; il me met la pointe de son épée sur le cœur, il me dit de marcher à l'autel ; une chapelle était préparée ; il m'y conduit ; je n'étois pas revenue de mon saisissement ; je ne sçais ni ce que j'ai fait, ni ce que j'ai dit..... Depuis ce temps, *il assure que de sa maîtresse je suis devenue sa femme.* »

A ces biographies d'actrices des trois grands théâtres de Paris, j'ajouterai la biographie de la Montansier, cette directrice de théâtre, qui a été une des figures parisiennes de la Révolution.

Mademoiselle Montansier. — Réclamation autographe de mademoiselle Montansier, à la date de 1770, du montant de 3,550 livres pour l'entrée des pages au théâtre de Versailles, à raison de 300 francs par mois.

— « Mémoire pour la citoyenne Montansier. — Projet de décret sur la liquidation des sommes due aux propriétaires et créanciers de la salle du théâtre des Arts, imprimé par ordre de la Convention nationale. — Encore 7 millions pour le Grand Opéra. Ça ne prendra pas. Rendez la salle à Montansier. — Opinion de Crochon (de l'Eure) sur un projet de résolution relatif à une prétendue créance du citoyen Bourdon-Neuville et de la citoyenne Brunet-Montansier sur la république, pour la vente et cession du théâtre des Arts, etc. »

— « LA RIBAUDE DU PALAIS-ROYAL, *ou Anecdotes intéressantes et gaillardes tirées de la vie libertine de Marguerite Brunet dite de Montansier, ancienne directrice des spectacles à la suite de la cour, et maintenant la doyenne des matrones du Palais-Royal. Rédigées par le sieur Neuville, dit le Roué... A Paris, de l'imprimerie des Courtisanes*, 1790. » Volume illustré de quatre figures libres.

Tout en bas, deux planches sont prises par des livres de bibliographie et la collection des catalogues d'autographes de Laverdet et des frères Charavay, — et à leur suite, en cet endroit où, de mon fauteuil, ma main, en se baissant, peut atteindre, flottent des volumes, qu'en un moment de paresse, j'attire à moi, des volumes qui ont été, sans que je m'en doute, des éducateurs de mon goût, des conseillers de mon style, et qui me font éprouver aujourd'hui un certain étonnement de leur assemblage fortuit. C'est un volume dépareillé du Virgile latin « le GEORGICON » (1), au joli texte gravé aux frais de Henri Justice ; c'est un François Rabelais du dix-huitième siècle, l'assez médiocre Rabelais de 1783 ; c'est le La Bruyère de 1692, dans sa vieille reliure de maroquin rouge, avec le nom de *Durival*, imprimé sur les plats ; c'est l'édition des MAXIMES du duc de Larochefoucauld de notre vieille Imprimerie Royale, dans un veau aux armes d'un descendant de la famille ; c'est le RECUEIL DES PENSÉES de M. Joubert avec la dédicace : *offert à M. le comte de Portalis par M. Joubert, conseiller à la cour de cassation ;* c'est l'édition, dércliée et en miettes, des CARACTÈRES ET PORTRAITS de Chamfort ; c'est le NEVEU DE RAMEAU publié par Poulet-Malassis ; c'est enfin le REISEBILDER de Henri Heine, l'édition d'Eugène Renduel.

Là, les livres sont interrompus par la fenêtre, qui a pour lambrequin une broderie japonaise, où d'énormes cédrats, ces turgides fruits aux tentacules cornues, détachent l'or de leur soie sur du velours noir.

(1) Je suis plein d'admiration pour Virgile, et, je l'avoue, c'est le seul poète latin que j'aie senti, mais un volume de Tacite serait plus justement à sa place ici. Mon frère et moi avons fait une étude assidue, continue du bref prosateur latin, cherchant à introduire l'os de sa phrase dans notre langue un peu molle, un peu fluente. Et, en cela, nous ne faisions que marcher à la suite de Bossuet, qui a prêché quelque part que le latin devait faire l'armature de la langue française, et dont, au reste, les plus puissantes phrases sont du latin translaté en français. Et j'ajouterai encore à Tacite, comme nos professeurs de style, le duc de Saint-Simon.

Sous le jour de la fenêtre s'étend la large table de travail, une table commandée par hasard chez un ex-vassal, chez un homme de Goncourt, qui m'ignorait du reste absolument, une table à modèle qui ne s'attendait certes pas à voir écrire dessus; la table sur laquelle mon frère et moi, rue Saint-Georges et à Auteuil, sommes restés penchés de si nombreuses heures du jour et de la nuit. Pauvre table qui a vu le désespoir de tant de phrases rebelles, et aussi la joie du mot : *Fin,* écrit au bas de la dernière page de beaucoup de volumes. Vieux morceau de bois associé à mon existence, et pour laquelle j'ai des regards amis, quand j'ai été quelque temps absent et sans écrire, lui demandant presque qu'elle me soit favorable et qu'elle me fasse retrouver encore une fois l'inspiration de l'écrivain. Sur cette table un amoncellement, un entassement, un fouillis de papiers, de livres, de brochures, de cahiers de papier à cigarettes, de paquets de plumes d'oie au bec tordu, d'où émergent, à moitié enfouis dessous, deux presse-papiers à levrettes du dix-huitième siècle, un méchant encrier de trente sous, un manche de coupe-papier japonais, un essuie-plumes brodé par les filles de madame Camille Marcille, quand elles étaient toutes petites filles, et un cachet de cristal de roche aux initiales mariées de *E. J.*, un cachet acheté à Rome, du temps de MADAME GERVAISAIS, et qui est, comme la lumière rosée d'une goutte de champagne dans le fond d'un verre d'eau.

Le panneau entre la fenêtre et la porte du cabinet de toilette est rempli par des livres et des brochures sur l'histoire de Paris au dix-huitième siècle, dans lesquelles se trouvent des centaines de raretés, apportant chacune un trait, un coup de pinceau, un joli rien, au tableau mouvant et changeant de la capitale, pendant les cent années de sa domination sur le monde.

D'abord les plans : le « PLAN DE PARIS commencé en 1734 sous les ordres de messire Michel Étienne Turgot, prévôt des marchands, levé et dessiné par Louis Bretez et achevé de graver par Claude Lucas », un grand in-folio transatlantique, dans sa belle reliure en maroquin rouge, aux armes de la ville de Paris; le petit « PLAN TOPOGRAPHIQUE ET RAISONNÉ DE PARIS, ouvrage utile au Citoyen et à l'Étranger... par les sieurs Pasquier et Denis, graveurs, 1758 » ; le « PLAN DE LA VILLE ET FAUBOURGS DE PARIS, divisé en 20 quartiers.... par Deharme, topographe du Roi, 1763 », un volume in-quarto ; « la TOPOGRAPHIE ou Plan détaillé de la ville de Paris et de ses faubourgs, par Maire, 1808 ». Et parmi les plans particuliers, j'appellerai l'attention sur le « Plan de la paroisse Saint-Sulpice de Paris ou du faubourg Saint-Germain, gravé en l'année 1696, par l'ordre de messire Henri Baudrand, prestre, docteur de Sorbonne et curé de la dite paroisse », le meilleur plan qui ait été jamais fait de ce quartier et de ses hôtels.

Après les Plans, les Almanachs. Je ne m'arrêterai pas à la collection de « l'Almanach parisien en faveur des étrangers et des personnes curieuses», mais j'indiquerai un Almanach de Paris « contenant les choses les plus singulières qui se passent à certains jours de l'année », almanach publié en 1726, qui, avec ses processions, ses promenades de bacheliers en théologie et de captifs, ses montres pieuses de tapisseries, vous donne à voir le Paris de la Régence comme une autre Rome.

A propos des captifs, voici une pièce de 1729 : « L'ORDRE DE LA PROCESSION et de la marche des quarante-six captifs rachetés dans les royaumes de Maroc et d'Alger, par les religieux de la Merci, Rédemption des Captifs qui se fera lundi prochain, 18 du présent mois de juillet, et les deux jours suivants : le lundy 18 juillet, en l'église de l'Abbaye de Saint-Antoine à Notre-Dame, le mardi 19 du même mois, en l'église de Saint-Sulpice, et le mercredi 20, en l'église de Saint-Eustache. » Et l'on voit s'avancer dans les rues de Paris les quarante-six captifs portant des chaînes de cuivre pour marquer leur captivité, et accompagnés chacun de deux anges et précédés d'un timbalier, de quatre trompettes, de quatre hautbois, de deux bassons, et suivis de quatre rédempteurs tenant chacun une palme à la main.

Une autre pièce relative aux expositions de tapisseries est « L'EXPLICATION HISTORIQUE DES TAPISSERIES, ouvrages de la Couronne, qui seront exposées le jeudi 12 juin 1774, jour de la Fête-Dieu, et le jeudi suivant, jour de l'Octave, dans les cours de la Manufacture Royale des Gobelins » : explication qui nous montre, de la Barrière à la grande porte, tendues sous la conduite de M. Cozette, concierge de la Manufacture, la tenture de sept pièces de l'Histoire d'Esther, la tenture de sept pièces de l'Histoire de Moïse, puis dans les cours, une tenture de Scipion l'Africain, la tenture des Quatre Saisons de Mignard, plusieurs pièces des Conquêtes de Louis XIV d'après Vander Meulen, la tenture de huit pièces du Nouveau Testament d'après Jouvenet et Restout, et enfin quatre pièces du Palais du Vatican d'après Raphaël.

Mais, dans ces almanachs, j'allais oublier un rarissime petit almanach qu'ont fait naître les rigueurs de l'hiver de 1784 : « LA PYRAMIDE DE NEIGE, almanach nouveau pour l'année 1785, enrichi de figures en taille-douce contenant la description du monument élevé, pendant l'hiver de 1784, en l'honneur de Louis XVI et de son auguste épouse. » Ces deux gentilles vignettes vous montrent la pyramide, vue du Louvre et de la rue Saint-Honoré, au milieu d'autres vignettes représentant la Bienfaisance de M. Lenoir et le Verrou de Fragonard, illustrées de petits vers galants.

Ces almanachs parisiens ont pour complément les almanachs d'adresses : « l'ALMANACH DE PARIS contenant la demeure, les noms et qualités des personnes de condition dans la ville et faubourgs de Paris... pour l'année mil sept cent soixante-quinze. » Cet almanach, qui n'est pas le premier, et toutefois bien petit et restreignant ses annonces aux personnes de condition, ajoute en 1779 aux personnes de condition « et les autres vivant noblement ». En 1782, il saute le fossé, et se grossit d'une seconde partie « contenant les noms et demeures des différents bourgeois, gens d'affaires, marchands, artistes, etc. » Et il va ainsi jusqu'en 1791 où il s'intitule démocratiquement : « Almanach des Adresses de Paris et de celles des Députés de l'Assemblée Nationale. » En 1792, c'est « l'Almanach des Demeures des ci-devant Nobles et celles des Avocats, Notaires, Hommes de Loi ».

Mais le commerce, besoigneux de publicité, et n'en trouvant pas d'abord, ou n'en trouvant qu'une très restreinte dans l'Almanach des gens de condition, avait, dès 1769, fait les frais d'un gros livre, ayant en tête une estampe de Marillier, où M. de Marigny, le protecteur et directeur général des Arts et Manufactures de France, distribuait en empereur romain des prix aux plus célèbres artistes. Cet in-octavo a pour titre : « Essai sur l'Almanach Général d'indication d'adresse personnelle et domicile fixe des six corps, Arts et Métiers, contenant par ordre alphabétique les noms, surnoms, état et domicile actuel des principaux Négocians, Marchands, Agens d'Affaires, Courtiers Artistes et Fabricans les plus notables du Royaume. Paris, veuve Duchesne, 1769. » Et ce livre ne suffisant bientôt pas, on voyait paraître « les Tablettes de renommée » des Musiciens, et les tablettes de Renommée des principales maisons de commerce d'Épicerie-Droguerie, et le Tableau des Maîtres Distillateurs, Limonadiers, Vinaigriers, et la « Liste des six-vingt seuls Huissiers — Commissaires-priseurs, vendeurs de Biens Meubles, reçus et immatriculés au Chatelêt de Paris », et le Tableau général de tous les Maîtres et Marchands, Orfèvres — Joyailliers — Bijoutiers, Batteurs et Tireurs d'or, suivant l'ordre de leur réception », et le Catalogue des Maîtres-Rôtisseurs de la Ville et faubourgs de Paris », et le « Catalogue des Maîtres Queulx — Cuisiniers — Traiteurs — Rôtisseurs — Patissiers, de la ville, faubourgs et banlieue de Paris ».

Les secs almanachs sont suivis des Descriptions, des Tableaux, des États de Paris.

Au milieu du siècle, paraît en quatre volumes la consciencieuse « DESCRIPTION DE LA VILLE DE PARIS et de tout ce qu'elle contient de plus remarquable par Germain Brice, nouvelle édition enrichie d'un nouveau plan et de nouvelles figures dessinées et gravées correctement. Paris, chez les librairies associés, 1752 ». Dans les descriptions, il faut aussi ranger le « MÉMORIAL DE PARIS et de ses environs » publié en 1749.

Les Tableaux débutèrent par le « JOURNAL DU CITOYEN, La Haye 1754 », livre embryonnaire suivi en 1760 de L'ÉTAT OU TABLEAU DE LA VILLE DE PARIS, considérée relativement au Nécessaire, à l'Utile, à l'Agréable : livre dans lequel vous trouvez toute la constitution du Paris contemporain, et ses marchés et ses hôpitaux, et ses collèges et ses académies, et ses commissaires, et son guet à pied et à cheval, et ses bureaux de parchemins timbrés, et ses coches, et ses baigneurs-étuvistes, et ses hôtels du faubourg Saint-Germain et ses hôtels de la Grève, où la chambre garnie coûte de 3 à 4 livres par mois, et où les repas vont de 4 à 8 sols.

Ici, je ne puis résister au désir de donner la description d'un de ces hôtels-auberges de la Grève, de celui de l'*Image Notre-Dame*, que je me suis amusé à graver d'après une peinture de Raguenet, datée de 1751. Cette auberge typique du temps, à l'angle de la rue de la Mortellerie, et comme enclavée dans les constructions de l'Hôtel de Ville, était une maison au pignon pointu, aux quatre étages surplombant portés sur des poutrelles, au rez-de-chaussée défendu par une grille de fer de la hauteur d'un homme. Une grande maison de plâtras et de bois, rappelant l'architecture des constructions de la Belgique et de la Hollande, et qui, sur une console peinte en bleu, avait exposée une petite figurine historiée de la Vierge.

Passé l'auberge, la rue de la Mortellerie s'ouvrait noire et fauve, avec des rayonnements roux à l'intersection des ruelles qui s'y jetaient, sous un peu de pâle soleil, blanchissant au faîte des mansardes : l'éclairage d'une sale rue d'alors dans le ciel pluvieux de Paris. De l'autre côté de la rue de la Mortellerie, en face l'Image de Notre-Dame, une haute maison recevant la pluie et le vent, par ces baies sans fermetures, et dont le bas était occupé par un corps de garde, à la porte duquel un militaire, le mousqueton sur l'épaule, était en faction, tandis que deux autres assis sur un banc, sous un édit du Roi fraîchement placardé, regardaient passer les demoiselles du Port au Bled. Et sur la berge sans quai, une perspective de cheminées, de fenêtres à guillotine, de volets peints en ocre, de petits carreaux verdâtres, de murailles tachées de haut en bas comme de la descente d'eaux de purin, murailles que rasait un carrosse aux roues rouges, à la caisse dorée.

Ces tableaux de Paris ont pour annexe : « LE PROVINCIAL A PARIS, ou État actuel de Paris... en quatre volumes in-24 et cinq cartes nouvelles... chez le sieur Wattin fils, 1787 », petit ouvrage rare, indiquant tout ce que chaque rue renferme d'intéressant, et dont cette page, dans un des volumes que j'ouvre au hasard, peut donner une idée :

Rue des Fossés Saint-Germain des Prés.

11, Café de Procope.

14, Bureaux de M. Paul, inspecteur de Police.

18, Cour du commerce.

38, Poudre de fleur dentifrice par le sieur Courtois, dentiste.

39, Monseigneur le Dauphin et Madame fille du Roi, estampes d'après madame Lebrun, gravées par le sieur Blot.

42, Ancienne salle de la Comédie-Française.

52, Écusson de Me Boutet, notaire.

Un autre état, encore plus rare que celui-ci, et rédigé sur le même plan, où Paris est divisé en quatre grands quartiers, a paru en 1803. Il a pour titre : « ÉTAT ACTUEL DE PARIS. An XI. A Paris, chez l'auteur le citoyen Précien, rue Apolline, n° 34. »

Après ces descriptions, ces tableaux, ces états, la nombreuse série des livres décrivant Paris, sous des titres divers, et dans des années différentes.

« Le Géographe Parisien, ou Conducteur chronologique et historique des rues de Paris, 1769. » « Recherches critiques, historiques et topographiques sur la ville de Paris... par le S. Jaillot 1775 »; « Dictionnaire historique de la ville de Paris et de ses environs, par MM. Hurtault et Magny... 1779 »; « Description historique de Paris et de ses plus beaux monuments gravés en taille-douce par Martinet, ingénieur et graveur du cabinet du Roy... par Beguillet, 1779 »; » Voyage pittoresque de Paris, ou indication de tout ce qu'il y a de plus beau dans cette grande ville en peinture, sculpture et architecture par M. D (d'Argenville), 1757 »; « Dictionnaire pittoresque et historique... par Hébert, 1766 »; Almanach du voyageur à Paris par Thiery, 1784 »; ouvrage, qui avait été précédé, en 1780, de « l'Almanach pittoresque et historique et alphabétique des riches monuments que renferme la ville de Paris »; « Nouvelle Description des curiosités de Paris, par Dulaure, 1786 »; « le Voyageur a Paris... par Thiery, 1788 »; le Voyageur a Paris, tableau pittoresque et moral de cette capitale, 1797 »; les Ruines Parisiennes depuis la Révolution de 1789, avec des remarques historiques sur chacun des Établissements qui ne subsistent plus... an VII. »

Et en dernier lieu, les livres sur les environs de

Paris, dont les monuments sont gracieusement indiqués sur les estampes du temps, non par des étoiles, mais par le vol d'une, deux, trois hirondelles : livres de Dulaure, de Villiers, de Delort, et livres peu connus parmi lesquels je n'en citerai que deux : « DESCRIPTION d'une partie de la ville de Montmorency, par M. ***, ancien professeur de grammaire à l'École Militaire, Tempé 1784 », volume où se trouve la description de la maison de la comtesse d'Houdetot, du parc de Montmorency appartenant à la duchesse de Luxembourg, de l'habitation du comte de Tressan à Franconville, et, près d'Aubonne, du jardin curieux d'Audinot, le directeur de l'Ambigu, avec sa faisanderie, son temple, et sa rivière en verre, jouant l'eau aux lumières de la nuit : un exemplaire venant de Debure et contenant 26 planches au lieu de 19. Le second volume est intitulé : « LETTRES A JENNIE sur Montmorency, l'Hermitage, Andilly, Saint-Leu Chantilly, Ermenonville et les environs, avec des détails inédits ou puisés aux meilleures sources concernant J-J. Rousseau, Saint-Lambert, le maréchal de Luxembourg, le prince de Condé, Grétry, mesdames d'Épinay et d'Houdetot par M. FL***. » Il nous apprend, ce livre, une des dernières volontés de la comtesse d'Houdetot, qui voulait peut-être se rapprocher, dans la mort, de Rousseau : « J'ordonne que mon cœur soit mis à part et porté dans le tombeau ou près le tombeau de mon père et de ma mère à Épinay. » A ces curiosités sur les environs de Paris, joignons-y, en fouillant dans le carton des vues de Paris, deux estampes toutes différentes et relatives à ces environs. L'une qui a pour titre : « LE MONT VALÉRIEN, ou Calvaire à deux lieues de Paris », fait voir une montagne abrupte, où serpente un chemin montant entre de petits oratoires, quatorze stations, avec logement pour les prêtres et les étrangers. L'autre est le « BAL DE VINCENNES qui se tient toutes les festes et dimanches à une petite lieue de Paris », un bal en plein air, entouré de tribunes éclairées par des lanternes en barillet, et où huit couples sont en train de danser.

Faisons suivre ces généralités sur Paris et sa banlieue des livres, des cartons de papier, des documents relatifs à des établissements spéciaux.

Sur la Foire Saint-Germain dont une vue d'optique (1) nous a conservé l'aspect, j'ai eu la bonne fortune d'acquérir à une vente de Charavay, une collection de pièces manuscrites les plus intéressantes. Ce sont des titres anciens, des actes, des lettres concernant la Foire Saint-Germain de 1654 à l'an VI, et entre autres : Assemblée générale de MM. les propriétaires en la salle du bailliage de l'abbaye de Saint-Germain, en date du 25 mars 1762 ; arrêt du Parlement concernant la Foire-Saint Germain et le mode de location, 1766 ; Mémoire contenant un historique de la Foire Saint-Germain et sa situation en l'an II de la République avec une liste de ses propriétaires,

(1) Cette vue d'optique a pour titre : *Vue de la nouvelle décoration de la Foire Saint-Germain*, avec permission de M. le Lieutenant-général de la police.

leurs noms, leurs demeures, le numéro et le nombre de leurs loges; lettres de l'architecte Rondelet à propos de la Foire Saint-Germain en l'an III; copie du bail fait par l'administration du Domaine national au sieur Quentin, du marché Saint-Germain, an IV.

Ces pièces manuscrites sont accompagnées de la brochure intitulée « L'INCENDIE DE LA FOIRE SAINT-GERMAIN et sa nouvelle reconstruction, poème en quatre chants par M. de ***; Paris, chez Langlois fils, 1764 », où le poète dit, en parlant de l'ancien baraquement :

Sur un terrain des jardins de Navarre,
On éleva cette charpente rare,
Insigne effort de l'Art industrieux,
Et qu'admirait l'artiste curieux;
Le tout fut fait au règne de Louis onze
Sans employer ni le fer, ni le bronze,
Mais bien le bois qu'on nomme châtaignier
Où l'araignée évite de régner.

Puis il nous décrit la nouvelle Foire construite par Duchêne, qui avait été, l'année précédente, chargé de la décoration de la Foire Saint-Ovide :

Comme son plan uniforme, parfait,
Dans le lointain fait un superbe effet!
Voyez partout ces riches galeries
Dont la façade, en arcades bâties,
Est décorée en superbes crystaux
Enjolivés de brillants chapiteaux.

Et la Foire Saint-Germain sera complète avec deux mémoires imprimés, donnant des détails sur la reconstruction des loges. « Mémoire pour le sieur Étienne Louis de la Garde, les administrateurs de la Maison des Cent-Filles et autres propriétaires des Loges à la Foire Saint-Germain contre les syndics des propriétaires des Loges de ladite Foire » ; — « Mémoire pour le sieur Charles Joseph Bertrand, ancien garde du corps de la Mercerie, contre le sieur de la Garde, marchand mercier ».

Des cartons de mémoires et factums donnent la fondation du collège Sainte-Barbe, la Réunion des petits collèges fondés en l'Université de Paris, des Lettres patentes du Roi portant règlement pour le collège Mazarin, etc. : pièces faisant toucher à la vie intérieure des collèges du temps.

Parmi un certain nombre de documents sur les prisons, voici une brochure : LE RAT DU CHATELET, 1790, une brochure émaillée de l'argot des voleurs du temps, et illustrée d'une estampe, représentant LA CAPUCINADE, que l'auteur décrit ainsi : Lorsqu'un nouveau débarqué fait son entrée dans le grand cachot, on lui demande s'il a de l'argent. Sur sa réponse qu'il est sans un sol, l'un des anciens s'étend à terre, et tous les détenus, la chemise relevée par derrière, et chantant une antienne bizarre, vont tour à tour s'étendre sur le cadavre du prétendu mort, pour le baiser au front. Quand le tour du nouveau est venu, l'ancien s'accroche à lui des bras et des jambes, pendant que deux prévôts, armés d'un mouchoir roulé et doublé appelé *foutrau*, le fustigent jusqu'à ce qu'il déclare où est son argent; quand il n'en a vraiment pas, on le fait coucher près de la *griache*, le tonneau à ordures, jusqu'à ce qu'un nouveau venu le remplace.

Les livres sur les hôpitaux sont aussi nombreux, et un exemplaire des MÉMOIRES SUR LES HOPITAUX par Tenon, professeur de pathologie au collège de Chirurgie, relié en maroquin vert myrte, avec des colombes se becquetant sur le dos, vous fait frissonner, en vous ouvrant ces lits de l'Hôtel-Dieu bondés de trois, quatre, cinq et six malades; heureux encore qu'on ne les mette plus sur le ciel-de-lit, comme cela se passait quelques années auparavant.

Et sur les cimetières, le « RAPPORT sur les exhumations du cimetière et de l'église des SS. Innocens par Thouret » nous fait assister au transfèrement des vingt mille cadavres, à la clarté des flambeaux et des cordons de feu, jetant des lueurs funèbres sur les croix et les pierres tombales, au milieu desquelles les ouvriers semblaient « se mouvoir comme des ombres ».

Les Almanachs, les Guides, les Indicateurs épuisés, au Paris statistique succède un Paris que j'appellerai le *Paris moral*, un Paris montré dans ses mœurs, par les livres, les brochures, les feuilles volantes contemporaines.

Commençons la revue de ces documents par la rare brochure intitulée «LETTRE D'UN SILICIEN (*sic*) à un de ses amis, contenant une agréable critique de Paris et des François. A Chambéri, Pierre Maubal, 1710.» Le Silicien représente les maisons de Paris comme grossières au dehors et n'ayant de rare au dedans que la magnificence des tapisseries qui décorent les murs, les hôtelleries comme remplissant la ville de cuisines qui fument toujours, et les femmes toutes entourées de petits chiens, et les rues pleines de boutiques de fripiers, et le temps changeant à toute minute; et après avoir parlé des théâtres, du Pont-Neuf, de la Foire Saint-Germain, de la promenade des Tuileries, des perruques blondes, des grosses montres, des lettres à trois cachets, de la cherté de sa chambre d'hôtel, décorée d'un lit, d'une table, de quelques chaises, d'un miroir, d'un portrait du Roi, il termine ainsi : « J'ai vu un dimanche, dans une seule paroisse, faire soixante-cinq mariages. On dit qu'il y a ici jusqu'à quatre mille vendeurs d'huîtres, que l'on y mange chaque jour quinze cents gros bœufs et plus de seize mille moutons, veaux ou cochons, outre une prodigieuse quantité de volaille et de gibier. On compte cinquante mille maisons, dans chacune desquelles les familles sont si nombreuses, qu'elles logent depuis le grenier jusqu'à la cave ; on y compte aussi cinq cents grandes rues, outre une infinité de petites, dix places, plusieurs marchés, dix-sept portes, neuf ponts, avec autant de fauxbourgs, et plus de trente hôpitaux. » Suit le curieux livre qui a pour titre : « Séjour de Paris, c'est-à-dire Instructions fidèles pour les voyageurs de condition. Comme ils se doivent conduire s'ils veulent faire un bon usage de leur temps et argent durant leur séjour à Paris .. par le sieur J. C. Nemeitz, conseiller de

S. A. S. mon seigneur le prince de Waldeck... A. Leide, 1727. » Deux volumes ornés de vues et de plans de Paris. On arrive ordinairement à Paris, dit notre voyageur, avec le *chariot ordinaire,* qui a ses auberges particulières, ou bien avec des chevaux de poste ; dans ce dernier cas, il faut se faire conduire Hôtel Impérial, rue du Four, Hôtel d'Espagne, rue de Seine, Hôtel d'Anjou, rue Dauphine, Hôtel de Hambourg, rue de la Boucherie, Hôtel d'Orléans, rue Mazarine, Hôtel de Modène, rue Jacob. Maintenant, au bout du séjour d'une quinzaine ou d'une huitaine dans l'hôtellerie, il s'agit du choix d'une chambre meublée que Nemeitz engage à prendre dans le faubourg Saint-Germain, où l'air est plus pur que dans les autres quartiers, où se trouvent toutes les académies et manèges qui sont à Paris, où l'on a la Comédie-Française, où l'on jouit, au printemps, de la Foire Saint-Germain, et d'où même il est très facile de se rendre à l'Opéra de la rue Saint-Honoré, en traversant la Seine dans un esquif. Il indique avant tout, dans la rue de Tournon, le grand Hôtel d'Antragues, malheureusement très cher et habité par des évêques, des princes étrangers et autres grands seigneurs, qui y logent, quand ils ne prennent pas une maison à part, et, à défaut de l'Hôtel d'Antragues, l'Hôtel de Treville ou le petit Hôtel de Bourgogne. Ici une plainte sur la nourriture de tous les hôtels meublés, qui est toujours la même, et qui consiste dans une soupe, un bouilli, une prétendue entrée de ragoût, une fricassée de veau ou de côtelettes, du rôti, un peu de légumes, et pour le dessert, du lait, du fromage, de petits biscuits et des fruits selon la saison. Puis les conseils pratiques pour s'habiller : il dissuade ses compatriotes de faire comme les Anglais, qui gardent leurs courts justaucorps, leurs petites cravates, leurs petits chapeaux, leurs perruques étrangement façonnées, et qui doivent à leur costume d'être la proie des décroteurs, cochers de fiacre et gueux de tout genre ; donc il les engage à s'habiller légèrement à la française et à se faire faire *un habit chamarré à la mode,* une *veste de drap d'or ou d'argent,* et un *surtout d'écarlate,* bon quand il pleut. Après l'habit, c'est le tour du valet qu'il est tout à fait d'avis de prendre français, parce que le valet français est prompt et alerte, ce que ne sont pas les Allemands, parce qu'il défend son maître s'il a une querelle, et que si par hasard il vole, il est très facile de le faire pendre. Là-dessus nous arrivons aux spectacles, un morceau dans lequel heureusement il veut bien ne pas examiner la controverse : *S'il est permis à un chrétien d'aller voir les jeux publics,* et où il nous apprend qu'un homme de qualité ne peut prendre place que *sur le théâtre* ou dans une des premières loges, et non aux secondes, qui sont pour les bourgeois ; il fait toutefois exception pour l'amphithéâtre de l'Opéra qui a rang de première loge. A propos des représentations de l'Opéra, des Italiens, de la Comédie-Française, il ne manque pas de signaler les écoliers des Jésuites jouant au mois d'août, avec beaucoup d'appareil, au collège Louis-le-Grand, une tragédie en latin, dont les actes sont entremêlés de ballets dansés par les premiers sujets, sous la direction de M. Blondi.

Après les théâtres, les cafés. C'est une mode presque générale à Paris que de prendre une tasse de café, après son dîner, dit Nemeitz, et il parle des deux endroits à la mode, où on va le prendre alors : le café de la veuve Laurent, rue Dauphine, appelé le café des *Beaux Esprits* et le café de Poincelet à la descente du Pont-Neuf, cafés où l'on ne fume pas, comme dans les cafés de l'étranger : très peu de personnes de condition aimant l'odeur du tabac en France. Au chapitre des cafés succède le chapitre des relations et de la conversation avec les Dames, que notre astucieux Germain recommande et préconise, en ce qu'elle « vous apprend la langue, vous rend galant, vous fait prendre insensiblement un bon pli », tout en faisant la remarque que cette conversation est très dangereuse pour ceux qui sont de *complexion amoureuse.* Et aussitôt de mettre en garde ses compatriotes contre certaines maisons, qui ont l'air d'être de distinction, mais qui ne sont, dit-il, que de fameux b..... où Madame a sur la paille de jeunes g....., quelquefois aussi des femmes mariées, toutes prêtes pour de l'argent. Et après le chapitre des relations, le chapitre des promenades à pied et en carrosse, et des promenades à la foire Saint-Laurent, la foire des campagnards et des petites gens, des promenades à la foire Saint-Germain, la foire du grand monde, où il voit la *Tourneuse anglaise,* une jeune femme tournant comme une toupie, avec six épées nues dans les mains, les pointes tournées contre elle.

Dans son « Séjour de Paris », Nemeitz signale les tragédies latines mêlées de ballets du collège Louis-le-Grand. Je possède un recueil factice de ces représentations de 1737 à 1755. Et voici : LE POUVOIR DE LA FABLE, *ballet qui sera dansé au collège de Louis-le-Grand et servira d'intermède à la tragédie de* MAURICE MARTYR, *pour la distribution des prix fondés par Sa Majesté, le mercredi deuxième jour d'août mil sept cent cinquante, à midi précis.* La première entrée figure « les Dangers de la volupté pour la jeunesse ». Télémaque est jeté par la tempête dans l'île de Chypre. Les habitants s'empressent de le couronner de roses et de myrte. Leur parure et leur démarche, leurs amusements et leurs maximes respirent un air empoisonné. Télémaque est d'abord saisi d'horreur, mais il s'accoutume insensiblement aux douceurs de ce funeste séjour. Le sage Mentor paraît. Sa présence écarte les plaisirs séducteurs. Il ordonne à Télémaque de fuir promptement ce lieu dangereux, où tous les plaisirs se réunissent pour aveugler la Raison et pour séduire l'Innocence.

*Télémaque* : M. de Choiseul.

*Habitans de l'Isle de Chypre*, MM. Duclusel, Massigni, Dupré, Vauzelet, Carvaille, la Martinière, Barrau, Radix, Mercier, Chavannes, Deludre, Chaalons de la Rivière, Dalban, Geoffroi, Bonvoust.

*Jeunes gens avec des guirlandes* : MM. Hennequin

Duplessis, Lebreton, Sainte-Colombe, Grandpré, Lablache, Desmazure, de Ris.

*Mentor*, M. Palasne.

*Danseront ensemble :* MM. Carvaille, Radix.

*Danseront seuls :* MM. Bonvoust, Feuillade.

La seconde entrée représente les « Écueils de l'Ambition pour l'Age Mûr », la troisième les « Tourments de l'Avarice pour la Vieillesse ». Il y a trois parties, et un Ballet général, où doivent danser seuls MM. Desplaces, Vestris, de Visé, et le programme du spectacle se termine par cette phrase : *Fermera le théâtre par l'éloge du Roi.*

La Relation de l'ambassade de Méhémet-Effendi à la cour de France en 1721 » et publiée en 1757 contient quelques détails sur le Paris de la Régence.

Des brochures et des livres connus, je n'indiquerai que les titres.

« Paris vu tel qu'il est, 1781 ; le Petit Tableau de Paris, 1783 » ; le Tableau de Paris, par Mercier, 1783 1788 ; « Paris en miniature d'après les dessins d'un nouvel Argus, 1784 ; les Numéros, 1784 ; l'Observateur de Paris, 1785, par M. Mercier, auteur du Tableau de Paris ; Diogène a Paris, 1787 ; le Tableau nouveau de Paris, ou Variétés amusantes, ouvrage enrichi de notes historiques et critiques et mis au jour par Nougaret, 1786 ; Lettres de d'E.....mée..... de B... ou La....c...be (M^lle^ Boudon), ou Journal d'un voyage à Paris en 1789, Troyes, 1791 », tiré à petit nombre ; « Un Provincial a Paris, pendant une partie de l'année 1789. A Strasbourg. De l'imprimerie de la

Société typographique » ; « LE NOUVEAU TABLEAU DE PARIS, ou la capitale de France dans son vrai point de vue, ouvrage destiné à servir de supplément au Tableau de Paris. A Paris, de l'imprimerie de la Vérité, 1790 » ; LE TRIOMPHE DE LA CAPITALE, par l'auteur du Fanal, qui fète en ces termes la Révolution : « Adieu les barbiers, perruquiers, étuvistes ; adieu les chapeliers ; adieu les coiffeurs, coiffeuses et les marchandes de modes par contre-coup ; adieu toutes les fabriques de gazes et de linons, adieu toutes les manufactures de drap et de soie et tous les hommes qu'elles occupent, adieu les horlogers, les plumassiers, les éventaillistes, les fondeurs, les doreurs, les tapissiers, les miroitiers, les orfèvres, les joailliers, les peintres, les sculpteurs, les ébénistes, les papetiers, les enlumineurs, les tireurs d'or et les graveurs..... et les carrossiers, les selliers, les bourreliers, les charrons, les vernisseurs, les serruriers ; les maréchaux fermeront boutique et les autres marchands ne vendront rien, et ils feront banqueroute, et on verra de tous côtés : *Chambres garnies à louer, maison à louer ou à vendre ;* et les propriétaires seront ruinés, et les architectes, les maîtres maçons, les tailleurs de pierres, les manœuvres, les goujats, les charpentiers, les menuisiers, les carriers mettront leurs dents au croc, et l'herbe croîtra dans les rues. L'auteur d'un pain mixtionné se rendra fermier de tout le quartier Saint-Honoré jusqu'à la plaine des Sablons pour exciter la culture des pommes de terre. Le quartier Saint-Germain produira de la luzerne; celui Saint-Jacques et de Sainte-Geneviève des vignes; le Marais des fèves et des haricots; Saint-Antoine, des melons; Saint-Martin des choux de Hollande et de Milan; Montmartre, des chardons. »

Et sur la Révolution et le Directoire, ce sont encore : « PETITE HISTOIRE DE FRANCE, ou Revue polémique d'un grand historien..... Chez Garnerey, le 2e mois de la République », racontant un séjour de Paris en 1790; LE NOUVEAU PARIS, par le citoyen Mercier; LES SEMAINES CRITIQUES de Lavallée; le joli petit volume de Ripault, intitulé : « UNE JOURNÉE DE PARIS, Paris, an cinquième » ; une infiniment petite plaquette qui, avec « les Semaines critiques » et le « Nouveau Paris », sont les trois ouvrages à consulter, pour qui veut apprendre les mœurs du Directoire; les FRAGMENTS SUR PARIS par Meyer, traduits de l'allemand par le général Dumouriez, Hambourg, 1798 » ; « LE NOUVEAU DIABLE BOITEUX, tableau philosophique et moral de Paris, mémoires mis en lumière et enrichis de notes par le docteur *Dicaculus* de Louvain. Paris, an VII de la République », avec deux estampes d'après Garnerey, gravées par Delignon; LES MATINÉES A PARIS, voyage d'un Allemand à Paris. Lausanne, 1800 » ; « PARIS AU XVIIIe SIÈCLE, par Pujoulx, 1801 » ; LE PÉRUVIEN A PARIS, par Joseph Rosny, 1801; « LETTRE D'UN MAMELUCK, ou Tableau moral et critique de quelques parties des mœurs de Paris, par J. Lavallée, 1803. »

De ces livres qui visent à la peinture d'ensemble de Paris, descendons à des livres moins ambitieux, et dont la prétention est seulement d'en esquisser un petit coin. Commençons par le coin, qu'on appelait alors « la capitale de Paris » : le Palais-Royal, et sur lequel il y a tant de brochurettes que leur bibliographie pourrait faire un volume.

« ALMANACH DU PALAIS-ROYAL pour l'année 1785 ; Paris, chez Royez. » On trouve dans le Palais-Royal aux trois arcades nouvellement bâties, les spectacles des Variétés et des Petits Comédiens du duc de Beaujolais, le café de Foy, le café du Caveau, le café Mécanique, le café de Beaujolais, le café de Valois, le café Polonois, les hôtels garnis de la Reine, de l'Empereur, d'Orléans, de Chartres, de Vauban, de Montpensier, les restaurateurs Huré, de Labarrière, Gautier, Pottel, des bains établis au n° 63, deux gaufriers, un confiseur, un distillateur, un bureau de vin qui se charge d'approvisionner les maisons de vins bourgeois, six marchands de draperies et soieries, huit marchands tailleurs, deux marchandes de modes, deux fleuristes, quatre marchandes-couturières, douze bijoutiers, trois libraires, deux marchands de musique, un marchand de tableaux, quatre marchands d'estampes, deux boutonniers, trois opticiens, trois horlogers, deux tabletiers et marchands de cannes, un marchand de papiers peints, deux chapeliers, et Curtius offrant ses talents aux personnes désireuses d'avoir leur portrait en cire.

Un almanach plus curieux et qu'aucun amateur n'a rencontré complet jusqu'ici, est un almanach dont je possède seulement quatre petites vignettes coloriées :

*le Marchand de marrons*, pl. 3; *les Ombres chinoises*, pl. 12; *les Boutiques de Bois*, pl. 53; *Vue générale du Jardin*, pl. 62.

« TABLEAU DU PALAIS-ROYAL, chez Maradan, 1787 »: une description détaillée en place de la sèche nomenclature de l'almanach, avec les changements apportés par les trois années qui se sont écoulées. On y voit le café du Caveau peint avec ses glaces reflétant le jardin, et son pourtour de bustes de Gluck, de Sachini, de Piccini, de Grétry, sous lesquels se juge tout ce qui paraît ou se joue à Paris. Le café Foy se développe dans l'étendue de ses sept arcades, avec ses murs revêtus d'une boiserie précieusement sculptée : le café fréquenté par les gens du bel air, le café qui a la renommée pour les glaces; puis c'est le café Mécanique, où le service se fait au moyen de pieds de tables creux et d'une soupape par laquelle monte une servante à double étage; le café Italien qui a un poêle, en forme de globe aérostatique, surmonté d'un Génie; le café de Chartres, le rendez-vous des gens d'affaires; le nouveau café de la Grotte Flamande, où l'on commence à venir boire de la bière le soir. Parmi les restaurateurs en vogue, le plus fréquenté est Beauvilliers dont les salons sont décorés d'un papier chinois, et où la bouteille de vin le plus ordinaire coûte vingt sols. Là mangent les riches militaires, les jeunes gens les plus qualifiés, les gros joueurs en compagnie de filles élégantes. Et ce sont des descriptions des Variétés, des Ombres Chinoises et des modistes et des bijoutiers et de tout le peuple marchand du Palais.

La « LETTRE ÉCRITE DU PALAIS-ROYAL aux quatre Parties du Monde, 1785 » s'exprime en ces terms : « Ni les vignes de Rome, ni les jardins du Grand-Seigneur, ni les ventes de l'Orient, ni les foires de Beaucaire, ni celles de Sigaglia, n'ont rien qu'on puisse comparer aux variétés de ce Palais vraiment délicieux. Les chagrins y sont suspendus, les haines engourdies, les plaisirs toujours renaissants, les objets variés comme les fleurs d'un parterre, les tableaux mouvants comme ceux d'une optique. Lieu ravissant! Voit qui veut, achète qui peut. Que de jolies marchandises exposées aux regards des promeneurs! Que de précieux colifichets proposés par les femmes les plus engageantes! Que de modes qui naissent et vieillissent dans vingt-quatre heures! Que d'appâts délicatement préparés pour les amateurs et les curieux! Chaque boutique est la niche de l'élégance et du goût. »

Si nous remontons un peu en arrière, nous trouvons cette brochure au joli titre : LES SOIRÉES DU PALAIS-ROYAL, *ou les Veillées d'une jolie femme contenant quatre lettres à une amie, avec la conversation des chaises du Palais-Royal, sous l'arbre de Cracovie*, 1762; et cette autre brochure : « OBSERVATIONS sur la destruction de la promenade du Palais-Royal, 1781 », et qui commence ainsi: « Milord, vous me demandez s'il n'y a plus de promenade publique dans le jardin du Palais-Royal? Hélas! non. Cette grande allée faite en berceau, la plus belle de l'univers, ce rendez-vous général de Paris et de tous les étrangers, cette salle d'audience que le ciel lui-même avait tapissée de verdure, n'est plus. Des mains sacrilèges, armées de scies, ont détruit, dans quelques jours, un ouvrage que la nature avait mis un siècle à former. M. le duc de Chartres a vendu, pour 1,800 livres, la destruction d'une allée que le public aurait achetée vingt millions. » Et une estampe montre l'allée tombant sous la cognée, dans les pleurs des petites filles et la consternation des nouvellistes.

A la suite, les livres et les brochures de toutes sortes : « L'HAMADRYADE DU PALAIS-ROYAL, par M. de Longueville, tenant un bureau d'écrivain public, dans la galerie communiquant de la Cour des Fontaines à la rue Saint-Honoré, et qui, après avoir rédigé son Hamadryade en 1777, 1778, 1779, 1780, finit par se jeter à l'eau en 1786; LES ENTRETIENS DU PALAIS-ROYAL, 1786, par un missionnaire du *Camp des Tartares* (Première partie). A Gattières, 1788 »; « EXTRAIT des nouvelles à la main du 12 juillet 1787, ou préservatif contre les escroqueries faites ou à faire aux locataires des boutiques du Palais-Royal. Berne, 1788 » : brochure dans laquelle il est question de filouteries faites par un sieur Boileau, au détriment du ménage Cuisinier tenant le café du Caveau »; RÉCLAMATIONS pour les principaux locataires et sous-locataires des bâtiments du Palais-Royal contre M. d'Orléans », factum in-4; « ATHENÆUM, ou idées d'un citoyen sur le nouvel édifice, construit dans l'enceinte du Palais-Royal, 1789 » ; LISTE DES MAISONS DE JEUX, *Académies, tripots*, banquiers croupiers, bailleurs de fonds, joueurs de profession, honnêtes ou fripons, grecs ou demi-grecs, racoleurs de dupes, avec le détail de tout ce qui se passe dans ces maisons, les ruses qu'on y emploie, et le nom de femmes que l'on met en avant pour amorcer les dupes, par un joueur ruiné. De l'imprimerie de Biribi, 1791 » ; « L'ÉCOUTEUR, ou une soirée au Palais de Philippe par l'auteur des Mille et une fadaises, à Cocopolis, l'an III de la Papirocratie » ; « APPARITION de l'ange consolateur à un moribond au ci-devant Palais-Royal, chez les marchands de nouveautés, an III » ; « DÉTAIL exact du terrible incendie arrivé au Palais-Egalité dans le Lycée des Arts. Destruction de ce superbe édifice. — La cause de cet évènement malheureux. — Trait héroïque d'un membre du conseil des Cinq-Cents qui a sauvé des flâmes une jeune personne de dix-sept ans. — Courage des pompiers... » ; « RÉVOLUTION EN VAUDEVILLE des jolies femmes de Paris contre les costumes des Merveilleuses et Incroyables du Palais-Royal », canard contenant une chanson sur l'air des Visitandines, surmontée d'une mauvaise imagerie d'Épinal, représentant des Incroyables et des Merveilleuses; « VOYAGE autour des Galeries du Palais-Égalité, par S... e, chez Maller, an VIII », avec une vignette représentant la promenade des filles dans les galeries; LE GROS LOT, ou une journée de Jocrisse au Palais-Égalité, par Hector Chaussier, an IX », illustré en tête d'une figure d'Incroyable coloriée; « LE CENSEUR, ou Voyage sentimental autour du Palais-Royal, par Joseph Rosny, an XI. » (1)

Du Palais-Royal rayonnons sur le reste de la ville, à l'aide de ces courtes moqueries, de ces petits in-douze ironiques, croquant spirituellement les endroits de Paris, où la vie de la capitale se répand et s'agite dans le mouvement, la gaieté, le plaisir. Et au besoin recourons même à quelques rares imageries du temps.

Si nous allons au Pont-Neuf, nous avons ces brochurettes, appelées « RÉCLAMATION DE LA SAMARITAINE », « DERNIERS MOTS DE LA SAMARITAINE », « les ADIEUX DE LA SAMARITAINE aux bons Parisiens », et qui racontent plaisamment ce que la Samaritaine a entendu depuis deux cents ans, qu'elle demeure dans son château du Pont-Neuf. Et le voisin du Pont-Neuf, le quai de Gesvres vous raconte sa grandeur et sa décadence dans les derniers « ADIEUX DU QUAI DE GESVRES à la bonne ville de Paris ». Des présidentes à vertugadins, des petits maîtres aux bas à fourchettes d'or, des financiers aux larges galons, l'avaient trouvé ravissant, cet honnête, ce vertueux quai, où les plaideuses des provinces, arpentant Paris en noir, venaient acheter un mantelet, une coiffure, un fichu pour leur fille, chez cette madame Rasatin, la marchande attitrée de toutes les *hiron-*

(1) Je renvoie les curieux du Palais-Royal aux aspects différents présentés dans l'HISTOIRE DE LA SOCIÉTÉ FRANÇAISE PENDANT LA RÉVOLUTION, et dans la « Monographie » de De Bucourt.

*delles de carême*, la marchande de modes qui ne vendait rien de *profane*, — ce quai enfin, dont les libraires débitaient : le Pistolet sacré pour casser la tête au péché mortel; la Volière des Désirs privés de leurs ailes et gémissants dans la captivité; la Courtisane fanfreluchée de tous les vices du temps et coiffée de tous les ridicules. Pauvre antique quai, qu'on regarde aujourd'hui avec ses constructions, ses habitants, ses commerces , comme déparant le jeune et élégant Paris! Et c'est entre les marchandes : « Allons donc vite, voici les charrettes, qu'on prenne garde surtout à ce petit miroir... Miséricorde! le chausse-pied de Mlle Niaulin qu'on vient de mettre en pièce... Oh! si l'on me reprend jamais sur un quai... Juste ciel! n'ont-ils pas abîmé la robe de ma sœur! Et ce paquet d'éventails, où l'as-tu mis?... Eh! nos brochures, gage qu'elles seront encore ici à minuit... Que voulez-vous que j'y fasse, s'ils s'amusent à boire?... Ma commère, je crois que nous allons avoir de la pluie, cela va bien nous accommoder... A mon âge décamper, c'est bien douloureux... Je te vas taper si tu parles. Peste soit des enfants! ... Eh bien, ne voilà-t-il pas la charrette qui transporte les effets de ma voisine, la nôtre ne vient pas, et la nuit qui va nous surprendre! »

Si nous nous dirigeons du côté des Boulevards, nous tombons, pour nous faire l'honneur de la promenade, sur deux petits livres au style coquet et joliment railleur.

Le premier, la « Critique sur la Folie du jour, ou

la Promenade des Boulevards, 1751 », est une déploration de l'abandon des promenades royales du Petit-Cours, des Champs-Élysées, des Tuileries. Et l'auteur se demande la cause de ce goût étonnant, qui peut engager un marquis à un pareil rendez-vous, où il trouve la confusion d'une multitude de carrosses mêlés à *la remise* et même au fiacre, un peuple ivre de vin à quatre sous, vous débitant de méchants propos, un marais, une *gadoue* jetant dans l'air une puanteur insupportable, des marchands de mauvaise bière, des charlatans, des jeux de chiens, un arlequin muet et sans culotte. Le second livre, qui a pour titre : « DÉCLARATION DE LA MODE *portant réglement sur les Promenades du Boulevard, l'an* 52 *des bilboquets,* 8 *des pantins, et* 1 *des navets.* » débute ainsi : « Girouette élégantine des Grâces, Princesse de frivolité, Duchesse de Bagatelle et Souveraine de l'Empire des Modes. A tous Ducs, Marquis, Comtes, Barons, Petits-Maîtres, Gens du Bel Air, Plaisans, Gens oisifs, Persifleurs, Chevaliers, Militaires, Abbés, Robins *grands et petits,* Financiers, Duchesses, Comtesses, Marquises, Baronnes, Petites-Maîtresses, Femmes du bon ton, Bourgeoises à la mode, Précieuses, Minaudières... et autres nos sujets : *Salut.* » Et aussitôt commence un tableau animé, tapageur de ces boulevards des Remparts, que, mieux que l'estampe de Saint-Aubin, vous font voir les vues d'optique, représentant les boulevards de Paris près le café du Grand Alexandre, les boulevards de Paris près la porte du Temple, la vue des boulevards de Paris, prise du premier café près le Réservoir d'eau, les boulevards de Paris près la porte Saint-Antoine. Et dans la brochure on entend, pour ainsi dire, le bruit de tous ces boulevards : le son des trompettes, le fracas des tambours, l'écorchante harmonie des vielleuses, les claquements des fouets des cochers des *Allemandes*, des *Diligences*, des *Dormeuses*, des *Vis-à-vis*, des *Soli*, des *Paresseuses*, des *Cabriolets*, des *Sabots*, des *Gondoles*, des *Berlines à cul de singe*, des *Haquets*, des *Diables*, et les brouhahas répétés des amateurs de parades, et encore le grommellement bourdonnant des buveurs, et le sifflement séduisant des marchandes de nougat et des bouquetières (1).

Puis la vie de Paris descendant à la fin du siècle vers les quartiers neufs, on aura la petite chronique moqueuse des boulevards, dans LES SOIRÉES DU BOULEVARD DE COBLENTZ.

Si nous quittons le centre de la ville, et que nous poussions à la place Louis XV, laissant, au Pont-Tournant des Tuileries, le *carabas*, l'immense panier, la grande voiture en osier, qu'une petite estampe de M^lle^ Ozanne nous montre attelée pour Versailles, nous voici à la promenade du Cours la Reine, à la promenade qu'on appelait alors du nom de

(1) Des statuts des maîtresses-bouquetières et chapelières en fleurs, en date de 1718, énumérant les désordres et les attroupements de soldats et de gens sans aveu, amenés par les colporteuses et les regrattières, rétablit les bouquetières dans leurs privilèges d'août 1697, déclarant que si une maîtresse, apprentisse ou compagne est reconnue avoir *fait faute en son honneur*, elle perdra son privilège.

Petit-Cours. La belle heure est de cinq à six heures; c'est l'heure où la noblesse se promène dans tout son faste, l'heure des gorges blanches à demi découvertes, l'heure des bouches vermeilles, jetant d'un carrosse mille petits compliments riants (1).

Un moment dans les Champs-Élysées : le Colysée, dont l'ingénieur Le Rouge a laissé une description, ornée d'un plan de l'édifice, attire tout Paris avec ses fêtes, ses expositions se développant sur seize arpents; mais ces fêtes, ces expositions ne durent que quelques années, et il ne reste d'éternel, en ce lieu, que la promenade de tous les ans de Longchamps.

Et le petit poème intitulé LONGCHAMPS (1788) nous peint l'allée ombreuse où la noblesse est seule assemblée, puis le défilé, et la baronne de B... et son cocher d'or massif, et la belle Contat suivie de Chaussade, son chirurgien accoucheur, et la voluptueuse Adeline, et Carline et Lescot, et Gontier et Chéron, et Saint-Huberty à qui l'on donne pour cocher Camerani, et Sophie Arnould en son cabriolet, coiffée d'un chapeau blanc à la plume éclatante. En 1789, « LONGCHAMPS, satire adressée par le Tiers État aux Nobles; à Verax, chez Mordant et Compagnie », demande la suppression de cet impur Longchamps, fourmillant d'abbés, de coiffeurs, de fats de toute espèce, de danseurs d'opéras, de grisettes et cætera. Une dernière brochure publiée sous le Directoire, mais sans date, et qui a pour titre : « LE DÉPART DES BELLES FEMMES DE

(1) LA CRITIQUE DE LA FOLIE DU JOUR, 1754.

PARIS en grand costume pour embellir Long-champ pendant trois jours », se termine par une liste des beautés qui ont paru à la promenade, parmi lesquelles je relève les noms de Mmes de Noailles, de Fleurieu, Tallien, de Puységur, de Chauvelin, Ducos-Fonfrède, Récamier, Molinos, d'Ormesson, de Valence, de Beaumont, de Saint-Hilaire, de Nanteuil, et des demoiselles de Malingant et de Nicolaï.

Après les Champs-Élysées, le bois de Boulogne et ce qui s'y passait d'ordinaire, raconté villageoisement dans « L'HISTORIEN VILLAGEOIS, ou la Promenade du Bois de Boulogne, 1749 ».

Est-ce là tout le Paris moral, ainsi que je l'appelle? Non ; il faut encore parler des petites maisons, de ces boudoirs d'amours, de ces *buen retiro* de débauches d'esprit, qui sont en train de s'élever dans tous les endroits, restés campagne en la grande enceinte de Paris, ces endroits que Watteau peignait, au commencement du siècle, sous le nom du « Marais ». Nous avons, pour nous y servir de *cicerone,* un roman, oui, un roman particulier, qui s'appelle : LA PETITE MAISON. Le marquis de Trémicour a défié Mélite de venir dans sa petite maison. Mélite lui a répondu que, là ou ailleurs, elle ne le redoutait pas. Ils ont fait une gageure, et Mélite s'est rendue à la petite maison de Trémicour. Mais l'intérêt du roman n'est point dans la peinture du caprice amoureux de Trémicour, dans la défense de Mélite ; il est dans la description de ce lieu unique, de ce lieu qui n'a pas de pareil pour la galanterie, et qui m'apparaît comme l'idéal du luxe le plus délicat et le plus voluptueux, et ainsi que le résumé des perfections de toutes les petites maisons de Paris, réunies en une seule par l'auteur.

Une avenue, conduisant à une patte d'oie, amène à la porte d'une jolie avant-cour, tapissée de verdure, et qui, à droite et à gauche, communique avec une basse-cour, dans laquelle se trouvent une ménagerie peuplée d'animaux rares et familiers, et une jolie laiterie ornée de marbres et de coquillages, où les eaux tempèrent la chaleur du jour.

Dans l'autre basse-cour sont placés une écurie double, un joli manège, et un chenil où sont renfermés des chiens de toute espèce.

Les murs de ces bâtiments, dans leur simplicité, cherchent la nature, le caractère pastoral et champêtre, et des percées ingénieusement ménagées laissent apercevoir des vergers et des potagers constamment variés.

De la cour d'honneur entourée de murailles revêtues de palissades odoriférantes, Trémicour fait passer Mélite dans un salon donnant sur le jardin : un salon si voluptueux, dit l'auteur, qu'on y prenait des idées de tendresse en y entrant. Il est de forme circulaire, voûté en calotte peinte par Hallé, le plus habile des peintres, après Boucher, pour les sujets de la Fable. Les lambris, imprimés lilas, enferment de superbes glaces, et des sujets galants ornent le dessus des portes. Une sculpture de goût, relevée d'or, des étoffes assorties à la couleur du lambris, en font un salon digne d'avoir été ordonné par Le Carpentier, « qui entend le mieux la décoration des dedans », et qui a fait le petit château de M. de la Boissière et la maison de M. Bouret.

Le jour finissait; un nègre vint allumer les trente bougies que portait un lustre et des girandoles de porcelaine de Sèvres, et Mélite se met à admirer la légèreté du ciseau du sculpteur Pineau, à vanter le talent avec lequel le peintre Dandrillon avait ménagé les finesses les plus imperceptibles de la sculpture et de la menuiserie : — Dandrillon, l'admirable Dandrillon qui a trouvé le secret de peindre les lambris sans odeur, et d'appliquer l'or sur la sculpture sans blanc d'apprêt!

Trémicour et Mélite passent dans la chambre à coucher. Elle est de forme carrée et à pans, avec des glaces dans les quatre angles. Un lit d'étoffe de pékin jonquille, chamarré des plus belles couleurs, se voit dans une niche. Le plafond se termine en voussure, et contient dans un cadre circulaire un tableau, où Pierre a peint Hercule, dans les bras de Morphée, réveillé par l'Amour. Les lambris sont imprimés couleur de soufre tendre, les marbres bleu turquin, le parquet en marqueterie mêlée de bois d'amarante et de cèdre. De jolis bronzes, des porcelaines garnissent les tables de marbre en consoles, distribuées au-dessous des quatre glaces.

Mais le boudoir, c'est une autre merveille! Les murs ici ont un revêtement complet de glaces, dont les joints sont masqués par des troncs d'arbres artificiels, sculptés, massés, feuillés avec un art admirable. Ces arbustes, disposés en quinconces, sont jonchés de fleurs et chargés de girandoles, dont les lumières graduées, grâce à des gazes étendues sur les glaces du fond, vous donnent l'illusion d'un véritable bosquet illuminé. La niche, où est placée l'ottomane, a un parquet de bois de rose à compartiments, avec un pourtour et un plafond de la niche revêtus de glace, à l'encadrement de crépines d'or. Enfin la peinture de la menuiserie et de la sculpture a été appliquée par Dandrillon, de manière qu'elle exhale la violette, le jasmin, la rose.

Troublée, émue par une musique, que Trémicour a fait cacher dans un corridor entourant le boudoir, Mélite se sauve dans la pièce voisine. Elle est dans l'appartement de bains, une salle toute de marbre, de porcelaine, de mousseline, avec des lambris exécutés par Perrot sur les dessins de Gillot, encadrés de plantes marines, montées en bronze par Caffieri; au milieu un décor féerique de cristaux, de pagodes de coquillages d'où se lèvent une baignoire et un lit de mousseline des Indes brodée et ornée de glands en chaînette. Une porte entr'ouverte lui laisse entrevoir le cabinet de toilette dont les lambris sont peints par Huet qui y a représenté des fruits, des fleurs, des oiseaux étrangers, entremêlés de guirlandes et de médaillons, dans lesquels Boucher a peint en camaïeu de petits sujets galants, ainsi que dans les dessus de portes. Au milieu, des jattes de porcelaine gros bleu rehaussées d'or, remplies de fleurs naturelles, de petits meubles d'étoffe de la même couleur, et dont les bois sont d'aventurine appliquée par Martin, et sous un plafond à campane sculptée, contenant une mosaïque en or, égayée de fleurs peintes par Bachelier, se dresse une toilette d'argent ciselée par Germain.

Mélite commence à avoir l'admiration attendrie, quand elle est sauvée, pour le moment, par une illumination de Tremblin, combinée avec des jets d'eau et des transparents, suivie d'un joli feu d'artifice préparé par Carle Ruggieri.

A demi vaincue, Mélite se laisse entraîner dans la salle à manger, aux murs de stuc colorés par Clérici, qui a fait le salon de Neuilly pour le comte d'Argenson et celui de Saint-Hubert pour Sa Majesté. Des bas-reliefs de même matière, dus à Falconet, représentent les fêtes de Comus et de Bacchus au milieu de trophées de chasse, de pêche et d'amours sculptés par Vassé, et qui sont au nombre de douze, et d'où jaillissent autant de torchères portant des girandoles à six branches.

Et ainsi continue l'originale séduction du marquis, qui ne fait grâce à Mélite, dans sa maison, ni du cabinet de jeu revêtu de laque de Chine, aux meubles d'étoffe des Indes brodée, aux plus belles porcelaines du Japon et de Saxe placés sur des culs-de-lampe dorés d'ors de couleur, ni du cabinet à prendre le café dont les lambris sont peints en vert d'eau, parsemés de sujets pittoresques rehaussés d'or, et dont les meubles sont en moire brodés en chaînettes, ni même du cabinet d'aisance, avec sa cuvette de marbre à soupape, sa charmille feinte, son ciel peuplé d'oiseaux, ni enfin du boudoir aux gravures, témoin de la défaite de Mélite.

Enfin, voici la paroi du cabinet qui fait face à la cheminée, et qu'emplissent deux portes, et un grand meuble à livres à figures, en poirier noirci, fabriqué sur un dessin de mon frère, et où se marie le style Louis XV avec le style Louis XVI.

Sur les portes descendent deux lourdes portières faites de tapis d'Orient, dans l'un desquels domine la nuance abricot, et dans l'autre le violet bleuissant et diapré de la prune, de ces tapis tissés d'une laine incomplètement dégraissée, et où la teinture dans le *suint* animal, que la toison garde encore de la bête, prend ce *velouté* que n'ont jamais les tapis de l'Europe. Ces tapis qu'on ne peut comparer en rien aux persans du seizième siècle, mais tout charmants en leurs soyeuses et floches couleurs, sont appelés vulgairement tapis de Caramanie. Renan, qui sait infiniment de choses, croit que la fabrication a lieu surtout dans la petite ville d'Oucha, l'ancienne capitale de la Phrygie, et il suppose que, là, s'est conservée la fabrication des tapis de l'ancienne Babylone. En ces pays, point de manufactures, mais chaque maison un atelier, où la femme et la fille, avec les yeux de coloriste de ces populations, deux ou trois fleurs placés dans une poterie, qu'elles regardent de temps en temps pour se maintenir dans la douce chromatique, travaillent dans un coin de chambre ensoleillé. Et j'ai donné, dans un de mes romans, ce joli détail fourni par l'étude d'un tapis possédé par un de mes amis : une petite mèche de cheveux de femme perdue, de distance en distance, dans le tissage de la laine, et marquant la tâche de chaque journée de l'ouvrière. Au-dessus du meuble, sous le pastel de Perronneau du vieux comte de Goyon, dont l'habit de velours noir et le cordon de soie rouge tuaient toutes les peintures de la vente Aussant, s'étagent des bronzes du Japon et de la Chine, aux deux côtés d'un ancien cloisonné.

Sur les coins, deux jardinières quadrangulaires, aux pans courbes, et sur la patine fauve desquelles se détache échevelé, avec des tortillages de queue qui ressemblent à des déroulements de serpents, l'oiseau de paradis chimérique, appelé *Fong-hoang* en Chine, *Foô* au Japon : l'oiseau des Impératrices de l'Extrême-Orient. Puis deux cornets, dont l'un est formé d'une feuille de latanier, serrée dans un nœud fait par le corps ornemental d'un délicat dragon, accompagnent la pièce du milieu. Quel charme a ce bleu des vieux cloisonnés, ce bleu qui n'est à la fois ni du bleu ni du vert, ce bleu où il y a un peu des ciels qu'a peints Véronèse, ce bleu où, en la sertissure du cuivre doré, des fleurs rouges, couleur de cire à cacheter, et des fleurs blanches, couleur de grès, éclatent dans une sourde richesse. M. de Balloy, qui a passé de longues années en Chine, comme secrétaire de la légation, me racontait, un jour, sur les bords du lac de Constance, la primitive fabrication de ces émaux cloisonnés. On ne connaît pas là-bas tout notre outillage d'Europe. L'émailleur, sa carcasse faite, ses cloisons soudées, et cela avec les doigts et deux ou trois méchants petits instruments, est assis devant le pas de sa porte, ayant devant lui un *plat de feu*, une espèce de four de campagne, et là il cuit et recuit, une trentaine de fois, ses émaux, soufflant son feu à grands coups d'éventail. M. de Balloy disait que la lucidité des cloisonnés chinois tient à ce que, avant que l'émail n'y soit versé, on argente l'intérieur des cloisons, dont les arêtes extérieures sont seules dorées, après l'achèvement de la pièce.

Trois bronzes japonais sont posés sur la tablette inférieure : un petit faucon, le corps aplati sur des serres énormes avec un redressement goulu de la tête; un éphèbe japonais, au bonnet de laque, à la robe décolletée, aux formes efféminées, chevauchant une mule rétive, un *Kirin*, l'animal fabuleux par excellence. Tête de dragon surmontée d'une corne, crête de crocodile sur le dos, corps de cheval avec des ailes membraneuses de chauve-souris, pieds de daim, tel est cet animal, dont l'apparition annonce la venue au monde d'un homme d'une intelligence et d'une bonté divines. Et l'animal lui-même, en dépit de son apparence monstrueuse, est si humain pour les créatures, qu'au milieu de la vitesse effroyable de sa course, il s'applique à ne point fouler un vermisseau.

Ces bronzes à figurations d'animaux sont tous, quadrupèdes, oiseaux, poissons, reptiles, des brûle-parfums, à petite plaque mobile s'enlevant pour laisser monter l'encens. Car les parfums jouent un grand rôle dans l'Extrême-Orient. Les Chinois en ont, de tout temps, fait venir de l'Arabie et de l'Inde, dont ils fabriquent des bâtonnets, des pastilles odoriférantes travaillées et sculptées avec le plus grand art. Nous trouvons, dans le catalogue de M. de Sallé, des paquets de *hiang*, ou mèches d'odeur, les unes à la senteur de camphre, les autres à la senteur de safran, et une boîte d'étain remplie de bois de *calamba,* bois très rare qui ne se recueille que sur la cime des plus hautes montagnes, et dont la livre, au dire de l'expert, se vendait jusqu'à deux cents ducats. Dans la vente de Guignes, notre ambassadeur en Chine sous le Directoire, il était offert, aux enchères parisiennes, un flacon de poudre jaune odoriférante, venant du Thibet, — de celle que le grand lama envoyait tous les ans à l'Empereur du céleste Empire pour fabriquer les chandelles aromatiques que l'on brûlait devant les idoles : chandelles faites, avec ce parfum, de la sciure de bois de santal, de la gomme. Le parfum, là-bas, n'est pas seulement une jouissance pour un odorat plus sensuel que le nôtre; il est, en même temps, un acte d'adoration de la divinité, poursuivie et atteinte par la fumée légère et pénétrante, dans ses reculements les plus lointains de l'humanité, et sous ses avatars les plus excentriques. C'est l'origine de ces bouteilles qui servent à l'évaporation d'eau parfumée, et de ces *ting*, ou assemblage de trois pièces de bronze : le vase à brûler le parfum, le vase à contenir des fleurs, le vase à placer la pelle et les pinces pour remuer les cendres. Du reste, j'ai là, sous la main, un petit plateau, dont la décoration est faite d'une inscription, qui témoigne de l'importance donnée dans les pays bouddhiques au brûlement des parfums, et à la volupté, que cet embaumement factice de l'air procure à l'homme et au dieu. Ce plateau coulé pour l'usage spécial de la maison de l'Empereur, pour le *Yuen Ming Yuan*, le palais des femmes, et sur lequel on apporte les bâtonnets parfumés, a pour inscription une poésie de l'empereur Kien-Long commentant les préceptes canoniques du livre intitulé Tsin-Tsé, et dont voici la traduction :

*La fumée de l'encens monte jusqu'à la troisième voûte du ciel, et se répand de là vers les points cardinaux. Chaque molécule arrivant aux nobles narines du prince, de la transformation, lui fera oublier toutes les calamités de la terre.*

*La fumée montant en spirale est l'image figurée des dix mille bonheurs.*

Sur la planche supérieure du grand meuble sont les grands livres, les grands manuscrits de toutes les paroisses, que leur format expulse des rayons de la bibliothèque. Je n'en cite que quelques-uns : La

SUITE D'ESTAMPES GRAVÉES PAR MADAME LA MARQUISE DE POMPADOUR; avec la planche de Rodogune; — les deux cahiers d'ÉLÉMENTS d'ORFÉVRERIE de Germain, — les ÉTUDES d'ANATOMIE, fac-similés à la sanguine par Demarteau d'après les dessins de Monnet, et où le squelette, le coude appuyé à une console, pose en *agréable* du temps; — LA MASCARADE A LA GRECQUE, dans laquelle des femmes et des hommes, habillés de motifs d'architecture, moquent, en 1771, le retour du goût à l'antique; — LA CARAVANNE (sic) DU SULTAN A LA MECQUE, improvisée par les pensionnaires de l'Académie de France pendant le carnaval de 1748; — la collection des dessins de Watteau, publiée en deux volumes, sous le titre de « FIGURES DE DIFFÉRENTS CARACTÈRES *Dessinées d'après nature, d'après Antoine Watteau;* — LA GALERIE DES MODES ET COSTUMES FRANÇAIS, *d'après nature, d'après les plus célèbres artistes en ce genre et colorés avec le plus grand soin par madame Lebeau... chez les sieurs Esnauts et Rapilly*, un recueil fait dans le temps avec un titre spécial, des cent meilleures planches des six cents et plus éditées : collection que personne ne possède en France, et dont Rapilly n'a vu qu'une seule fois un exemplaire complet, qui s'est vendu sous ses yeux en Angleterre. Et encore des livres pour leurs reliures : une DESCRIPTION HISTORIQUE ET GÉOGRAPHIQUE DE LA FRANCE ANCIENNE ET MODERNE, aux armes du Dauphin, père de Louis XVI; et la partition de ZÉMIRE ET AZOR, dans la plus splendide reliure *à la fanfare*, en maroquin rouge.

Parmi ces grands livres, un in-folio et deux in-quarto vous donnent la collection des « Cris de Paris » pendant tout le dix-huitième siècle, de ses premières à ses dernières années : ce sont le recueil des 12 planches de Boucher, le recueil des 60 planches de Bouchardon et le recueil rarissime des 12 cahiers de 6 petites estampes coloriées qui a pour titre : CRIS DE PARIS, *dessinés d'après nature par M. Poisson*. Avec ces trois volumes, vous n'avez pas seulement la figuration de toutes les petites industries ambulantes, vous avez dans l'oreille le bruit de la rue d'alors, et comme le prolongement de l'écho des voix sonores assourdissant, du matin au soir, la grande ville. Et voici d'abord ce beau et original cri, pour le débit dans les carrefours des petits verres d'eau-de-vie, ressuscitant un moment l'homme et la femme du peuple, de leurs mortelles fatigues : *La Vie, la vie*, puis tous les autres : *A racomoder* (sic) *les vieux soufflets. — Balais, balais. — Du mouron, du sençon pour les p'tits oiseaux. — A ramoner du haut en bas. — Talmouses toutes chaudes. — Au vinaigre. — A la fraiche, à la chaude qui veut boire. — Carpe vive. — Huistres à l'écaille. — Mon bel œillet. — Encre luisante, encre à écrire. — La lanterne en hiver, l'eau en été. — La liste des gagnans à la loterie. — Du grès, du sablon. — Pleurez petits enfants, pleurez vous aurez des moulins à vent. — Caffé, caffé. — D'l'anis toute sucrée. — Achetez mes belles estampes. — Parapluie là. — Marrons rôtis, marrons boulus. — Cannes à la mode, achetez mon beau jet. — Régalés-vous, mes dames, v'là le plaisir.*

*— Maquereau, monsieur, v'là le maquereau. — Mottes à brûler, mes dames, belles mottes. — Vieux habits, vieux chapeaux. — Couteaux, ciseaux à repasser. — Mes bons colifichets. — Ah la lanterne magique, la pièce curieuse. — Voilà le bon pain d'épice de Rheims. — Allumettes, bonne amadoue, pierres à fusil et briquets. — A la crème. — A la mûre. — De gros gobets à la courte queue. — De gros cerneaux, les gros. — Du beau chasselas à la livre. — Almanach de Liège, à deux sols la pièce. — Pierre à détacher sans mouiller, sans eau. — A 6 sols, le marchand qui se ruine. — A 50 sols l'aulne, trois quarts de perte. — A la barque, à la barque. — Pois ramés, pois écossés. — Belle figue, pêche au vin. — Ha ma belle herbe, ma belle herbe. — Cartons, mes dames, voilà de bons cartons. — Petits serins, achetés mes petits oiseaux. — V'là du cresson, la santé du corps. — A la flotte, à la flotte, mes beaux rubans. — Épingles noires à 1 sol le cartron, les blanches à 2 sols le cent. — La mort aux rats, mes dames. — Achetés mes petits chiens, mon bel angola. — Curedents à la Carmélite, les beaux curedents. — L'Oraison de sainte Brigitte. — Édit du Roi donné de tout-à-l'heure, de tout à l'heure.*

Aux livres sont mêlés quelques manuscrits, je parlerai seulement de deux. L'un est, en l'année 1787, l'*Établissement de* LA MAISON ET DE LA GARDE-ROBE *de Monseigneur le dauphin*, montant à 59,842 livres. On y trouve cet article : Au S. Cordier, joaillier, pour fourniture faite à Monseigneur le Dauphin d'une montre, d'un cordon, d'une clef, d'un cachet et d'un œuf garnis en diamants, du choix de M. le duc d'Harcourt, suivant le mémoire du S. Cordier..... 5,500. Un second article fait mention d'une somme de 177 liv. 11 s. 3 d. à payer au S. Auguste, orfèvre du Roi, pour fourniture d'un gobelet d'argent avec couvercle et anses, gobelet à l'usage du Dauphin. Dans un autre article, il est question d'une somme de 433 liv. 10 s. à payer au S. Foucard pour livraison de drap anglais, casimir et camelot de soie pour quatre habits et deux redingotes faites à l'enfant. Enfin, le mémoire se termine par une note du S. Richard, s'élevant à 748 livres pour fourniture de bonnets de coton, bas de soie, cordons des ordres et autres objets pour la garde-robe du prince.

L'autre manuscrit est plutôt un livre de dessins. Sur la première page, deux amours déroulent le plan d'un palais qu'on voit au fond du feuillage d'un jardin français. En bas est écrit : RECUEIL DES PLANS DE LA MAISON DE M. DE CASSINI, *située rue de Babylone, exécutée en* 1768 *sur les desseins de Bellisard*. Et dans des cadres précieusement dessinés et surmontés de cartouches soutenus par des amours à la Eisen, défilent sur douze feuilles les aspects, les profils, les coupes de la maison, que termine un charmant dessin représentant la rotonde du salon et son plafond peuplé d'amours. C'est, en son maroquin rouge, un curieux et rare spécimen de l'album que les seigneurs bâtisseurs du dix-huitième siècle faisaient exécuter de leur hôtel.

Tout en bas du meuble, serrés les uns contre les

autres, sont tassés les portefeuilles ventrus qui contiennent la collection d'estampes du siècle passé. Moins riche, moins précieuse, moins unique dans son genre que la collection de dessins, cette réunion de gravures contient cependant le plus grand nombre des belles et rares pièces du dix-huitième siècle en des états dignes d'envie, et dans une fraîcheur, et avec une virginité de marges introuvables : telles enfin que les rapportait Clément des cartons de l'Allemagne et de la Hollande, il y a une vingtaine d'années. La France, elle, au siècle dernier, encadrait ses estampes, faisait pis, s'il est possible, coupait les marges au cadre de la gravure pour enfermer l'image dans des filets olive, en sorte qu'avant 1850, à moins de découvrir une épreuve venant de l'œuvre d'un graveur, c'était une bonne fortune de rencontrer une estampe française qui ne fût pas rognée, mouillée d'humidité et brûlée par le soleil. Et ce n'est vraiment qu'à partir de cette époque qu'ont apparu sur le marché ces belles estampes qui semblent, au bout de cent ans, sortir de chez l'imprimeur, — et cela avec ce rien de jaunissement chaud et harmonieux, cette sorte de patine, que seul le temps donne au beau, solide, sonore papier d'alors. Une particularité qui la fait aujourd'hui inestimable, cette réunion d'estampes, c'est le goût que j'ai eu des états d'eaux-fortes, au moment où personne n'en voulait, et qui m'a poussé à faire presque la collection de Watteau, de Chardin, de Baudouin, en ces esquisses, en ces souffles spirituels de gravures.

Mais commençons ce dénombrement des gravures du dix-huitième siècle par une division qui devrait toujours faire l'en-tête des catalogues d'estampes : *Eaux-fortes de Maîtres et d'amateurs.*

BOUCHER. — La collection rarissime, avant toute adresse, des quatre eaux-fortes ayant pour titre : LE SOMMEIL, LES PETITS BUVEURS DE LAIT, LE PETIT SAVOYARD, LA TOURTERELLE, quatre épreuves découvertes par le fureteur Robert-Dumesnil, dont elles portent la petite lentille imprimée à froid et provenant de la vente Leblond. Et encore de Boucher le non moins rarissime état d'eau-forte qu'il a gravé de son ANDROMÈDE, comme dessous et préparation de la planche terminée au burin par Aveline. Une eau-forte qui montre, dans l'interprétation légère et spirituelle d'un corps de femme, toute l'habileté de pointe de l'aquafortiste, et son gras pointillé, et ses courbes hachures brisées, et le pittoresque ragoût du travail, et l'indication ressautante des contours. Une épreuve peut-être unique, que je me rappelle avoir vu vendre, il y a une trentaine d'années, à une vente de Defer, et que j'ai retrouvée dans la petite suite d'estampes de haut goût de M. Villot.

Madame BOUCHER. — De la jolie femme du peintre, devenue, aux côtés de son mari, une artiste, et qui a peint de lumineuses miniatures et égratigné quelques cuivres, un cartouche surmonté de trois cœurs enflammés, que soulèvent en l'air de leurs bras et de leurs jambes de gras amours, un cartouche signé : *Jane Boucher*.

COCHIN. — La libre et croquante eau-forte de ce beau marquis contourné, lorgnant avec un verre grossissant les femmes sculptées de Goujon, et qui a pour titre : LA FONTAINE DE St-INNOCENT.

DEBUCOURT. — La seule eau-forte qu'on connaisse de lui, est l'état d'eau-forte du JUGE OU LA CRUCHE CASSÉE qu'il s'est amusé à faire pour la gravure qu'en a exécutée Leveau. Une curiosité, mais rien qu'une curiosité.

FRAGONARD. — La grande planche de l'ARMOIRE, avant toute lettre, et les quatre chefs-d'œuvre de son merveilleux *grignotis :* ses quatre bas-reliefs de satyres, choisis, triés, changés et rechangés, et dont maintenant quelques épreuves sont avant la planche nettoyée.

Mademoiselle GÉRARD.—De la belle-sœur de Fragonard, au travail de laquelle on sent toujours marié le travail du beau-frère, les rares planches de « la femme mettant à cheval un enfant sur le dos d'un gros chien », et de « la petite fille couchée sur un escalier avec un petit chien emmaillotté dans ses bras, et sur laquelle on lit : *Première planche de mademoiselle Gérard, agée de dix-huit ans*, 1778. » Enfin de l'eau-forte de FANFAN j'ai deux états; et l'état le moins avancé est signé à la fois à la pointe des noms de Fragonard et de Mlle Gérard avec la mention : *Épreuve avant la lettre.*

GRAVELOT. — L'élégante eau-forte signée *H. Gravelot* toute gribouillée de croquetons, et du milieu desquels se détache cet étui, cette petite merveille de dessin rocaille, si prestement enlevée sur le cuivre.

Loutherbourg. — « La Boutique du barbier », exécutée avec ce trait humoristique qui a été repris servilement par les illustrations anglaises, et accepté comme une originalité de date récente.

Olivier. — Deux de ses femmes en costume du temps, des livres de musique à la main, assez rares mais assez méchantes eaux-fortes.

Paroy (le chevalier de). — « La Marchande de châtaignes. » Brillante petite eau-forte, à laquelle Augustin de Saint-Aubin n'a pas que fourni le dessin, mais bien encore le badinage de son habile aiguille.

Pater. — L'unique eau-forte qu'ait gravée le petit maître. C'est une halte à la manière de Watteau, où des soldats, des femmes, des vivandiers groupés, couchés autour du chaudron qui bout en plein air, sont bravement griffonnés, et traités avec un faire plus large que celui de ses dessins, de sa peinture.

Rue (de la). — La suite en premières épreuves de ses six bacchanales, six eaux-fortes d'un métier tout plein de ressouvenirs de Tiépolo.

Saint-Aubin (Gabriel). — La collection presque complète de l'aquafortiste qui a éclairé les élégances de dessin de son temps avec les effets de lumière de Rembrandt, et en première ligne, une épreuve du Salon du Louvre venant de la vente de la Beraudière, une épreuve du second état qui est le bon, et non encore entièrement ébarbée, et tout obscure de traînées d'un beau noir velouté, et des épreuves merveilleuses du SPECTACLE DES TUILLERIES, du BAL D'AUTEUIL, des NOUVELLISTES, de LA FOIRE DE BESONS, du CHARLATAN, de l'ADRESSE DE PERIER, *marchand quincaillier*, etc.

Parmi les eaux-fortes inédites qui ont échappé aux recherches de M. de Baudicour, indépendamment des deux planches déjà signalées dans les « Répertoires des bals » par le S. de la Cuisse, j'indiquerai chez moi trois pièces :

1° Une petite eau-forte représentant un cabinet d'histoire naturelle, au milieu duquel se dresse une figure d'Isis, que désigne un génie aux grandes ailes. Elle décore l'almanach historico-physique ou *la Phisiosophie des dames*, 1763.

2° Une pièce singulière célébrant le renvoi des Jésuites et composée de deux médaillons : l'un qui représente un homme jetant au feu les livres de Molina, Mariana, Suarez ; l'autre, une sortie gaminante d'écoliers de la haute porte d'un collège. Sur le rebord de la tablette qui devait servir à contenir l'inscription, se sauve un renard à la queue coupée. La planche, non terminée, est reprise dans certaines parties à l'encre et au bistre.

3° L'ALMANACH DES DIEUX *pour l'année* 1768. Un grand almanach, dessiné dans une architecture ressemblant au portail de Saint-Sulpice, et où chaque mois est surmonté d'un cartouche, renfermant, gravé à l'eau-forte, un croqueton de figure mythologique. Longtemps je ne donnai mon attention qu'à la singularité de l'almanach, quand un jour, regardant attentivement les petites figures, tout à coup j'eus la certitude qu'elles ne pouvaient avoir été dessinées que par Saint-Aubin, et que peut-être elles étaient gravées par lui : je prenais une loupe, et bientôt je découvris çà et là, sous les mythologies, d'imperceptibles *S.A.*

SAINT-NON (l'abbé de). — Quelques eaux-fortes d'après *Frago*, où l'abbé attrape presque le pétillant faire du peintre.

SCHENAU. — La série de ses douze eaux-fortes, assez balourdes de dessin, mais d'une morsure savante et dont la première représente une petite marchande d'images qui a écrit sur son éventaire : *Achetter mes pettites eaux fortes* 1 *a la* 12$^{me}$ (sic).

WATTEAU. — L'épreuve d'eau-forte de LA TROUPE ITALIENNE qui porte en bas de l'estampe *Peint et gravé à l'eau-forte par Watteaux :* une épreuve que je crois unique, et que je regarde comme la pièce la plus précieuse de ma collection. A cette eau-forte sans prix, j'ai eu le bonheur de joindre l'eau-forte de la RECRUE ALLANT IOINDRE LE REGIMENT, pièce aussi de la plus grande rareté, et qu'on a cru un moment de Boucher, sur l'affirmation de Robert-Dumesnil, mais qu'une note découverte par moi, dans l'*Abecedario* de Mariette, attribue de la manière la plus positive à Watteau : « Recrue de soldats allant joindre le régiment, *gravé à l'eau-forte par Watteau,* et terminé par Thomassin. »

Et parmi les anonymes, je ne citerai que l'eau-forte singulière qui représente Voltaire comparaissant devant les juges de l'Enfer, avec au bas cette objurgation :

> O mes amis, vivez en bons chrétiens.
> C'est le parti, croyez-moi, qu'il faut prendre.

Nous arrivons aux gravures, aux burins cherchés par moi surtout parmi les planches de mœurs, et dont nous allons faire la revue en courant.

AUBERT. — L'estampe du BILLET DOUX (1), cette estampe où se trouve l'élégante silhouette du *grison*, de ce messager grivois de l'amour taillé sur le patron d'un Lafleur de théâtre ou plutôt de l'Azolan des «Liaisons dangereuses ».

BOUCHER. — Les deux amusantes estampes de la vie privée de son temps, échappées au peintre mythologique : LA MARCHANDE DE MODES, gravée par Gaillard, et le DÉJEUNÉ, gravé par Lépicié, dont une étude du domestique versant le chocolat est dans la collection de la baronne de Conantre.

BAUDOUIN. — Les états avant la lettre des pièces intitulées : LE CHEMIN DE LA FORTUNE, LE MODÈLE HONNÊTE, LE LEVER, LE DANGER DU TÊTE-A-TÊTE, L'ENLÈ-

(1) Depuis la rédaction de mon catalogue de dessins, j'ai trouvé deux croquis pour la composition du BILLET DOUX, l'un représente la tête du domestique, porteur du poulet, l'autre le bas de la robe de la femme, ses deux pieds dont l'un est déchaussé, et une étude très étudiée de six mules dans des positions diverses, mules parmi lesquelles le peintre a choisi celle qui traîne sur le sopha. Ces deux dessins sont pastellés.

VEMENT NOCTURNE, LE CONFESSIONNAL, LE CATÉCHISME, LE CURIEUX, LE FRUIT DE L'AMOUR SECRET.

Les états d'eau-forte du MODÈLE HONNÊTE, du CURIEUX, du CARQUOIS ÉPUISÉ, de l'ÉPOUSE INDISCRÈTE, de la SOIRÉE DES THUILERIES. Et l'on comprendra le goût des eaux-fortes de Baudouin, quand on saura que ces eaux-fortes seules conservent et l'esprit de la touche, et les pétillements de lumière et les transparences des ombres de sa peinture entièrement reflétée.

CANOT. — L'estampe du MAITRE DE DANSE, dans laquelle le joli coureur de cachets, sa pochette à l'épaule, apprend à une petite fille à faire la révérence.

CARMONTELLE. — Le trait à l'eau-forte de son estampe de LA FAMILLE CALAS, dont les mains sont ombrées à la sanguine et les robes et les habits couverts en partie du travail le plus menu à la mine de plomb, indiquant la besogne du graveur.

CHARDIN. — Les états avant la lettre des pièces intitulées : LE BÉNÉDICITÉ, L'ÉTUDE DU DESSIN, « LE DESSINATEUR », LA MÈRE LABORIEUSE, L'ÉCONOME, « la Jeune Fille à la raquette ». Les états d'eau-forte du DESSINATEUR, de « la Jeune Fille à la raquette », de L'AVEUGLE, de « l'Ouvrière en tapisserie » de L'ÉCUREUSE, du GARÇON CABARETIER, de la DAME PRENANT SON THÉ, des AMUSEMENTS DE LA VIE PRIVÉE, de l'ANTIQUAIRE, de *Sans-Soucis sans chagrin*, de *Simple en mes plaisirs*, de la BLANCHISSEUSE, de LA FONTAINE, cette admirable eau-forte de Cochin, qui, mieux que tous ses contemporains, joue de la morsure, met dans son travail des choses qui accrochent l'œil, est l'artiste dont l'eau-forte ressort le plus sur l'*aplat* des fonds. Et c'est tout l'Œuvre, de ce Maître que j'aime et j'admire, fait avec des premiers états à grandes marges, et dont les épreuves de telle ou telle pièce ont été changées deux ou trois fois pour arriver à la plus belle.

COCHIN. — L'état d'eau-forte du TAILLEUR POUR FEMME, et l'état d'eau-forte, — celui-ci une merveille de spirituelle et argentine gravure, — du CONCOURS *pour l'étude de la* TÊTE D'EXPRESSION.

COLSON. — L'estampe d'après ce petit maître inconnu, ayant pour titre : LE REPOS, le sommeil d'une jeune fille dans un fauteuil près du feu, dont la peinture fluide et laiteuse est aujourd'hui conservée au Musée de Dijon.

COYPEL (Charles). — La belle estampe, à l'aspect sévèrement janséniste, et qui s'appelle : L'ÉDUCATION SÈCHE ET REBUTANTE DONNÉE PAR UNE PRUDE, estampe gravée par Desplace, que je n'ai jamais vue passer en vente, et dont le croqueton de la première idée est au Louvre.

DEBUCOURT. — Les estampes en couleur de ses trois promenades, de LA MAIN, de LA ROSE, des DEUX BAISERS des BOUQUETS, du COMPLIMENT, du MENUET DE LA MARIÉE, de L'OISEAU RANIMÉ. Il faut y joindre deux rares estampes du temps de la Révolution. L'une, en noir, est la représentation donnée à un grand-père, en ce temps de militarisme national, de sa petite-fille coiffée d'un bonnet à poil, tandis qu'un garçonnet, affublé d'un immense sabre, fait l'exercice avec un petit fusil. L'autre estampe, imprimée en couleur, montre également un grand-père tirant par la bride un cheval de bois sur lequel est juché un petit enfant agitant un tambour de basque, entre deux jeunes sœurs qui le soutiennent, surveillé en ses ébats par une jeune femme au grand fichu menteur qui le regarde avec des yeux de mère. Cette planche en couleur a pour titre L'HEUREUSE FAMILLE, chez Depeuille, rue des Mathurins, avec au bas : *Debucourt pinxit et sculpsit.*

EISEN. — Parmi ses trois ou quatre grandes planches de mœurs, l'estampe de L'AMOUR EUROPÉEN, où le vignettiste montre une grandeur de dessin inattendu, et fait rondir le plus somptueux sopha, où jamais une femme du dix-huitième siècle ait étalé ses coquetteries. Je citerai une autre estampe qui n'est pas commune et dans laquelle un bossu est surpris par le guet chez une fille. Cette gravure a pour titre : LE VIEUX DÉBEAUCHÉ (*sic*).

FRAGONARD. — L'état avant la lettre de LA GIMBLETTE, l'état d'eau-forte des HASARDS HEUREUX DE L'ESCARPOLETTE, et une épreuve très brillante de LA CHEMISE ENLEVÉE, cette poétique et érotique image, si voluptueusement gravée par Massard, d'un corps de femme couchée, à laquelle l'Amour enlève son dernier voile.

FREUDEBERG. — La suite des douze estampes exécutées par l'artiste pour le « Monument du Costume » avec la tablette blanche et avant que les légendes ne soient ombrées.

GRAVELOT. — La grande planche tranquille et recueillie du LECTEUR, dont mon ami Burty a vu la peinture en Angleterre; l'eau-forte par Moreau de son dessin de la FONDATION POUR MARIER DIX FILLES par le marquis de l'Hôpital, enfin une rarissime planche gravée par Marchant et publiée de l'autre côté du détroit. Ce sont les DIVERTISSEMENTS DE LA LOTERIE où le dessinateur, dans un encadrement ronflant, turgescent et contourné, a distribué, en six cartouches, les divers épisodes se rattachant au tirage de la loterie à Londres, dans le siècle dernier.

JEAURAT. — Les états avant la lettre du TRANSPORT DES FILLES DE JOIE A L'HOPITAL et du CARNAVAL DES RUES DE PARIS, de la PLACE MAUBERT, et une belle épreuve du JOLI DORMIR, et presque tout entière la série des planches de mœurs du peintre parisien, nous donne à voir, dans le FIACRE, la tenue guenilleuse du pauvre diable de cocher du temps, dans les CITRONS DE JAVOTTE, un de ces déjeuners d'huîtres que l'on faisait à l'*Auberge du Bout du Monde*, au coin de la rue de ce nom et de la rue des Petits-Carreaux.

LANCRET. — L'état avant la lettre, et le seul que je connaisse, du GLORIEUX, cette riche mise en scène à la Comédie-Française d'une comédie bourgeoise : un état de la planche gravée par Dupuis, d'un velouté dans les noirs tout à fait extraordinaire. C'est ce qu'on appelle, en langage moderne, une planche *retroussée*, par un tour de main qui est d'un emploi ordinaire dans le tirage des eaux-fortes d'à présent, mais qui était d'un usage très restreint dans le tirage des planches au burin du dix-huitième siècle. La planche, encrée et essuyée avec la paume de la main, est après cela époussetée, fouettée avec un chiffon qui fait sortir l'encre des tailles, et donne à l'impression des ombres, ces étendues de noir où il n'y a pas de petits points blancs.

La Tour. — Les états avant la lettre des portraits de Paris de Montmartel, de Restout, de Vicentini dit Thomassin.

Lawreince. — Les états avant la lettre de *Qu'en dit l'Abbé*, du Billet doux et des deux planches de l'Indiscrétion et de l'Aveu difficile, gravées par Janinet, et fraîches comme si elles sortaient de la presse.

Les états avant la dédicace de l'École de Danse, du Coucher des ouvrières en modes, du Lever des ouvrières en modes, de l'Assemblée au salon.

Les états d'eau-forte de *Qu'en dit l'Abbé*, du Billet doux, du Roman dangereux, de l'Assemblée au salon, de l'Assemblée au concert.

Leclerc. — L'estampe curieuse de l'Abbé en conqueste, représentant sous l'ombre d'arbres rameux un galant et poupin abbé filant au fuseau aux pieds d'une lectrice distraite.

Moreau le jeune. — Les états avant la lettre de ses gracieux cadres pour l'annonce des spectacles de la cour à Fontainebleau, et la rarissime planche de la Cinquantaine, et malheureusement une seule suite des deux séries exécutées par l'artiste pour le « Monument du Costume », mais de l'exemplaire de souscription, sur ce solide papier lisse où la fleur de la gravure vient dans le moelleux d'une impression sur peau vélin. Je possède encore de lui le tombeau de Rousseau à Ermenonville, une épreuve, avant que n'ait été effacée sur le cuivre la vieille femme agenouillée, dont l'agenouillement fut jugé impie par la Sorbonne.

PATER. — L'état avant la lettre de la grande composition du peintre qui a pour titre : L'ESSAI DU BAIN, et au bas de laquelle sont écrites à la plume trois pièces de vers par Savary, pour le choix de l'une être fait par l'éditeur.

SAINT-AUBIN (Gabriel). — La rare estampe non terminée de « la Parade des boulevards » et qui porte à l'encre, sur l'exemplaire du cabinet des Estampes, le nom de Duclos comme graveur. Et voici une planche encore plus rare : un éventail fait pour le mariage de Marie-Antoinette et de Louis XVI, représentant les deux nations fêtant l'alliance, le verre en main, pendant que des Amours roulent le plan de la dernière guerre; c'est un état d'eau-forte très légèrement indiqué, et entièrement retravaillé et accentué au crayon par Gabriel de Saint-Aubin qui a écrit dans le demi-rond blanc de l'éventail : « *Je prie M. Duclos de me conserver cette épreuve retouchée avec le plus grand soin.* » La planche a été terminée, j'en ai vu une épreuve chez Gosselin, mais c'est la seule épreuve que j'aie vue pendant toute ma carrière d'amateur et de chercheur. Aux passionnés de Gabriel, j'indiquerai également deux autres pièces gravées d'après lui : une vue de la statue équestre de « *Louis le Bien-Aimé* » en empereur et que dessine un homme assis sur une chaise : une estampe format grand in-8°, ayant l'air de faire partie d'un livre et qui est gravée en 1763 par Laroque. Une autre pièce, toute petite et toute couverte de l'écriture de Gabriel de Saint-Aubin, qui en a longuement écrit le titre, est le frontispice d'un almanach de Bourgogne pour l'année 1755, où l'on voit le buste du prince de Condé couronné par des Amours, et au bas duquel se lit : *G. Aubin in. del. Fessard sculp.* 1754.

SAINT-AUBIN (Augustin). — Les états avant la lettre de la PROMENADE DES REMPARTS DE PARIS, des PORTRAITS A LA MODE, de *Au moins soyez discret;* les états avant la réduction des planches du CONCERT et du BAL PARÉ, l'état d'eau-forte de la PROMENADE DES REMPARTS DE PARIS, et d'un certain nombre de portraits de femmes, et encore l'état d'eau-forte de la petite estampe qui, si je me rappelle bien, a pour titre « le Jour de l'an » et qui, sans être signée, est signée partout Augustin de Saint-Aubin; puis les deux rares petites suites de six planches, l'une imprimée en noir, l'autre imprimée en rouge, qui ne sont pas dans l'œuvre d'Augustin du cabinet des Estampes, etc. DE MES GENS OU *commissionnaires ultramontains* j'ai pu réunir des sept planches, y compris le veilleur du Pont-Neuf, plusieurs états d'avant la lettre, de remarque pour le graveur, d'eau-forte, dont le plus grand nombre sont repris de blanc de gouache et de crayon par le dessinateur-graveur.

TOUZÉ. — L'état avant la lettre de l'estampe intitulée : ZÉMIRE ET AZOR.

TROY (de). — Les deux estampes, dans des premiers états, de la TOILETTE POUR LE BAL et du RETOUR DU BAL, gravées par Beauvarlet, ces deux planches d'une si puissante rocaille dans les bronzes, les meubles ventrus, les plis des amples dominos, au milieu d'ombres et de lueurs faites par les grosses bougies de cire jaune.

WATTEAU. — Les états avant la lettre de la SAINTE FAMILLE, de l'ESCORTE D'ÉQUIPAGES, une épreuve entièrement reprise au crayon par Cars, des COMÉDIENS ITALIENS, épreuve venant de la vente de M. Thiers, de la FINETTE, d'HARLEQUIN JALOUX, de la DISEUSE D'AVENTURE, du RENDEZ-VOUS DE CHASSE, de la PERSPECTIVE avec quelques détails non terminés et l'enfermement de la poitrine d'une petite fille dans un corsage indiqué par un trait de plume.

Les états d'eau-forte de l'EMBARQUEMENT POUR CYTHÈRE, de la LEÇON D'AMOUR, des ENTRETIENS AMOUREUX, de l'ASSEMBLÉE GALANTE, de la CONTRE-DANSE, des CHARMES DE LA VIE, des AGRÉMENTS DE L'ÉTÉ, des PLAISIRS PASTORAL (*sic*), de la CONVERSATION, de l'OCCUPATION SELON L'AGE, de l'INDIFFÉRENT, de la RÉCRÉATION ITALIENNE, des FÊTES VÉNITIENNES, de l'ILE ENCHANTÉE, du BOSQUET DE BACCHUS, du TRIOMPHE DE CÉRÈS, des COMÉDIENS FRANÇOIS, de l'AMOUR AU THÉATRE-FRANÇOIS, de l'AMOUR AU THÉATRE-ITALIEN, du DÉPART DES COMÉDIENS ITALIENS, du CAMP-VOLANT, du RETOUR DE CAMPAGNE, des FATIGUES DE LA GUERRE, du MARAIS, de l'ABREUVOIR, de J.-B. REBEL, d'ANTOINE DE LA ROQUE : une vingtaine d'eaux-fortes de ces grands graveurs, appelés Cochin, Lépicié, Cars, Le Bas, Aveline, Scotin, qui, sous leur apparence d'esquisses, de gravures croquées, conservent les délicatesses du dessin presque toujours alourdi par le burinage définitif, reproduisent le charmant *aigu* des profils, des mains, le zébré des étoffes *zinzolin*, gardent l'ensoleillement de la composition en des travaux de lumière, et dont le *bris* des petites lignes ondulantes dans le lointain des ciels, fait, pour ainsi dire, clapoter le vague des fonds paradisiaques du Maître.

Dans le dénombrement rapide de mes gravures, je veux faire une pause, une station aux portraits de femmes du dix-huitième siècle gravés, et les étudier non pas seulement sous le rapport de la gravure, mais au point de vue de leur beauté vraie, de leur caractère physiologique, des détails techniques de leur costume et des *fanfioles* de leur toilette, m'efforçant, avec un rien d'histoire, avec une anecdote tenant dans une ligne, de faire faire au public la connaissance des inconnues, des femmes dont le bruit de la vie s'est éteint avec le siècle. Dans cette série, je joins aux portraits les estampes se rapportant à la biographie intime de la femme, les gravures satiriques, les caricatures, les *memento* historiques de certaines particularités de la vie, et même, quand cela existe, la planche qui nous ouvre la chambre à coucher de la femme, la planche qui nous donne l'effigie des animaux aimés avec lesquels s'est passée son existence.

Madame Adélaïde de France. — Peinte par Nattier, en 1756, sous l'allégorie de l'Air, gravée par Beauvarlet. — La troisième fille de Louis XV, la faiseuse du ministère Maurepas, la femme personnifiant la politique anti-autrichienne, la dénonciatrice des amusements frivoles de Marie-Antoinette, est représentée dans la beauté impérieuse de ses vingt-quatre ans, traînée sur les nuages par un paon qui fait la roue.

Barbe Cochoy, marquise d'Argens. — Petite eau-forte anonyme qui se trouve être à la fois un des plus rares et des plus épouvantables portraits de femme du dix-huitième siècle, avec son nez en pied de marmite et ses rares cheveux ramenés sur le front à la façon d'un toupet d'homme. C'est cette Cochoy, cette actrice attachée au théâtre de Berlin, dont Mainvilliers a raconté les amours, dans les « Mémoires d'un petit-maître philosophe », et qu'épousa le chambellan du roi de Prusse à l'âge de soixante ans.

Marie-Thérèse, princesse de Savoie, comtesse d'Artois, née le 31 janvier 1756, mariée à Versailles le 16 novembre 1773. — Peinte par Drouais, gravée par Cathelin. — Des yeux d'une ingénuité charmante avec un grand nez terminé par un méplat des plus bizarres. Nous retrouvons la comtesse d'Artois dans un autre singulier portrait, où, derrière elle, est un berceau contenant deux de ses enfants, et où, sur ses genoux, son dernier-né tout nu, et dans une forme embryonnaire, foule un carreau de velours. Cette estampe est gravée par Ingouf, « *d'après la boëte donnée par cette princesse à M. Busson, son premier médecin.* »

Anne-Charlotte Gauthier de Loiserolle, femme d'Aved, peintre du Roy. — Peinte par Aved, gravée par Balechou, son ami. — La rude compagne du peintre de portraits : une tétonnière à la tignasse noire, aux sourcils charbonnés, au visage verruqueux, au triple menton; les robustes épaules couvertes d'un manteau qui fronce.

« Magdeleine-Élisabeth Bailleu, femme de Nicolas Baillet, compagnon serger à Beauvais, affligée depuis huit ans d'une néphrite très douloureuse qui la rendoit percluse de la moitié du corps, guérie à Paris, en l'église de Saint-Germain-des-Prés, pendant les SS. Mystères, à l'invocation de saint Maur, le mardi de la Pentecôte, 12 juin 1764. » Une tête de paysanne émaciée, sous un béguin, avec une croix au cou sur son fichu blanc.

Madame la comtesse du Barry. — Peinte par Drouais, gravée par Beauvarlet. — C'est le portrait en habit de cheval montrant la maîtresse de Louis XV dans toute la séduction mutine de sa beauté de trente ans, et qu'il faut avoir, comme je l'ai, avant la lettre.

Un portrait plus rare, gravé à Londres, d'après une peinture de Cosway, par Condé, nous représente M^me^ du Barry à quarante ans, peut-être plus charmante encore avec ses grands yeux en coulisse, les mille boucles de sa chevelure blonde, le charme amoureusement mourant de sa personne d'alors.

« La Chasseuse aux cœurs » (M^{lle} DE BEAUJOLAIS, d'après l'attribution des catalogues d'estampes). — Peinte par Nattier, gravée par Henriquez. — La princesse, très mal gravée par parenthèse, la princesse, une épaule sortant de sa courte chemise de déesse, essaye du bout d'un de ses doigts le dard d'une flèche tirée d'un carquois d'amour.

Madame DU BOCAGE. — Peinte par M^{lle} Loir, gravée par Tardieu le fils. — L'auteur du « Paradis terrestre », dont une branche de laurier passe en bandoulière sur la robe, a de beaux grands yeux souriants et une bouche finement découpée.

Les catalogues de vente font de la FLORE A SON LEVER, le portrait anonyme de Nattier, gravé par Malcuvre, une M^{me} du Bocage, mais je crois l'attribution erronée. Nattier est, par excellence, le portraitiste des femmes de race princière et ne descendait pas aux bourgeoises, aux *littératrices*.

Marie-Gab^{elle}-L^{ise} de la Fontaine Solare DE LA BOISSIÈRE. — Peinte par La Tour, gravée par Petit. — Sous une coiffure basse, une courte et ramassée figure, au nez charnu, à la grande bouche arquée, aux yeux veloutés et souriants, à la physionomie sensuelle et ironique, et au cou gras coupé par un ruban noir. Accoudée de face sur le rebord de pierre d'une terrasse que balayent les amples dentelles de ses *engageantes*, Louise de la Boissière a les deux mains enfoncées dans un manchon, le blanc de sa poitrine un peu découverte, apparaissant dans le détortillement d'une fourrure jetée sur sa robe de velours.

Marie-Françoise Perdrigeon, épouse d'Étienne-Paul Boucher, secrétaire du Roy, décédée le 30 janvier 1734, âgée de 17 ans 3 mois et 16 jours. — Peinte par Raoux, en 1733 ; gravée par Dupuis, en 1736. — M^me^ Boucher, habillée de satin blanc, et soulevant un voile qui couvre sa jeune tête, en son costume de prêtresse de Vesta, — une allégorie affectionnée par le dix-huitième siècle pour le portrait de ses jeunes mortes, — dépose un sarment enflammé sur un autel au pied duquel est une magnifique aiguière, enguirlandée de fleurs.

Louise-Marie-Thérèse-Bathilde d'Orléans, duchesse de Bourbon, née à Saint-Cloud, le 9 juillet 1750. — Peinte par Le Noir, gravée par Le Beau, en 1774. — De petits traits peu réguliers dans une figure poupine.

Louise-Adélaïde de Bourbon, fille du prince de Condé. La tendre et pure épistolaire d'amour qui écrivit les lettres à M. de la Gervaisais, et qui devint plus tard la mystique sœur Marie-Joseph de la Miséricorde, n'a pour portrait qu'une petite image de mode, bien plus préoccupée de la représentation du bonnet au *parterre galant* que porte la princesse, que de la vraie figure de Mademoiselle de Condé.

Stéphanie-Louise de Bourbon. — Dessinée par Fouquet, gravée au physionotrace, par Chrétien. — La fausse fille naturelle du prince de Conti qui a écrit deux volumes sur sa prétendue légitimation. Un profil aigu, un nez pointu, un chignon lâche rattaché au haut de la tête, un maigre cou auquel pend une médaille.

J. A. Poncet de la Rivière, comtesse DE CARÇADO. — Gravée par Maradan. — Une femme dont la douceur des yeux, dit la gravure, ne peut être exprimée par l'art, dans une robe de femme du monde qui a quelque chose de claustral, et qui porte sur la poitrine un ordre où il y a une croix.

Marguerite de Valois, comtesse DE CAYLUS, « morte à Paris, le 15 avril 1729, âgée de cinquante-sept ans ». — Peinte par Rigaud, gravée par Daullé, en 1743. — L'auteur des « Souvenirs », publiés par Voltaire, est représentée dans l'ouverture d'une baie de fenêtre, avec sa fine, intelligente et pensive figure de vieille femme, sous l'envolement d'un petit bonnet de dentelle, un camail de taffetas noir au gros nœud bouffant, jeté sur les épaules.

Fra.-Marg. Pouget, femme de M. CHARDIN, peintre du Roy, conseiller et trésorier en son Académie. — Dessinée par Cochin, gravée par Cars, en 1755. — Une bonne et honnête tête sous un bonnet de linge, un collier de ruban au cou, en un propret costume bourgeois.

Louise-Marie-Adélaïde de Bourbon-Penthièvre, duchesse DE CHARTRES. — Peinte par Duplessis, gravée par Henriquez. — Dans un costume moderne, où ses pieds nus sont traversés de bandelettes, la duchesse de Chartres est étendue sur une grève, regardant sur la mer la flotte qui emporte son mari au combat d'Ouessant, avec ses yeux profonds et rêveurs.

Nous retrouvons le charme candide des yeux de la duchesse et de son délicat ovale dans une autre estampe gravée par Saint-Aubin et Helman, d'après une peinture de Lepeintre, où l'artiste a montré l'épouse souriant à l'entrée de Philippe-Égalité, un enfant dans des langes de dentelle sur ses genoux, un plus grand appuyé contre elle, et qui sera un jour Louis-Philippe.

Madame la duchesse DE CHATEAUROUX. — Peinte par Nattier, gravée par Pruneau. — C'est la reproduction du buste avec changements et un peu d'alourdissement dans les traits de la grande Maîtresse déclarée, dans l'allégorie de la FORCE.

A ces deux portraits bien incontestables, il faut joindre la figure allégorique de Nattier, gravée par Maleuvre, qui a pour titre : *la Nuit passe, l'Aurore paroît*, et que les catalogues d'estampes donnent généralement pour une Mme de Mailly, tandis que c'est une Châteauroux, à n'en pas douter, d'après les « Mémoires inédits des Membres de l'Académie », qui mentionnent ce portrait de la duchesse sous la désignation du « Point du Jour ». En revanche, je ne crois pas que la planche de LA BELLE SOURCE, gravée par Melliny, soit une Châteauroux ; elle serait plutôt une Mme de Pompadour d'après le catalogue du Musée de Limoges, où la peinture originale est conservée. Et je n'ai pas même une très grande confiance en ce baptême.

Gabrielle-Émilie de Breteuil, marquise DU CHATELET. — Peinte par Marie-Anne Loir, gravée par Langlois, en 1780. — Une grâce un peu grimaçante sur de grands traits, sans moelleux, sans ce *fondant* exigé par les amateurs du beau sexe du temps, et dont la charpente osseuse se lit encore mieux dans la gravure de Lempereur, exécutée d'après une peinture de Monnet. Reconnaissons toutefois un élégant et distingué goût de toilette chez la mathématicienne amie de Voltaire, dont voici la jolie coiffure basse terminée par un *repentir* floconneux derrière une épaule, et l'étroit collier, qu'on dirait fait de petites plumes noires, attaché par un nœud de diamant, et le bout de dentelle ressorti d'entre ses deux seins et pendillant sur le sillon d'une fourrure rêche bordant une ample robe.

Fortunée-Marie d'Este, princesse DE CONTI. — Dessinée par Cochin et gravée par Augustin de Saint-Aubin, en 1781, comme pendant d'une vue intérieure de la nouvelle église de Saint-Chaumont. — Sous un bonnet de femme, une forte figure d'homme, au nez bourbonien. C'est la princesse qui avait conservé l'habitude de traiter de Mademoiselle les femmes mariées de la bourgeoisie, et cela lors même qu'elles étaient enceintes.

« La Jeunesse peinte sous les habillements de la Décrépitude » (Mme COYPEL, d'après une note d'une vieille écriture sur l'épreuve conservée au Cabinet des Estampes). — Peinte par Charles Coypel, gravée par Renée-Élisabeth Marlié Lépicié, 1751. — Assise dans un tonneau d'osier, l'aimable vieille. au visage tout jeune, encapuchonnée et colletée, a le cordon d'une béquille passée autour d'un bras et des besicles dans une main. Est-ce en réalité la femme de Charles Coypel? Il me reste dans le souvenir, — l'ai-je lu? me l'a-t-on dit? — que Lépicié avait une femme ou une fille infirme, et que ce portrait serait le portrait de cette femme ou de cette fille, de la graveuse peut-être?

« Traité de géographie dédié à M^lle^ Crozat », et dont le frontispice représente son portrait. — Peinte par Paoli, gravée par Langlois. — La fillette est coiffée et drapée à l'antique dans un médaillon que soutiennent des amours estropiés. N'est-ce pas la riche héritière qui deviendra la duchesse de Choiseul?

Marguerite-Claude Denis, née de Foissy. — Gravée au bistre, en manière de crayon, par François. — Une longue figure avec un reste de beaux traits dans une physionomie béate, au regard clignotant.

Madame la marquise du Deffand. — Dessinée par Carmontelle *ad vivam,* gravée par Forshel. — Le maigre profil de l'aveugle sort de l'embéguinage de ses coiffes chaudes et ouatées à peu près comme sortirait, par un temps de gelée, un profil d'une guérite, et elle parle en remuant des doigts crochus semblables à ceux d'une Chinoise.

Une estampe qui se rattache à la femme est la petite planche de Cochin ayant pour titre : *Les Chats angola de M^me^ la marquise du Deffant.* Dans cette image intime, Cochin nous introduit dans la chambre à coucher de la marquise, nous fait voir son ample bergère à coussins mollets, sa charpagne à laines, sa petite étagère-bibliothèque, son encoignure de porcelaines, son lit couvert d'une perse à ramages : une chambre qui a pour maîtres deux chats, deux chats aux énormes colliers de faveurs, les chats adorés que M$^{me}$ du Deffand faisait graver en or sur le dos de ses reliures.

« Angélique-Marguerite DUCOUDRAY, pensionnée et envoyée par le Roy pour enseigner l'art des accouchements dans tout le royaume. » — Gravée par Robert. — Une corpulente matrone, dont le bonnet forme comme deux évents autour de sa face réjouie, et qui a entre les seins un bouquet qui est tout un arbuste.

Mademoiselle DU T*** (M$^{lle}$ DUTHÉ). — Peinte par Lemoine, gravée par Janinet, en 1779. — L'impure, aux harnais de marcassite, est représentée dans la charmante impression en couleur, accoudée à sa toilette, un bouquet de roses dans une main, une lettre ouverte dans l'autre, et tout habillée de tulle et de satin bleu de ciel. Le peintre l'a peinte de manière que son joli minois minaudier, qu'on voit de trois quarts, soit reproduit de profil par la glace de la toilette, en sorte que l'on a deux fois le portrait de la courtisane illustre.

Madame LOUISE-ÉLISABETH DE FRANCE, duchesse de Parme. — Peinte par Nattier en 1750 sous l'allégorie de la Terre, gravée par Balechou. — La première fille de Louis XV, celle qui lui ressemblait davantage, celle qu'il aimait le plus, est représentée avec ses durs yeux noirs, son petit nez carré, sa mâchoire lourde, en déesse de la Terre, un coude sur une sphère, une main perdue dans des fleurs et des fruits.

F. B. G. Joly de Fleury, marquise D'ESTAMPES. — Dessinée par Fouquet, gravée par Chrétien, inventeur du physionotrace, 1790. — Une vieille femme poudrée, aux traits énergiques, le cou et les épaules enveloppés d'un grand fichu blanc. Un des rares portraits, parmi les centaines de portraits de Chrétien, qui porte le nom du personnage en haut du médaillon.

Madame la marquise DE LA FERTÉ-IMBAULT. — Dessinée par Quenedey, avec le physionotrace. C. 85. — L'enjouée *Souveraine de l'Ordre incomparable des Lanturelus, protectrice de tous les lampons, lampones, lamponets*, cette femme qui « parlait comme un livre composé par un homme ivre » et dont M^me^ Geoffrin était aussi étonnée d'être la mère qu'une poule qui aurait couvé un œuf de cane, a dans son portrait une grande figure *louis-quatorzienne*, surmontée d'une haute coiffure ébouriffée qui rappelle la perruque du grand roi.

Stéphanie-Félicité Ducrest, marquise de Sillery, ci-devant C^sse^ DE GENLIS, gouvernante des enfants de S. A. S. Monseig^r^ le duc d'Orléans. — Peinte par Miris, gravée par Copia; réduction d'un plus grand portrait gravé en Angleterre. — On la voit, un élégant chapeau de paille garni de gaze en pouf sur ses cheveux poudrés, assise à un petit bureau tout chargé de papiers, et écrivant ses « Annales de Vertu » sur une feuille que recouvre à demi son « Théâtre d'Éducation ». Mais où l'on se fait une meilleure idée de la tourmente mauvaise de ses petits traits de travers dans leur court ovale, de la fausseté, je dirai même de la coquinerie de sa physionomie, c'est dans un portrait gravé à Londres, par Meyer, en 1819, où elle semble coiffée des noirs tortils de serpents d'une tête de Méduse, sous un turban révolutionnaire à la façon d'une coiffure de Théroigne, un jour de prise des Tuileries.

Madame Geoffrin, « née le 2 juin 1699, morte à Paris le 6 octobre 1777. » — Gravée par Miger. — Un vrai portrait de femme affichant bravement la vieillesse et se donnant à voir avec ses rides, le décharnement de ses traits, le rentrant d'une bouche démeublée, et tout simplement vêtue d'un manteau de lit, mais cela dans l'emmitouflement de ce beau linge, le linge le plus uni et le plus fin, qu'admirait un jour Diderot à un piquet au Grandval, et qui était le luxe de la vieille femme, portant, depuis des années, des robes gris de fer.

Madame de Grafigny. — Gravée par Levêque. — De grands, de gros et d'assez bêtes traits disent que l'auteur des « Lettres péruviennes » n'a jamais été jolie, et que tous les aimables portraits, à l'huile, au pastel, au crayon, sans attribution, et dont les catalogues de vente font des Grafigny, ne sont point le portrait de la portraitiste de Voltaire en déshabillé.

« La Philosophie endormie. » (Portrait de madame GREUZE.) — Dessinée par Greuze, gravée par Aliamet. — La facile épouse, dont les nombreuses fragilités sont racontées tout au long dans un mémoire du mari, est représentée sommeillante sur un oreiller jeté sur le dossier d'un fauteuil, un *battant l'œil* sur la tête, un gilet à grandes basques, déboutonné à la gorge, un carlin posé sur les genoux, une main lâche tombante sur un livre entr'ouvert. Elle dort, la molle Babuty, au milieu des étoffes affaissées; elle dort comme pourrait dormir la Volupté. Et ses yeux, cette fois éveillés, ses yeux à l'hypocrisie angélique d'une Cécile de Volange, sa bouche humide, son petit nez éveillé, Massard nous les fait voir dans une autre estampe, la délicieuse petite estampe de la tête de « la Dame de Charité ».

ÉLISABETH-PHILIPPINE-MARIE-HÉLÈNE DE FRANCE, « née à Versailles le 3 may 1764 et morte à Paris le 10 may 1794 ». — Gravée d'après le tableau de M^me^ Guyard, du cabinet de M. de Francheville. — Madame Élisabeth, la sœur de Louis XVI, la pieuse princesse, sous une haute coiffure que surmonte un pouf aux grandes plumes, la poitrine battue, masquée de larges dentelles, a une douce figure bourbonienne, aux yeux tout remplis de bonté.

Madame Marie-HENRIETTE DE FRANCE. — Peinte par Nattier sous l'allégorie du Feu en 1750, gravée par Tardieu. — La seconde fille de Louis XV, née jumelle, et morte fille à Versailles, le 10 février 1752, dans la composition allégorique de Nattier, se montre accoudée à un autel allumé, sa sérieuse figure appuyée sur une main, pendant que l'autre est posée sur un grand volume fleurdelisé dont le titre porte : « Histoire des Vestales. »

MARIE-JOSÈPHE DE SAXE, Dauphine de France, née à Dresde, le 4 novembre 1731. — Peinte par La Tour, gravée par Aubert. — La princesse tient à la main un livre ouvert, dans une riche et sobre toilette, sous un sévère bonnet de vieille. On la voit en sa jeunesse sérieuse, et avec sa large figure, dont nous retrouvons le gros nez et les bajoues dans le portrait peint par Klein et gravé par Wille père.

Marie-Thérèse-Louise de Savoie-Carignan, princesse DE LAMBALLE, « née à Turin en 1749 et massacrée à Paris, le 3 septembre 1792 ». — Dessinée par Danloux en 1791, gravée en couleur par Ruotte. — Je ne mets pas en doute que ce portrait ne soit une affreuse calomnie, mais vraiment la princesse de Lamballe était-elle aussi jolie que je l'ai peinte moi-même dans mon « Histoire de Marie-Antoinette »? Il y a dans ce portrait de Danloux un tout petit œil et un très gros nez savoisien, qui, je le veux bien, peuvent être exagérés, mais devaient avoir un rien de réalité. Moi qui ne crois pas du tout à la délicieuse fantaisie de Gabriel, gravée par Porreau, à ce portrait dessiné, *quatre heures avant la mort* de la princesse, je serais maintenant disposé à croire que la beauté de la malheureuse femme était toute, ainsi que le donne à entendre Mme Lebrun, dans la clarté de son teint éblouissant et dans l'abondance de ses cheveux blonds.

Marguerite-Élisabeth DE LARGILLIÈRE, fille de Nicolas de Largillière, directeur et recteur et chancelier de l'Académie royale de peinture et de sculpture. — Peinte par de Largillière, gravée par Wille père. — La fille du peintre est dans une de ces draperies aux beaux plis cassés dont son père a l'habitude de faire des robes à ses femmes ; et sa petite tête coiffée de tortillons *œil de queue de paon*, et au milieu desquels se joue une perle baroque, apparaît jeune et dure ainsi qu'une étroite tête d'impératrice romaine de la décadence.

Sophie V. LA ROCHE. — Portrait dessiné sans conteste par Carmontelle. — Petit profil qui se dessine en ombre chinoise sur un médaillon blanc entouré de lauriers et de fleurs. C'est un portrait qui doit avoir été fait par le lecteur du duc d'Orléans, en ces années où il s'était enamouré de lanterne magique, dont il donnait des représentations au Palais-Royal avec des verres dessinés par lui.

Mademoiselle LAVERGNE, nièce de Liotard. — Peinte par Liotard, gravée par Daullé et Ravenet. — Un des plus rares portraits de femme et du plus grand format. Les cheveux noués au haut de la tête par un ruban, un cordon de cou auquel est attaché un petit crucifix, un corsage brodé de grandes fleurs, à l'échancrure en triangle lacée, ainsi qu'en un corsage de Suissesse, la belle jeune fille lit de ses grands yeux baissés une lettre qu'elle tient des deux mains.

Louise-Élisabeth VIGÉE-LEBRUN, de l'Académie royale de peinture. — Peinte par M^me Vigée-Lebrun, gravée à Stuttgart par Muller. — M^me Lebrun s'est peinte coiffée d'un chapeau de paille surmonté d'une grande plume appelée *follette*, habillée d'un peignoir sur lequel s'éparpille le tuyautage d'un fichu de linge, et qu'entoure à demi dénoué un mantelet noir. Elle tient de la main droite sa palette, et dans l'élégant maniérisme de sa pose, et de sa grâce un peu anémique, elle regarde le public avec ses yeux clairs et limpides d'enfant.

Marguerite LE COMTE, des Académies de peinture et de belles-lettres de Rome, de Bologne, de Florence. — Dessinée par Watelet, gravée par Lempereur. — La maîtresse de Watelet, la meunière du Moulin-Joli, avec son nez pointu, ses traits sans distinction, son air un peu campagnard, n'a rien en elle qui explique la vive et longue passion de l'ancien fermier général. Elle est peut-être mieux dans un autre portrait dessiné par Cochin, et où l'amant-graveur, avec une pointe amoureuse, a rendu le frisotis de ses cheveux, le sourire de son œil et les fanfreluches d'une échelle de rubans sur sa poitrine.

*La maison de Marguerite le Comte, meunière du Moulin-Joli*, gravée par Watelet, a eu plusieurs fois les honneurs de la gravure, et l'abbé de Saint-Non a fait de la pittoresque habitation un cahier de six eaux-fortes qu'il a intitulé : « *Varie vedute del gentile mulino disegnate d'appresso natura dal principe ed intagliate dal abbate di Sannone. Dedicate al amabile e leggiadra Mulinaia* 1755.

Marie (Leckzinska), princesse de Pologne et de Navarre. — Peinte par Nattier, gravée par Tardieu. — C'est la grande et magnifique planche, où la Reine est peinte, selon sa volonté, « en négligé », sans décolletage et avec sa coiffure d'habitude appelée un *papillon noir*, et qui était en général la coiffure des veuves. De dessus un rideau attaché aux colonnes d'un palais, Marie Leckzinska se détache avec sa bonne et vertueuse figure, au milieu de flots de dentelles et de noirs épis, que font dans les fourrures les lourdeurs des brocarts de son royal négligé.

Mais où vous vous rendrez mieux compte du charme enjoué de sa figure, c'est dans la gravure de Petit, d'après le pastel du Louvre qui représente la Reine tenant un éventail fermé, le plus fort, selon moi, de tous les pastels de La Tour, et bien supérieur à celui de M^me^ de Pompadour.

*Elle n'est plus, hélas! O Regrets! ô Tristesse!* (Portrait de M^me^ Ledaulceur.) — Sans nom de dessinateur ni de graveur. — La spirituelle graveuse à l'eau-forte, en un œil-de-bœuf enfermant dans un pli de rideau une tige de rose, montre sa mine rondelette aux yeux noirs.

Madame Legros. — Dessinée par Pujos, gravée par Clément. — La protectrice de Latude, une interminable, sèche et noirâtre vieille femme qui a l'air de « Madame J'ordonne ».

Genev^e^-Éliz^th^ Visinier, v^ve^ de Jean-Baptiste-René Le Long, maître ordinaire en la chambre des Comptes du Roi. — Dessinée par de Bondy, gravée par Miger en 1774. — Le plus laid et le plus ratatiné portrait de femme qui se puisse voir, mais dont le poète de l'image dit :

*Des Fleurs de la gaieté sa Raison embellie*
*Intéresse le Cœur en amusant l'Esprit.*

« Catherine Tapperaist V^ve^ Lescombat, âgée d'environ 28 ans. *Dessinée d'après nature dans son déshabillé, par F. Dalberati, peintre italien, pendant son séjour en la prison de la Conciergerie du Palais à Paris, au mois de may* 1755. *Gravé d'après le dessin original de même grandeur.* » La femme qui a fait assassiner son mari par son amant, la galante à l'œil noir, à la peau d'un blanc à éblouir, le peintre italien la donne à voir essayant sur sa main, avec toutes sortes de coquetteries insouciantes, le bonnet de l'enfant dont elle est grosse, et auquel elle doit le prolongement de ses jours.

« *Tendre, sensible, heureuse mère...* » Portrait de M^me^ Letine, belle-mère de M. de la Live, attribution du catalogue d'Augustin de Saint-Aubin, qui dit ce portrait gravé, en 1765, par M. de la Live et Saint-Aubin. — Peinte par Bernard, gravée par La Live. — Une eau-forte qui est l'idéal de la gravure de femme, et qui vous fait regretter qu'il n'y ait qu'un portrait de femme du dix-huitième siècle ainsi exécuté, et encore un portrait de vieille femme. Le gras modelage des traits replets dans le doux pointillé, et le joli chiffonnage des dentelles, et le bel hérissement des fourrures, et la liberté et la légèreté et l'esprit de cette claire image, autour de laquelle court un encadrement de fleurs, largement croqué à la pointe! Je n'ai pas besoin de dire aux gens, qui ont la moindre connaissance des estampes du temps, que cette eau-forte est d'un bout à l'autre d'Augustin de Saint-Aubïn qui en a fait cadeau à son riche élève, de Saint-Aubin dont, un jour ou l'autre, une loupe entêtée retrouvera la signature discrète en quelque coin, sous quelque pétale de fleur.

« *Mes yeux dans ce portrait admirent le pinceau.* » Portrait de Mlle DE LOISEROLLE. — Peinte par Aved, gravée par Balechou. — La belle-sœur d'Aved, brune et hommasse comme sa sœur, file au rouet, dans une opulente robe blanche, un chapeau de paille doublé de soie, aux immenses bords retroussés, posé sur ses cheveux poudrés.

« Alex[ine] Fatio, veuve de M. le Sindic Pierre LULLIN, née le 28 janvier 1659 (vieux style), morte le 14 novembre 1762 (nouv. style), *dessinée d'après nature par M. J. E. Liotard en avril* 1762 *et gravée par un de ses arrière-petits-neveux en Janv[r]* 1763. » Un portrait de centenaire aux traits écroulés, dans un bonnet de la campagne, une espèce de limousine sur les épaules, une bavette sur l'estomac.

P. B. H. de Létancourt, comtesse DE MAREILLES. —

Dessinée par Eisen en 1764, gravée par de Longueil en 1765. — Des yeux vifs de souris, en un minois tout lumineux et poudré à blanc. Ce portrait est dans un cadre, au haut duquel une des plus gracieuses figures allégoriques qu'ait dessinées Eisen, attache une rose.

Marie-Antoinette, reine de France et de Navarre : la planche en couleur de Janinet, publiée en 1777, montrant la reine de France dans sa robe de velours bleu fleurdelisée, au milieu de ce somptueux encadrement de lauriers et de lis imprimés en or ; une planche qui se payait 20 francs autrefois, et qui vaut de 4 à 500 francs aujourd'hui. J'ai été assez heureux de pouvoir joindre au portrait de Janinet une épreuve avant la lettre du petit portrait, imitation de pastel, de la Marie-Antoinette, archiduchesse d'Autriche : le portrait de Bonnet d'après Krausinger, un portrait peut-être encore plus rare que celui de Janinet.

Madame Louise-Marie de France, « née à Versailles, le 13 juillet 1737, religieuse carmélite sous le nom de Ste-Thérèse de St-Augustin au couvent de St-Denis en 1770 ». — Dessinée par Queverdo, gravée par Le Beau. — C'est la cinquième fille de Louis XV, connue sous le nom de Madame Louise, et qui en 1772, du fond de son parloir, fut au moment de faire renvoyer Mme du Barry. Assise sur une chaise de bois, un livre de prières à la main, il sort de l'embéguinement de la carmélite, un gros nez et deux yeux très vivants.

Sophie le Couteulx du Moley. — Dessinée par Cochin, gravée par Augustin de Saint-Aubin en 1776. — La financière, aux lundis où l'on ne recevait que des hommes à dentelles, l'inspiratrice des *Jardins* de l'abbé Delille, dont une partie du poème a été écrite sur les patrons de broderie de la châtelaine, est encore séduisante en ce portrait qui n'est plus celui de sa première jeunesse. Un autre portrait beaucoup plus rare, dessiné également par Cochin et gravé par Nicolet, alors qu'elle n'était qu'une simple chanteuse, nous donne, en toute leur fraîcheur, ses petits et mignards traits, dans un médaillon entouré de muses et d'amours jouant d'instruments, au son desquels sa voix se faisait entendre : un charmant cul-de-lampe qui a été fait pour « six sonates », avec accompagnement de forte-piano.

Sophie (DE MONNIER). — Dessinée par Borel, gravée par Delignon. La maîtresse de Mirabeau sur une toile, dont un amour soulève la draperie, dans son voluptueux arrangement à l'antique, avec le bandeau qui court dans ses cheveux frisés, et avec ses petits traits charnus en sa figure rondelette, prend l'aspect d'un Cupidon joufflu.

« *Docile enfant de la nature.* » (Portrait de la MORENCY.) — Dessinée et gravée par Canu. — La femme galante de la Révolution, la romancière, est représentée en tête de son roman « d'Illyrine » avec une vraie figure d'oiseau, sous la broussaille de cheveux désordonnés, et vêtue, pour ainsi dire, d'un corset et d'un boa.

Un autre portrait de la Morency, qui décore les

« Étrennes aux Dames, 1808 », dessiné par Roy et gravé par Bonvallet, nous montre le costume, la coiffure, les traits mêmes de la bacchante, tranquillisés et apaisés : de petits traits à la sèche et nerveuse découpure.

Madame DE*** *en habit de bal* (Mme DE MOUCHY, d'après la liste générale et alphabétique des portraits gravés par le P. Lelong). — Peinte au pastel par Coypel, gravée par Surugue en 1746. — Assise de côté sur une chaise, la tête de face et un peu inclinée en avant, les bras mollement croisés, elle tient du bout des doigts d'une main, un masque du temps qui n'est pas un loup, mais un masque de tout le visage. De sa coiffure basse, où s'élève sur le côté un petit pouf de plume noire, descend, de derrière son épaule, une longue natte, qui lui tombe sur la poitrine, et dont les cheveux tordus sont entremêlés de grosses perles ; à ses oreilles pendent d'énormes pendeloques ; et le satin blanc de son habit de cour ouvert est garni d'un large soutachement brodé, se terminant par des glands floches.

Marie-Antoinette de Rosset de Fleury, vicomtesse de NARBONNE-PELET, née à Narbonne, le 6 avril 1721, morte au château de Fontanès en Languedoc, le 27 juillet 1754. — Peinte par Lattinville, gravée par Daullé en 1756. — La morte « charmante et accomplie, douée de toutes les vertus, ornée des plus rares qualités de l'esprit et du cœur, à qui Rome païenne et la Grèce savante eussent dressé des autels,... que la Religion chrétienne et la voix des peuples canonisent », est représentée dans l'estampe, qui dit tant de bien d'elle, en vestale de la Régence, déposant une urne enflammée sur un autel.

Madame NECKER. — Gravée par Lips. — De chastes épaules voilées d'un fichu de gaze, où court le zigzag d'un ruban de satin blanc, des yeux pleins d'une ingénuité charmante, de petits traits tiraillés, joliment souffreteux, presque angoisseux, et racontant l'état nerveux de la délicate agitée, qui avait perdu le sommeil, et qui, toujours debout, ne pouvait demeurer assise.

Marie Ang^e^ Bern^d^ de Rasoir, baro^ne^ DE NOYELLE, dame et vicomtesse héréditaire du pays de Langle, dame de Cherens, Briatre, le Hove Rasoir. — Peinte par de Pasche, peintre du roi de Danemarck, gravée par Gaucher en 1781. — Une femme d'un certain âge, à la figure cabossée, aux prunelles de velours noir dans des carnations blondes. Sous un encrier est une lettre portant pour souscription : « *A mon fils l'abbé Carondelet, en Sorbonne.* »

Élisabeth-Charlotte, Palatine du Rhin, duchesse D'ORLÉANS. — Peinte par Rigaud, gravée par Marie Horthemels. — La mère du Régent, l'Allemande « à la figure et au rustre d'un Suisse », dit Saint-Simon, étale sa large face, son sourire scatologique, ses fanons mollasses, dans l'hermine d'un manteau brodé de fleurs de lis, une plantureuse main posée sur une couronne.

Louise-Henriette de Bourbon-Conty, duchesse D'ORLÉANS, née à Paris le 20 juin 1726. — Peinte par

Pottier, gravée par Petit. — La belle et galante princesse, mère de Philippe-Égalité, et à laquelle « le Palais-Royal », publié à Hambourg en 1806, donne pour premier amant le peintre Boucher, dans une séance où le modèle posait en déshabillé mythologique, n'a rien dans ce portrait des grands yeux vifs et du petit nez polisson du portrait de la suite de Desrochers, où en son décolletage, coupé par une guirlande de roses, elle ressemble à une humaine divinité d'Opéra.

La duchesse d'Orléans serait aussi anonymement peinte avec un nez busqué, qui n'existe en aucun de ses autres portraits, dans la composition de Nattier gravée par Hubert et qui a pour titre Mme LA DUCHESSE DE *** EN HÉBÉ.

« *Sous le riant aspect de Flore.* » (Portrait de Mme de PARABÈRE désignée seulement par des vers qui célèbrent la blancheur de son teint : « le beau morceau de chair fraîche » qu'elle était, selon l'expression de la princesse palatine). — Peinte par Rigaud, gravée par Vallée. — La maîtresse du Régent, son *petit Corbeau noir* ainsi qu'il l'appelait, est représentée cueillant une tige d'œillet, dans une campagne éclairée par un soleil levant, et où un négrillon lui tend une corbeille de fleurs. De la délicatesse ciselée de ses traits, de la nature frêle de la grande dame galante aux nerfs d'acier pour le plaisir et l'orgie, Vallée n'a rien conservé, ainsi que l'établit la comparaison de sa gravure avec la peinture originale de Rigaud, conservée au château de Boran chez Mme de Parabère-Sancy.

*Portrait de feu madame la duchesse* DE POLIGNAC. — Fait de mémoire par Mme Lebrun, gravé à Vienne par Fisher en 1794. — De grands yeux bleus profonds et expressifs, un petit nez terminé par un méplat moqueur, une bouche ravissamment découpée et entr'ouverte sur de petites dents blanches d'enfant : ainsi apparaît Mme de Polignac, coiffée de ses touffus cheveux bruns aux petites boucles folles, sous un bonnet de linge ruché, attaché sous le menton, les épaules et la poitrine couvertes d'un grand fichu *menteur*, noué *à la petite fille* derrière le dos.

LA BELLE JARDINIÈRE. Portrait de Mme la marquise de POMPADOUR. — Peint par Vanloo, gravé par Anselin. — Le portrait officiel de la vraie reine de France, de 1750 à 1764, de la femme « à la beauté sans traits », selon l'expression du temps, mais faite d'un sourire tout à elle, du blanc éblouissant de sa peau de lymphatique, du charme mystérieux de ses yeux qui n'étaient ni noirs, ni bleus, ni gris, et qui avaient la finesse des yeux gris, la langueur tendre des yeux bleus, l'éclat des yeux noirs. A ce portrait qui est chez moi avant la lettre, avec des travaux manquant sur la chemisette, à l'ovale grassouillet de Vanloo, je préfère le petit profil de Cochin, gravé par Augustin de Saint-Aubin en 1764, et reproduisant la favorite, le chignon lâche et les cheveux crêpés en accommodage du matin, et les ruches d'un manteau de lit jouant autour de sa gorge. C'est le portrait qui donne le mieux l'idée de la grâce spirituelle de la physionomie de Mme de Pompadour et du « sourire délicieux » dont parle Leroy, le lieutenant des chasses de Versailles.

On veut encore voir une M$^{me}$ de Pompadour dans « LA JARDINIÈRE » gravée en manière de pastel par Bonnet. Ce n'est pas impossible, mais c'est une Pompadour bien peu déniaisée. Disons toutefois que cette planche est une merveille d'exécution et d'un art tout à fait perdu, et que le velouté, le plucheux des crayons de pastel, y est imité à passer le doigt dessus pour s'assurer si c'est vraiment de la gravure. Le malheur, qu'avec un procédé pareil, Bonnet n'ait pas choisi, pour ses reproductions, des peintures plus sérieuses ! Songe-t-on ce que serait une collection des préparations de La Tour ainsi exécutées ?

Je ne veux pas abandonner M$^{me}$ de Pompadour sans parler d'une petite estampe qu'il faut joindre à ses portraits : l'estampe dessinée et gravée par Cochin sur un bruit de la convalescence de la favorite pendant sa dernière maladie, et abandonnée sur la nouvelle de sa mort. C'est un cartel représentant, sous un soleil voilé, les Muses de la peinture et de la Musique suppliantes, pendant que la Médecine arrête la Parque, au moment où elle va couper le fil de vie de la marquise, cartel que devait remplir cette chanson de Favart, faisant allusion à une éclipse de soleil, qui avait concordé avec la maladie de la Pompadour :

Le soleil est malade
Et Pompadour aussi.
Ce n'est qu'une passade,
L'un et l'autre est guéri.

« *Sur votre belle main ce captif enchanté.* » Portrait d'Agnès Berthelot de Pleneuf, marquise de Prie, d'après la liste générale et alphabétique des portraits gravés par le P. Lelong. — Peint par Vanloo, gravé par Chereau le jeune. — La maîtresse du duc de Bourbon, celle que d'Argenson appelait « la fleur des pois du siècle », est représentée, une perruche sur un doigt, avec ses yeux un peu chinois, mais vifs et gais, avec ce qu'on appelait alors « tous les je ne sais quoi qui enlèvent », avec ses cheveux cendrés, avec son air de nymphe éclairée par un clair de lune.

Marie-Joséphine-Louise de Savoie, comtesse de Provence, mariée à Versailles, le 14 mai 1771. — — Peinte par Drouais, gravée par Cathelin. — Altière figure de Junon auvergnate aussi bien dans ce portrait que dans celui qui porte le nom de Madame, gravé par Marie Boizot d'après un dessin de Boizot.

Marie-Élisabeth Denis, femme de M. Radix. — Dessinée par Cochin, gravée par Augustin de Saint-Aubin en 1765. — Une belle vieille femme à l'œil noir, au nez aquilin, à la noble ligne d'un profil qui sort des barbes d'un bonnet de dentelles, serré dans une marmotte de soie noire.

« *Dernière heure de la baronne* de Rebecque, *morte à trente-six ans.* » — Gravée par Augustin de Saint-Aubin. — L'ardente et maladive ennemie des encyclopédistes, celle qui, mourante, dictait à Palissot sa comédie des « Philosophes », lui donnait l'idée de la scène capitale, est représentée sur son lit de mort, la tête posée sur un oreiller de dentelles, d'où sortent d'un bonnet de linon, enveloppé d'une *calèche*, la maigre figure de la femme, et ses grands yeux mystiques à la pupille rétractée.

Madame RÉCAMIER. — Gravée en manière de crayon par Charles Silesien. — La beauté du Directoire est habillée d'une de ces robes flottantes et collantes sur les formes, à la ceinture remontée sous les seins. Elle a la tête à demi cachée dans un voile transparent qu'elle relève, laissant voir un de ces longs et purs ovales à la Gérard : un portrait qui pourrait être aussi bien celui de M^lle^ Georges ou de M^me^ la baronne Regnault Saint-Jean d'Angely.

M. J. Phlipon, F^me^ ROLAND. — Dessinée et gravée par Bonneville. — Un grand œil noir au regard hardi, un long nez de soubrette, une bouche aux coins remontants, un menton de volonté, telle est sous une coiffure aplatie et mangeant le front, et qui a l'air d'une perruque d'homme, le portrait que Bonneville nous donne de l'Égérie de la Gironde.

*Qu'un timide artisan élève du scrupule.* (Portrait de M^me^ DE SABRAN, d'après la liste générale et alphabétique des portraits gravés du P. Lelong et d'après l'indication du second état qui porte au lieu des vers : Louise-Charlotte de Foix-Rabat, marquise de Sabran.) — Peinte par Vanloo, gravée par Chereau le jeune. — Cette maîtresse du Régent qui se permettait de dire à son amant « que l'âme des princes lui paraissait faite d'une boue à part, de celle qui sert pour l'âme des laquais », est représentée en chemise tombante, d'où sortent une épaule et un sein, et tenant des deux mains, avec toutes sortes de tendresses, une colombe posée sur un coussin, pendant que, la tête détournée, elle regarde à la cantonade avec des yeux immenses et qui attendent.

Madame la marquise DE SABRAN, tirée du cabinet de Son Altesse royale Monseigneur le prince Henri de Prusse. — Peinte par Mme Vigée-Lebrun, gravée par Berger en 1787. — L'épistolaire dont on vient de publier de si adorables lettres, est assise sur un sofa, les bras croisés, les cheveux ébouriffés et frisés autour d'une tête à la physionomie toute pétillante d'intelligence et d'esprit. Elle est vêtue d'une robe de linon à la grande pèlerine enveloppant sa poitrine de son tuyautement lâche et de flots de linge, au milieu desquels sa taille se dessine avec les souplesses nonchalantes d'une taille de créole. La marquise de Sabran tenait au dix-huitième siècle un salon mi-politique, mi-littéraire, où M. de Ségur lisait son « Art de plaire », où M. de Boufflers cousait des scènes d'à-propos au « Bourgeois gentilhomme », quand la marquise donnait la comédie au prince Henri de Prusse, chez lequel elle se retira pendant la Révolution (1).

(1) Dans la galerie des Dames françaises, où la comtesse de Sabran figure sous le nom de Sapho, le pamphlétaire dit d'elle: « Sapho ferait aimer l'indifférence, tant elle imite bien son attitude, ses regards, son langage ». Et il ajoute plus loin :

L'HOMMAGE RÉCIPROQUE. (Portrait de Mme AUGUSTIN DE SAINT-AUBIN.) — Dessinée par Augustin de Saint-Aubin, gravée en noir et en couleur par Gaultier. — La belle et jolie femme qui a servi si souvent de modèle aux compositions amoureuses d'Augustin, l'adorable créature au moelleux profil, à l'œil noir et velouté par de longs cils, aux cheveux blonds frisotés, dont le chignon lâche *à la Daphné* tombe sur les épaules en grosses torsades, la femme à la voluptueuse gorge, apparaît dans la douce impression en couleur, ainsi que dans le rien rose de chair pâmée, que son mari met dans ses crayonnages. On la voit assise, le fichu tombé, et tenant dans une de ses mains un porte-crayon avec lequel elle dessine un portrait d'homme posé sur un chevalet. Et c'est sans doute un portrait d'elle encore, cette séduisante « Louise-Émilie, *baronne de* *** », et un portrait d'elle encore, cette coquette « Adrienne-Sophie *marquise de* *** » coiffée d'un *chapeau noir à la mode*, deux portraits qu'on donne généralement pour des portraits de Mme de Boufflers et de Luxembourg. Et ici mon opinion est confirmée par le souvenir d'avoir vu sur le dessin original d'un des deux portraits, vendus chez Renouard, et achetés, je crois, par M. de Janzé, le nom de Mme Augustin de Saint-Aubin écrit

« Sapho ne néglige aucune des ressources de la parure. Son art consiste à rejeter tout ce qui brille, et à employer avec une adresse infinie les ornements les plus simples ; elle a l'air de ne rien ajuster et de tout jeter au hasard ; mais quand on l'examine, on voit que rien n'a été oublié.

en bas. Disons que ces deux portraits, quels qu'ils soient, sont des bijoux, surtout lorsqu'ils sont avant l'adresse et avec le nom du graveur à la pointe; et ajoutons que les deux eaux-fortes de ces portraits, que j'ai eu la bonne fortune de trouver dans le temps chez Sieurin, sont rarissimes, et n'existent pas dans l'œuvre d'Augustin de Saint-Aubin du Cabinet des estampes (1).

« L'innocence reconnue de Marie-Françoise-Victoire SALMON. » Portrait en couleur chez les Campions frères.

DÉDIÉ AUX AMES SENSIBLES ET BIENFAISANTES

Un cœur généreux fut touché de mes peines,
Aux pieds du trône il porta la voix;
Un monarque juste brisa mes chaînes,
Et mon innocence triompha par le Cauchois.

Claudine-Alexandrine Guérin DE TENCIN, née en 1681, morte en 1749. — Peinte par de Troy, gravée par de Launay. — La meilleure connaisseuse de l'humanité de son temps a des traits fins, finauds, des yeux à l'interrogation perçante, et avec cela une longue physionomie, pâle, étrange, nébuleuse.

Mademoiselle TÉROUENE. — Estampe en manière noire, sansnom de dessinateur et de graveur. — Dans ce portrait, qui pourrait bien être un portrait

(1) Le catalogue de Saint-Aubin, rédigé avec beaucoup de soin et qui donne les anonymes, se contente, pour ces deux portraits, de dire qu'ils ont été gravés en 1779, sur un dessin fait d'après nature.

de pure imagination, Théroigne de Méricourt, les cheveux épars sous une espèce de grand bonnet rouge, la poitrine sortant d'un *pierrot* débraillé, apparaît avec la robuste et rude beauté d'une harangère-Gorgone.

Anne VALLAYER-COSTER, de l'Académie royale de peinture et de sculpture, en 1770. — Dessinée par elle-même, gravée par Letellier. — Elle s'est exposée au public avec sa figure maigre, son mince nez courbe, le petit air altier de sa tête, fièrement rejetée en arrière.

Mademoiselle VANLOO. — Dessinée par Carle Vanloo, gravée par Basan. — Une fillette au visage éveillé, le chignon retenu par une grande épingle, tenant dans sa chemise retroussée et découvrant son petit ventre, une grosse grappe de raisins.

Dame Julie de Villeneuve, VENCE DE St-VINCENT. — Peinte par Berthelemy, gravée par Romanet. — Des yeux aux paupières lourdes, un nez tourné à la friandise, une bouche sensuelle ; ainsi se montre la petite fille de Mme de Sévigné, avec une chevelure dépeignée, et l'outrageant décolletage d'une robe qui laisse voir et l'ombre de son aisselle et plus que la moitié de ses deux seins.

Marie-Élisabeth-Jean-Baptiste Guyard, épouse de messire Charles-Paul de Bourgevin, de Moligny, DE VIALART. — Peinte par Martin, gravée par Fessard. — Un rare portrait d'une brune aux noirs sourcils, à la coiffure en langues de flammes, couverte d'un voile de veuve.

Madame Marie-Louise-Thérèse VICTOIRE DE FRANCE. — Peinte par Nattier en 1755, gravée par Gaillard, sous l'allégorie de l'Eau. — La quatrième fille de Louis XV, la grasse princesse que le Roi appelait *Coche*, la bonne et paresseuse personne qui disait en montrant sa bergère : « Voilà un fauteuil qui me perd », Nattier l'a montrée avec sa douce, sereine et pleine figure, en naïade, accoudée sur une urne qui s'épanche, les roseaux d'une rivière derrière elle. Remarquons que c'est presque l'arrangement de la figure mythologique de Nattier, gravée par Melliny et qui a pour titre: « la Belle Source. »

Madame la marq$^{se}$ DE V*** (la marquise DE VILLETTE). — Dessinée par Pujos, gravée par Lingée. — La femme nommée « Belle et Bonne » par Voltaire, donne à voir une assez laide et brune figure de petite Savoyarde.

Cette étude des portraits de femmes françaises du dix-huitième siècle que je fais aujourd'hui, je voudrais la voir refaire un jour par un jeune érudit, qui, consacrant des années à cette monographie, et lisant tous les livres, et regardant toutes les gravures, et consultant tous les portraits conservés dans les familles historiques, apporterait la certitude à tant d'attributions douteuses, baptiserait d'une manière incontestable les portraits allégoriques de Nattier; dévoilerait peut-être le mystère des deux charmants portraits de Saint-Aubin, désignés par des étoiles; donnerait de vrais noms aux centaines de portraits de Chrétien et de Quenedey dont les répertoires doivent exister quelque part (1); ferait la lumière dans ces anonymes, comme la petite femme de Boucher qui lit les lettres d'Héloïse et d'Abailard, la femme de Carmontelle qui brode au tambour, et cette autre du même qui est enfoncée dans les aphorismes d'Hippocrate, comme la femme de Cochin qui fait un médiateur; retrouverait enfin, avec la connaissance de toutes les pièces de vers du temps dédiées au « Beau Sexe », le nom de telle ou telle femme, ainsi que pour tel portrait de Houel et de tant d'autres.

Complétons cette étude des portraits des femmes du temps par un travail sur les portraits d'actrices, et commençons par l'Opéra, en faisant suivre le Chant par la Danse.

Sophie Arnould, actrice de l'Académie royale de Musique dans le rôle Zyrphé du ballet de Zélindor. — Peinte par La Tour, gravée par la Richardière. — La spirituelle chanteuse est représentée avec l'éclair de ses beaux yeux implorants, dirigés vers le ciel, avec cette bouche entr'ouverte et douloureuse sur laquelle meurt une dernière prière.

Hte-Alde Beaumenil, de l'Académie royale de Musique, pensionnaire du Roi. — Dessinée *ad vivum* par Pujos, gravée par Vidal en manière noire. —

(1) Me trouvant aux Riceys, j'ai essayé, mais inutilement, de retrouver, chez un descendant de Quenedey, le répertoire du portraitiste au physionotrace. M. Richard, l'ancien conservateur de la Bibliothèque, et le gendre de Quenedey, possédait une copie de ce répertoire, mais il n'a pas été publié, et je ne sais ce qu'il est devenu après sa mort.

Elle a de jolis yeux étonnés, un petit nez pointu, une bouche aux coins relevés, une physionomie futée où rit une gaieté maligne, sous une haute coiffure aux coques crêpelées et couronnée d'une guirlande de roses. Et M^lle Beaumenil se voit ainsi dans un médaillon entouré du serpentement de brindilles de lierre, avec au bas de son portrait la partition ouverte de l'opéra de « Tibulle et Délie », et ces vers :

Est-cé une Muse, est-ce une Grâce,
Qui tient la lyre d'Appollon?
C'est toutes deux. Tibulle en instruit le Parnasse
Et Beaumesnil leur a prêté son nom.

Rosalie DUPLANT, de l'Académie royale de Musique, reçue en 1762. — Dessinée par Leclerc, gravée par Elluin. — Un long cou, un long nez busqué, une longue figure qui a quelque chose d'une tête de cheval, telle apparaît, malgré sa réputation de beauté, le premier sujet à baguette de l'Opéra, en l'estampe qui la montre sous le costume qu'elle portait dans l'opéra de « Pyrame et de Thisbé », vêtue d'un vestinquin bordé de fourrure, dans un médaillon, où un masque tragique est posé sur une torche enflammée.

La D^lle LEMAURE (1). *Problème d'opéra*, 1740. C'est une rare estampe satirique, inspirée par les accès de religiosité de la libertine chanteuse. Elle est dessinée

(1) « Teint noir, grosses lèvres, dents blanches », dit de la Lemaure son logogriphe de 1745.

à moitié vêtue en reine d'opéra, à moitié vêtue en religieuse, et d'un côté un homme d'église la déshabille de sa robe de théâtre, et de l'autre Thuret, le directeur de l'Académie lyrique, et un galant, sa bourse à la main, la déshabillent de sa robe de nonne. Et dans l'appartement, sont mêlés et confondus les opéras de Pancrace Pèlerin et les Hymnes de l'abbé Bizot, et en dépit d'un grand tableau qui montre un diable perçant de sa fourche la Luxure terrassée, sur la toilette dont le tapis est relevé par un bidet, s'étalent les « Poésies gaillardes » de l'abbé de la Garde. A cette imagerie est jointe une lettre « écrite à Mlle Lemaure par un abbé de ses amis », qui, lue, pliée en deux, au moyen de la dernière syllabe de la demi-page et de la première syllabe de la ligne suivante, prend le sens le plus obscène.

Mademoiselle Rosalie Levasseur, de l'Académie royale de Musique, pensionnaire du Roi, née à Valenciennes. — Dessinée et gravée par Pruneau d'après le buste de Dumont de Valenciennes. — Un front extraordinairement bombé, un œil impudent, un rictus dédaigneux de la bouche, un ensemble de traits populaciers à l'image de sa voix, ainsi caractérisée par la méchante langue de Sophie Arnould : c'est le portrait de la toute-puissante maîtresse de Mercy-Argenteau, devenue baronne du Saint-Empire, puis femme de l'ambassadeur.

Mademoiselle Maillard, de l'Académie royale de Musique. — Dessinée et gravée en couleur par Coutellier. — La jolie femme dont un état de l'Opéra dit :

« sujet très utile, mais qui malheureusement se laisse faire des enfants ; ce qui prive le public d'un grand nombre d'opéras » ; la future déesse de la Liberté est représentée avec son petit profil fardé, les belles lignes de sa gorge, dans une robe rose, sous l'échevellement blanc de son abondante coiffure poudrée à frimas.

Mademoiselle Pelissier. — Peinte par Drouais, gravée par Daullé, avec l'adresse de Drouais. — La rivale de Lemaure, la chanteuse de laquelle on a dit que les opéras sans elle n'étaient plus que des concerts, figure dans une grande composition à la Nattier, habillée plutôt d'une draperie que d'une robe. Elle a des yeux noirs en coulisse, des joues trouées de fossettes, une bouche sensuelle qui retrousse aux coins, une mignonne chair toute pleine de délicatesses finement sculptées.

Madame de St-Huberti, de l'Académie royale de Musique. — Dessinée par Le Moine, gravée en couleur par Janinet. — La sublime chanteuse, qui, un jour, fit un poète du lieutenant d'artillerie devenu Napoléon Ier, est peinte sous la blondasserie de ses cheveux alsaciens, avec sa grande bouche, son nez de soubrette, un ensemble de petits traits bas et bourgeois. A ce portrait réel de Le Moine, qui fut répété de toutes les sortes, il faut joindre un portrait idéalisé, le portrait de la chanteuse telle que le public la voyait au théâtre, un portrait d'après une peinture de Reynolds, et qui a pour titre : « La Musique, ou Mlle Saint-Huberty inspirée par Apollon. »

Pas de deux *tiré du second acte de Silvie,* exécuté

par M. Dauberval et Mlle Allard. — Dessinée par de Carmontelle, gravée par Tilliard. — La danseuse, la seule danseuse qui eût le privilège de composer ses entrées, danse aux côtés de Dauberval, dans son étrange robe, traversée de barrières de perles, au retroussis de peau de bête sauvage, son profil à la fois voluptueux et moqueur penché en arrière dans un coquet mouvement de retraite.

Mademoiselle Camargo. — Peinte par Lancret ; réduction de la grande planche gravée par Cars. — La déesse des tambourins, celle dont la jambe était, avec la voix de Lemaure, le jarret de Dupré, les trois merveilles de l'Opéra, celle dont le pied fit la fortune du cordonnier Choisy, est représentée, se déployant au milieu d'un orchestre caché dans la feuillée, avec dans le corps quelque chose de l'envolée d'une sylphide, avec sur la figure quelque chose de l'animation chaude et brune d'une Méridionale.

« La Flore de l'Opera ». (Portrait présumé de la Guimard.) — Peinte par Roslin, gravée par Basan. La danseuse sans égale dans les ballets anacréontiques est montrée par le peintre, avec son *visage parlant*, le coude appuyé sur un nuage, la gorge sortant d'une chemisette, en train d'assembler de ses longs doigts une guirlande de fleurs.

La maigreur de la sèche danseuse, aux membres d'araignée, et qu'on appelait le *Squelette des Grâces* (1), a été caricaturée en 1789, dans une rare estampe

(1) Dans un duel à coups de rimes satiriques, dont les traits

publiée à Londres et qui a pour titre : *The Celebrated G....rd or Grimhard from Paris.* Sous l'empanachement de grandes plumes, et dans le rose et le bleu tendres d'une robe de danseuse, on voit la Guimard avec un visage qui a le décharnement d'une tête de mort, agiter des bras et des mains, qui sont les bras et les mains d'une ostéologie.

Mlle Héligsberg dans le ballet du Jaloux puni. — Dessinée par de Janvry, gravée par Condé. — Cette danseuse qu'on trouve, sur les états de l'Opéra, attachée aux chœurs de la Danse pendant les années 1783 et 1784, est représentée en habit d'homme, glissant sur la pointe d'un pied, ses gracieuses et sveltes formes modelées avec amour dans un collant, et ses beaux grands yeux en son petit minois chiffonné, ressortant de dessous les bords relevés d'un grand chapeau de montagnard.

Mademoiselle La Chanterie, de l'Opéra. — Dessinée par Pierre, gravée en manière de sanguine par Gilsberg. — Cette danseuse très inconnue, dont un rapport

ont été fournis par les tenants des danseuses Dervieux et Guimard, voici le portrait physique de Guimard :

> Elle a la taille de fuseau,
> Le teint couleur de noisette
> Et l'œil percé comme un pourceau.
> Ventre à plis, cœur de macreuse,
> Gorge dont nature est honteuse :
> Sa peau n'est qu'un sec parchemin
> Plus raboteux que le chagrin ;
> Sa cuisse est flasque et héronnière,
> Jambe taillée en échalas,
> Le genou gros sans être gras ;
> Tout son corps n'est qu'une salière.
> . . . . . . . . . . . . . . . .

de police nous raconte les amours scandaleuses, avait les traits purs d'une belle statue, des traits qui ont valu à la femme cette grande étude qui a le caractère d'une tête d'expression. C'est à propos de M^lle^ La Chanterie qu'un Anglais fort maltraité dans sa santé par ses faveurs, retrouvant son portrait dans une Immaculée Conception d'une église de Paris, s'écria : « Voilà la vierge qui m'a donné la ch... p... »

Théodore Dauberval. — Dessinée par Lefèvre, gravée par Legoux. — La tête de la danseuse philosophe, qui demandait à Rousseau un cours d'instruction pour se conduire à l'Opéra, apparaît dans un médaillon grand comme un dessus de bonbonnière, semblable à un camée mutin de l'antiquité.

Louise-Magdeleine Lany, pensionnaire du Roi, née à Paris le 19 novembre 1733, reçue à l'Académie royale de Musique en novembre 1748 et retirée en avril 1767. — Dessinée par de Carmontelle. — Une nerveuse femme au grand nez aquilin, aux traits *marqués*, faisant des élévations dans des souliers de satin blanc, au haut talon.

Mademoiselle Marie Sallé, la Terpsichore françoise. — Peinte par Fénouil, gravée par Petit. — Sallé, la Grâce et la Décence du ballet, est représentée tenant une colombe dans ses mains. Une figure plate, un long nez droit, une grande bouche sardonique, des traits où il y a comme la masculinité fade d'un abbé blondin.

Passons à la Comédie-Française en donnant le pas à la Tragédie.

Hippolyte de la Tude CLAIRON, comédienne françoise, pensionnaire du Roi, a débuté le 19 septembre 1743 dans le rôle de Phèdre, reçue le 22 octobre suivant. — La tragédienne d'art, à la tête de grisette, au mouvement lascif de la bouche, est représentée dans la Médée de Longepierre en sa *jolie* dramatisation, les narines dilatées, les yeux écarquillés.

On retrouve la Clairon-Médée dans une autre estampe non terminée (1), en son char aux enroulements de serpents, la tête de Méduse sur la poitrine, échevelée, et brandissant d'une main une torche, d'une autre main un poignard, et déclamant :

> A tes deux fils, j'ai sçu percer le flanc,
> Regarde ce poignard et cette main sanglante.,

Charlotte DESMARES. — Peinte par C..., gravée par Lépicié en 1733. — La nièce de la Champmeslé, une grosse et grasse femme, à la figure joufflue, à la petite bouche en cul de poule, aux yeux pleins d'une gaieté, la faisant quelquefois éclater de rire en scène; qui, « touchante dans les pleurs, piquante dans les ris », tient d'une main un masque comique passé dans un poignard : allusion à son double talent de tragédienne et de comédienne.

« *Qui mieux que toy,* DUCLOS, *actrice inimitable.* » — Peinte par de Largillière, gravée par Desplaces. — Dans cette immense et somptueuse estampe, la

(1) C'est l'estampe d'après Vanloo, où la tête est gravée par Beauvarlet et le fond par Cars.

Duclos apparaît en la majesté, la pompe, le grandiose des reines de théâtre d'autrefois, sous l'aspect imposant que seul peut rendre le mot latin *portentosa*. L'Ariane abandonnée, sous sa coiffure en diadème, avec l'ample nudité de sa poitrine, parmi les lambrequins de brocart se cassant en lourds plis autour de son corps, au milieu de l'éclairage d'apothéose du fond, où se voient vaguement une cohorte de faunes brandissant des thyrses, et un puissant amour qui tient une couronne d'étoiles au-dessus de la tête de la tragédienne; — l'Ariane du Théâtre-Français prend des proportions extra-humaines, une espèce de matérialité épique. Non, jamais actrice n'a eu un si grand et si triomphant ouvrage de burin consacré à conserver ses traits aux siècles futurs, et ce portrait vous fait prendre en mépris la pauvreté de nos portraits modernes de célébrités dramatiques.

Marie DUMESNIL, de la Comédie-Française, reçue en 1737. — A Paris, chez Elluin, graveur. — Voici la tragédienne de tempérament, qui a peut-être poussé le plus loin les effets des rôles de fureur et de terreur, la voici dans sa laideur, avec sa figure plate et osseuse, son grand nez décharné, ses yeux d'aigle qui devenaient effrayants à certains moments. Elle est représentée dans le rôle d'Athalie, le corps habillé d'une robe à glands et à pompons, la tête coiffée d'un *repentir*, se déroulant à la dix-huitième siècle sur son épaule.

Adrienne LE COUVREUR, morte à Paris, le 20 mars

1730, âgée de trente-sept ans. — Peinte par Charles Coypel, gravée par Drevet. — La première actrice, qui dans la tragédie, ait rompu avec le chant dont Racine n'avait jamais pu complètement guérir la Champmeslé, la maîtresse du maréchal de Saxe, la comédienne « vivant avec les duchesses » est peinte tenant dans ses mains l'urne des cendres de Pompée. Un rôle et un portrait où la sensibilité du jeu de la Le Couvreur, le touchant de son visage, la douleur de ses beaux grands yeux, sont rendus merveilleusement par le peintre et le graveur, sous la robe de veuve de Cornélie.

Un autre portrait vous fait faire connaissance avec « les traits de la ville » de l'actrice, vous détaille ses yeux tendrement expressifs, son nez délicatement aquilin, sa bouche spirituelle : c'est le petit portrait de la suite d'Odieuvre, peint par Fontaine, gravé par Schmidt.

F^se^ A. M. de Raucourt, née à Paris, le 3 mars 1756, débutée à la Comédie-Française, le 13 décembre 1772, reçue le 23 mars 1773. — A Paris, chez Bligny, lancier du Roi. — M^lle^ Raucourt, appelée méchamment, à propos de son goût pour son sexe, l'*enfant gâté* de la nature, et dont la beauté fit une sorte de révolution à son début, n'a guère dans ce portrait de cette beauté si vantée que de gros traits impudents.

Catherine de Seine, épouse du S^r^ Dufresne. — Peinte par Aved, gravée par Lépicié. — La seule actrice dont M^lle^ Clairon ait fait l'éloge sans restriction, est représentée avec ses beaux yeux, ses traits médiocres, le noble et vrai abandon de tout son être dans le rôle de Didon, montrant au public un sein percé et sanglant.

Mademoiselle CONTAT, de la Comédie-Française, jouant le rôle de Suzanne dans le « Mariage de Figaro ». — Dessinée par Desrais, gravée par Dupin fils. — La grande coquette qui a porté sur la scène la femme du grand monde, la comédienne qui a eu une manière à elle sans imiter personne, la présidente du foyer du Théâtre-Français pendant toute la fin du dix-huitième siècle, la femme aussi jolie qu'il est possible de l'être, nous est donnée dans ce portrait, dont elle nomma le bonnet, avec quelque chose d'une rude et joyeuse commère, qui ne peut être ni le visage ni la physionomie de celle dont M. de Narbonne et M. de Talleyrand faisaient leur société (1).

Marie-Anne Botot DANGEVILLE, comédienne françoise. — Peinte par Pougin de Saint-Aubin. — La soubrette à la physionomie piquante, raillarde, étrange, et qui, dans une préparation de La Tour, ressemble à une Joconde du ruisseau, la comédienne dont la retraite inspira le tableau de Thalie éplorée, est dessinée en manteau volant, sous une coiffure plate ornée de fleurettes, dans un médaillon au bas duquel, une marotte de fou fait pendant à un flambeau d'amour.

« Portrait de M^lle^ D'OLIGNY. » — Peinte par Vanloo,

(1) Nous devons cependant avouer qu'il y a un peu du profil protubérant du dessin de Desrais, dans le portrait en couleur de Janinet, gravé d'après une peinture de Dutertre.

gravée par Huber d'Augsbourg. — La comédienne qui joua d'original le rôle de Rosine du « Barbier de Séville », et dont l'épigraphe de son portrait est : « *La Pudeur fut toujours la première des Grâces* », M$^{lle}$ d'Oligny est représentée toute riante du sourire d'une bouche innocente et de la malice d'yeux ingénus, et jôliment enguirlandée de rameaux de lierre en passementerie dans les cheveux, au bord de la peau de son corsage, sur ses manches, et qui l'entourent de leurs légères et volantes déchiquetures. C'est un des plus charmants portraits d'actrice avec son médaillon tranquille sur un fond plat, d'où se détache en haut, comme l'écusson en bosse d'un cadre, un masque comique entre un rameau de laurier et une branche de roses.

Mademoiselle Angélique Drouin, femme du S$^{r}$ Préville, comédienne françoise, a débuté en décembre 1753 et reçue en janvier 1757. — Peinte par Colson, gravée par Michel. — Des traits un peu vieillots, mais espiègles, un sourire avenant qui fait de jolis petits creux dans sa joue, telle est la physionomie de la grande coquette.

Une autre estampe, dessinée par Simonet, gravée par Devaux, donne en pied Angélique Drouin dans la comédie de « l'Écossaise, » où elle transporte, sur la scène française, les aériennes modes de l'Angleterre du dix-huitième siècle et le délicieux petit chapeau rustique à la Clarisse.

Alexandrine Fanier, née à Cambrai, reçue à la Comédie-Française en 1766. — Dessinée par Moreau le jeune en 1773, gravée par Saugrain. — Des cheveux où serpente un liseron, et dont un flot tombe dépeigné sur l'épaule, des yeux noirs d'une vivacité extrême, une bouche sarcastique, et l'adorable petit nez retroussé qu'a chanté Dorat, sont les traits de la soubrette dont les grands succès furent : le « Dissipateur » et le « Préjugé vaincu ».

Marie-Élisabeth JOLY, du Théâtre-Français, morte à Paris en l'an VI, âgée de trente-sept ans. — Dessinée par M***, gravée par Langlois. — Peu jolie, mais douée d'une figure expressive et relevée de petits grains de beauté, la première des servantes de Molière est pleurée au bas de l'estampe par ces deux vers de Lebrun :

> Éteinte dans sa fleur, cette actrice accomplie,
> Pour la première fois a fait pleurer Thalie.

Mademoiselle OLIVIER, de la Comédie-Française. — Dessinée et gravée en couleur par Coutellier. — L'actrice « jolie comme un ange, fraîche comme une rose », est représentée dans le travesti de Chérubin, ce rôle dans lequel elle fit tourner la tête « à toutes les femmes et à tous les hommes ». On voit la charmante jeune femme, sous le costume indiqué par Beaumarchais lui-même, dans les *Habillements de la pièce :* vêtement d'un page de cour espagnole blanc et brodé d'argent, le léger manteau bleu sur l'épaule, et un chapeau chargé de plumes.

Terminons par la Comédie-Italienne.

Mademoiselle CAMILLE. — Peinte par de l'Orme, gravée par Pelletier. — Jacqueline-Antoinette Véronèse, née à Venise en 1735 et qui débuta en 1744, pour la danse, avec un feu, une grâce, une légèreté admirables, a une figure grosse comme le poing, où sont d'énormes yeux et une petite bouche spirituelle. Elle est coquettement coiffée d'un fichu jeté sur la tête et noué sous le menton, et elle porte un corsage galonné aux manches à crevés, un corsage ouvert sur son corset comme un gilet d'homme.

Mademoiselle Colombe l'aînée. Pensionnaire du Roy, née à Venise en 1754 et reçue à la Comédie-Italienne en 1773. — Dessinée et gravée par Patas. — La chanteuse et la jolie femme est représentée en pied dans le premier acte de « la Colonie ». La magnifique et rare estampe montre M^lle^ Colombe chantant : « *Ciel, où suis-je...* » dans une robe à barrières de bouillons, qui est certes la robe la plus richement bouillonnée qui ait été jamais faite.

Mademoiselle Coraline. — Peinte par Allais, gravée à l'aquatinte par Visprė. — La sœur de Camille, qui débuta à quatorze ans dans le rôle de Colombine, et qui baptisa de son nom tant de pièces : « Coraline Jardinière, Coraline Esprit Follet, Coraline Arlequin et Arlequin Coraline », se voit, dans ce rare portrait, bovine et joufflue, avec de gros yeux saillants aux cils durs, les épaules couvertes d'une peau de féroce, nouée sur la poitrine par un nœud d'où ressortent les griffes de la bête.

Madame Crétu, actrice du théâtre de Bordeaux. — Dessinée et gravée par Pallière à Bordeaux. Cette actrice de la Comédie-Italienne, puis du théâtre Favart, et à laquelle la chronique scandaleuse des théâtres de 1793 reproche son universalité, et qui loge « rue Montorgueil, à la Vanité », est une brune piquante avec quelque chose de simiesque dans les traits qui s'accentue avec l'âge, et la fait ressembler, dans la lithographie de Singry, à un vieux singe phtisique.

Mademoiselle DESBROSSES, actrice de la Comédie-Italienne. Dessinée et gravée par Le Beau. Une rivale, pour la finesse du jeu et le goût du chant dans certains rôles, de la Dugazon, et qui, dans son costume paysanesque, sous son petit chapeau de paille, offre les traits menus et ingénus d'une petite fille.

Madame DU GAZON, reçue à la Comédie-Italienne en 1776. — Gravée par Le Beau. — La Lisette au jeu comique et fin, et possédant le nez le plus relevé de tous les nez de soubrettes qui ont paru au théâtre, ainsi qu'on peut le vérifier en son profil, dans le rôle de Marine, de la « Colonie ».

« *Par ses talents, sa grâce naturelle.* » (Portrait de Mme FAVART.) — Dessinée par Garaud, gravée par Chenu. — La maîtresse du maréchal de Saxe, la grande actrice de la Comédie-Italienne, et qui osa jouer dans « Bastien et Bastienne », avec l'habit de serge, la croix d'or au cou, la coiffure villageoise et les sabots, a son portrait à la plume ainsi tracé dans les « Deux lettres de cachet contre la demoiselle Chantilly » : « Petite, mal faite, sèche, les cheveux bruns, le nez écrasé, les yeux vifs, la peau assez blanche. » Et c'est la figure qu'on retrouve dans les portraits de

Garaud et de Cochin, avec un rien dans les yeux du clignotement d'une myope.

Madame GAVAUDAN dans « Joconde ». — Peinte par Jacques, gravée par A. de Saint-Aubin. — Un sourire charmeur, la physionomie animée la plus séduisante qui se puisse voir au milieu des frisons qui l'encadrent, et même sous le ridicule bonnet de linge terminé par un béret, la coiffure *couleur locale* du temps (1).

Madame JULIEN, reçue à la Comédie-Italienne en 1781. — Gravée en couleur chez Mandharc et Jean. — On voit M^me^ Julien dans la « Veuve du Cancale », sous un bonnet blanc liséré de noir, jeté sur le haut de la tête, une croix sur sa poitrine débraillée, et dont les deux boutons de seins traversent de leur rose le tulle de son fichu; et au milieu du noir de sa robe, du blanc de sa guimpe, et avec son teint allumé, elle ressemble à une nonne en goguette.

Mademoiselle LESCOT, reçue à la Comédie-Italienne en 1780. — A Paris, chez Esnauts et Rapilly. — M^lle^ Lescot, une transfuge du théâtre de Rouen, une chanteuse à la voix joliment articulée, montre dans son portrait un profil tout droit, et où le front,

(1) EUGÉNIE D'HANNETAIRE, dans *les Sultanes*, acte II. — Peinte par Legendre, gravée par Chevillet. — On voit la descendante de Servandoni, vêtue d'un de ces costumes sillonnés de fourrures, mis à la mode par les tableaux russes de Le Prince, pincer de la guitare, avec de grands yeux caressants. Cette actrice, qui n'a jamais fait partie de la Comédie-Italienne de Paris, était sans doute la fille de Servandoni d'Hannetaire, qui fut directeur du théâtre de Bruxelles de 1752 à 1780.

comme dans une tête antique, passe au nez sans rentrant, sans inflexion, une belle tête sur laquelle sont épandues les ondes de ses cheveux parmi lesquels court une guirlande de fleurs.

MARIE-THÉRÈSE VILLETTE, F. LA RUETTE, de la Comédie-Italienne, reçue en 1761. — Dessinée par Le Clerc, gravée par Elluin. — La chanteuse aimée du public, et dont la rentrée dans la « Servante maîtresse » et « le Tableau parlant » fut accueillie par des transports d'enthousiasme, est un des plus remarquables laiderons qui aient été jamais portraiturés, avec ces petits traits malingres et chafouins.

« *Du jeu de Sylvia la naïve éloquence.* » Portrait de Mlle SYLVIA. — Peinte par la Tour, gravée par Surugue fils. — Jeanne Benozzi, la comédienne supérieure par l'art naturel de son jeu, est représentée dans le beau portrait de La Tour, en coiffure basse, au haut de laquelle se recroqueville une petite plume blanche, un nœud de ruban au cou, un *parfait contentement* au corsage; et elle est habillée d'une de ces somptueuses robes, aimées par Marie Leckzinska, toute couverte, toute filigranée, toute passementée de cannetille, et de ce qu'on appelait alors des *sourcils de hannetons.* La comédienne a un front lumineux, des yeux pénétrants, un grand et fin nez renarré, une bouche à la Voltaire : une physionomie de vieux diplomate.

Maintenant, avant de terminer, il me plaît de m'arrêter encore un moment à ces feuilles volantes dont il ne reste bien souvent que l'épreuve unique conservée par le graveur dans son Œuvre, à ces fragiles et périssables monuments de la vie privée d'une époque, et qu'on appelle : Adresses, Billets, Avis, Factures, Lettres de faire part, etc., en un mot, à tout le papier ornementé que le dix-huitième siècle a fait à son image, et qu'aucun peuple de la terre, en aucun temps, n'a fabriqué avec le goût qui en est le signe et la marque. Oui, ces riens, ces *passes* de circulation, touchées et retouchées par des mains d'autrefois, et qui ont de la crasse d'une humanité disparue, me parlent plus haut que les documents de la froide et grande Histoire, et si mon frère et moi, avons fait revivre un peu de la vie du passé dans nos livres historiques, nous le devons à l'étude de ces infiniment petits, méprisés jusqu'à nous... Et le joli art qui se joue autour de ces documents intimes, et les ingénieuses imaginations, et les heureuses combinaisons de lignes, et la galante originalité d'une ornementation qu'on ne reverra plus, et à laquelle ont pris part, tout le long du siècle, les plus illustres artistes de la vieille France, depuis Boucher qui a dessiné l'adresse de Gersaint, le marchand de curiosités, jusqu'à Prud'hon qui dessina les deux adresses du bijoutier Merlen et de sa veuve.

La série débute par une petite eau-forte de Cochin, la première estampe que, encore tout *jeunet*, le dessinateur invente, et où, dans un encadrement de roseaux et de madrépores, des Néréides déposent dans le giron d'une Vénus, grande comme l'ongle, les coraux, l'ambre, les perles. C'est l'adresse de Stras, l'inventeur du faux diamant qui porte son nom :

STRAS

*Marchand Joyalier du Roy, demeurant à Paris, quay des Orfèvres, au Duc de Bourgogne. Avertit Messieurs les Metteurs en œuvre de tout Pays, Provinces et Nations qu'il possède dans la dernière perfection le secret de bien faire les Feuilles blanches, comme aussi celles de toutes autres couleurs. Peint toutes sortes de pierres très avantageusement égales à celles d'Orient. Vend de la Poudre d'or parfaite, et enverra à condition à quiconque souhaitera Diamans et autres Pierreries précieuses, en œuvre et hors d'œuvre, en gros et en détail. Le tout à très juste prix.*

Eisen a sa belle et grande adresse du Sr MAGNY, *Ingénieur pour l'Horlogerie, les Instruments de Mathématiques et de Physique, ainsi qu'en Mécanique*, une adresse foisonnante d'amours, jouant avec des montres, des thermomètres, des astrolabes. Moreau, lui, a jeté le nom de LA VILLE, Entrepreneur de bâtiments, au milieu de lourds camions, de musculeux limousins, et de crics montant d'énormes pierres. Boquet, le dessinateur des Menus-Plaisirs, s'est chargé, avec le concours de Le Bas, de l'adresse de NOVERRE, *le distillateur du Roy*, demeurant dans l'abbaye Saint-Germain, Cour des Moines, et qui « *vend toutes sortes de liqueurs et d'eaux de senteurs* » : une adresse, à l'entourage composé de Chinoises dansant au son du tam-tam, des clochettes, des triangles, et que surplombe, dans le paysage carillonnant, un poussah grotesque. L'adresse de PERIER, marchand quincaillier du quai de la Mégisserie : *A la Teste noire,* et qui montre au comptoir un gentilhomme marchandant, tout en courtisant la femme du quincaillier, est une des plus introuvables eaux-fortes de Gabriel de Saint-Aubin. De son frère Augustin, je possède l'adresse gravée par lui-même, avec un amour perdu dans les in-folio, de JACQUES-FRANÇOIS-GUILLAUME, libraire, rue Christine, qui *Vend, Loue et Achète des livres tant anciens que nouveaux sur toutes sortes de matières;* et encore l'adresse de COUSINEAU, luthier, demeurant rue des Poulies : *A la Victoire,* où, d'un adroit groupement d'instruments de musique, s'envole dans le ciel une coquette Renommée, tenant dans une main des palmes, dans l'autre des couronnes. A ces deux adresses d'Augustin de Saint-Aubin succède une adresse de Choffard, l'ornemaniste par excellence de ces sortes de *jolités,* qui des tortils et des chutes d'une simple guirlande de lauriers, surmontée d'une tête d'Apollon rayonnante, façonne le plus gracieux encadrement à la carte de l'orfèvre VALLAYER, « *Breveté du Roy exclusivement pour la fabrication générale de toutes les croix de l'Ordre Royal de Saint-Louis et de celles du Mérite militaire.* »

Et combien en ce temps d'adresses, de charmantes adresses qui ne sont pas signées par un nom connu, qui sont même anonymes!

Et la curieuse adresse se développant au milieu

d'une dégringolade de masques tragiques et comiques, d'où s'élèvent les torses nus de deux sirènes soutenant une banderole, sur laquelle est écrit : *A la Folie;* cette adresse de HALLÉ, *dit* MERCIER, « *Peintre et Modeleur, successeur du S^r Bignon, M^d fabricant de casques et de masques des Menus-Plaisirs du Roi, de l'Opéra, et des autres spectacles, tient toutes sortes de casques, grecs, romains, et dans tous les genres, et autres accessoires pour le théâtre, comme cabochons de toutes formes et de toutes grandeurs pour faire des coiffures. Frontons de diables pour furies, Mascarons de Lyon, Épaulettes, Caducées, Marottes, Carquois d'amours et de sauvages, Flambeaux d'amours et de furies, Serpents de toutes grosseurs, Têtes d'animaux en tous genres pour les pantomimes, Boucliers de toutes formes et trophées, et tout ce qui peut servir au spectacle. De plus, entreprend les décors en carton pour théâtre, appartements et boudoirs, comme figures, chapiteaux, corniches, cariatides et autres. L'on trouve aussi dans son magasin toutes sortes de masques fins de Venise de la première qualité, tant doublés en soie qu'en batiste, pour les bals, toutes sortes de masques pour le théâtre. Masques de velours pour les traineaux, pour les chymistes, et pour poudrer d'un nouveau genre. Fait des envois en province. Rue de l'Arbre-sec, n° 19, au troisième.* »

Et l'aimable adresse, surmontée des deux têtes accolées de Louis XVI et de Marie-Antoinette, finement retouchées au crayon par le dessinateur inconnu : cette adresse du DÉPÔT DE LYON, *Magasin d'étoffes de soye or et argent en tous genres. A la Bienfaisance, rue Saint-Honoré, près celle des Bourdonnais.* Et l'amusante adresse où l'on voit l'exercice commandé à un bataillon de petits amours nus, armés de mousquets, par un guerrier romain assis sur un canon : cette adresse de SERGENT, *l'Imprimeur en taille douce de la Guerre et des fortifications de Sa Majesté.* Et l'adresse, si gentiment enrubannée et fleurie, de LORAUX, à l'enseigne de *Sainte Geneviève, tenant magasin de toutes sortes de Dentelles, Toiles, Mousselines, Linge de table et généralement tout ce qui concerne la Lingerie.* Et la renseignante adresse où, dans une salle d'armes, un élève fait assaut devant une compagnie, dont se détache un académicien de l'endroit, plastronné d'un plastron au cœur rouge, avec la rue regardant par les baies de la salle; cette adresse au bas de laquelle on lit dans un cartouche : *Académie pour les Armes, tenue par le sieur Motet, rue de Seine.*

En ces jours, les plus humbles professions, les plus misérables industries se saignent pour avoir. près des yeux du public, une recommandation d'art, et je me rappelle une adresse qui m'a échappé, une adresse de marchande de vieux habits de la place de Grève, qui était un chef-d'œuvre de dessin et de gravure.

Des adresses, j'en rencontre toujours dans mon carton : adresse de HENRY, *Maître tailleur de leurs Altesses Sérénissimes Messeigneurs les ducs de Valois et de Montpensier,* s'annonçant sur le flottement d'une draperie surmontée de l'écusson barré des d'Orléans; adresse du perruquier Bouchot, dont un *Avis pour les personnes qui portent perruque,* groupe autour d'un piédestal portant une tête antique, deux amours râblés à la Boucher, dont l'un sonne de la trompette, dont l'autre prend, avec un compas courbe, la mesure d'une perruque sur la tête de plâtre; adresse de l'hôtel de l'Empereur Joseph II, rue de Tournon, où descendaient tous les princes, et où les romans du dix-huitième siècle logent les gros milords bardés de guinées. Pauvre grand hôtel, qui donne une idée assez mesquine des grands hôtels d'alors, par cette réclame rédigée en trois langues :

*Tout près du Luxembourg et de la Comédie-Française, très beaux appartements meublés et ornés, grande cour, remise pour sept voitures, écurie pour douze chevaux. Les étrangers trouveront dans cet hôtel toutes les commodités convenables. On y parle allemand, anglais et italien.*

*Le traiteur et le café dépendent du même hôtel dans lequel ils ont une entrée. On peut s'y procurer aussi les Papiers anglais.*

Et les serpentements et les contournements du dessin des adresses, chez les pharmaciens et les apothicaires très enamourés de rocaille, descendent à enguirlander les étiquettes. Cassaigne, *apothicaire du Roy,* commande à Choffard, pour ses cérats et ses onguents, seize modèles d'une fantaisie adorable; Le Lièvre, *distillateur ordinaire du Roy,* fait faire, pour ses juleps et ses sirops, les cartouches les plus rocailleux; enfin le célèbre Cadet délivre ses produits, avec des formules enfermées en des enroulements de serpents d'Épidaure, dans des avalanches de fleurs.

Tout l'imprimé, et l'imprimé destiné aux usages les plus vulgaires, semble avoir horreur d'une marge blanche, et qui le croirait! la pancarte des COCHES D'EAU faisant le service de Choisy, sous le règne de Mme de Pompadour, donne ses heures de départ et d'arrivée dans un entourage de Babel, où des plantes d'eau, entremêlées de congélations, se nouent autour de quatre rames, dignes d'être les rames d'une galère de Cléopâtre.

Mais peut-être la merveille de ce papier *vignettisé* est une facture, une simple facture, la facture d'un marchand d'instruments de musique, à l'enseigne du ROY DAVID, qui figure, dans un médaillon au-dessus d'un entablement aux rinceaux superbes, le roi-musicien jouant de la harpe, et dont les commandes ont leur place dans des compartiments de lignes de fleurettes, qui ressemblent à de brins de lierre pendillant au milieu des rigoureuses et prosaïques additions (1).

Les grâces du dessin, l'esprit et le brillant de la gravure, ce n'est pas cependant le papier du commerce seul qui les réclame; ce sont, en ces années, tous les actes de la vie civile, religieuse, mondaine.

(1) Une autre tête de facture curieuse est celle du Petit Dunkerque. Un rideau retroussé laisse voir une mer chargée de vaisseaux, avec cette réclame en bas : AU PETIT DUNKERQUE, *quai de Conti, au coin de la rue Dauphine, Grandchez tient le grand magasin curieux de marchandises françaises et étrangères, et tout ce que les arts produisent de plus nouveau, et vend sans surfaire en gros et en détail.*

Des lettres de faire part de mariage nous présentent le fiancé et la fiancée, en tunique, des bandelettes à leurs jambes nues, allumant leurs deux flambeaux à la torche du Génie de l'Hyménée; d'autres lettres ont pour en-tête l'agenouillement du jeune mari et de sa jeune femme, toujours en costumes mythologiques, au pied d'un autel de l'Amour, dans une composition qui rappelle une scène érotique de Fragonard. Des convocations à la bénédiction nuptiale ont suspendu, au-dessus de l'italique de l'imprimé, un médaillon où se becquètent des colombes. Dans une lettre, qui annonce *l'heureux accouchement de mon épouse,* on voit un petit enfant nu, dans une corbeille de fleurs, au milieu d'un paysage illuminé par un soleil qui émerge de la mer. Et qu'elles sont nombreuses, les illustrations des évènements de la vie mondaine, et des morceaux de papier qui servent à ses plaisirs! Voici, de Cochin, la carte d'entrée du BAL PARÉ à Versailles *pour le mariage de Monseigneur le Dauphin, le mercredi* 24 *février* 1745. Voici, de Moreau, la carte d'entrée *pour la Fête de M. l'Ambassadeur de France qui se donnera le....* Voici, pour un monde plus bourgeois, des invitations à dîner, qui peuplent une galerie de nombreux invités, et font manœuvrer, sous un Bacchus tenant dans le ciel une coupe pleine, un essaim d'amours-marmitons débouchant des bouteilles, et montant le dessert sur le buffet de l'office. Voici des invitations de bal, et parmi celles-ci une invitation pour le monde des impures.

MADEMOISELLE ROEHL

*Est priée de faire l'honneur aux Dames Directrices de la Redoute et aux Messieurs de la souscription des Bals de venir danser* à la Redoute, mardy 22 février.

*A 5 heures.*

Cette invitation est une ravissante petite carte, au haut de laquelle danse un couple, aux sons d'un orchestre mêlé au monde d'un salon, éclairé *à giorno*. Et tire-t-on un feu d'artifice, place de Grève? voici un billet dans la valve godronnée et festonnée d'une coquille, dessinée et gravée par Laurent Cars, le billet d'une place à l'Hôtel de Ville, *en la Chambre de MM. les Conseillers de Ville pour le feu qui se tirera le....* Et un ballon s'enlève-t-il? voilà, de Moreau, la carte de l'admission dans l'enceinte, au milieu d'un entourage de nuages où se perd une montgolfière, qui a une nacelle ressemblant à un char d'Opéra, et au bas duquel on lit : *Expérience du Globe aérostatique de MM. Charles et Robert*, 1783.

Ce rehaussement de l'imprimerie par l'imagerie, vous le trouverez sur toutes les lettres de convocation, et aussi bien sur les lettres de convocation pour des choses sérieuses. Vous le trouverez sur cette convocation de l'académie de Saint-Luc *pour assister aux premières vespres qui se diront en la chapelle Saint-Luc, à quatre heures du soir*, une lettre tout entourée de torses et de têtes antiques que dessinent des amours, et que domine, en haut d'un chevalet, la tête penchée d'un bœuf sur la peau duquel est écrite la convocation. Vous le trouverez même sur des lettres de francs-maçons, sur la lettre qui invite « Joseph Rulliez à se trouver à dix heures précises, le 8 du mois d'avril 1773, *rue des Cultures Saint-Gervais, au-dessus de l'égoût de la vieille rue du Temple, entre un marchand de tabac et le menuisier*, en la L. D. L'AMITIÉ, une lettre où, sous un triangle rayonnant au fond d'un temple, Marillier a représenté une vestale, agréablement décolletée, près de la flamme d'un autel.

Enfin le siècle a l'ambition du *joli* tellement en tout, que j'ai là, sous la main, un passeport délivré au nom de Louis-Marie-Gabriel-César, baron de Choiseul, qui commande, au milieu d'une page pareille à la page d'un livre illustré, *de laisser passer librement M***, sans donner ni souffrir qu'il soit donné aucun trouble, ni empêchement, mais au contraire toute l'aide et toute l'assistance dont il aura besoin.*

De ces bouts de papier rarissimes, et échappés, par quelque heureux hasard, à la mort des riens de la vie journalière, et que froisse et que rejette et détruit la main de l'homme, sans y faire attention, je finirai la nomenclature par deux billets de théâtre, un billet pour la Comédie-Française, un billet pour la Comédie-Italienne ; — de billet pour l'Opéra, jusqu'à présent, on n'en connaît pas. Celui de la Comédie-Italienne, gravé par Augustin de Saint-Aubin, en 1788, et qui porte pour exergue : *Sublato jure nocendi, castigat ridendo mores*, donne à voir sous son écusson fleurdelysé deux groupes d'amoureux, l'un sous le fantaisiste costume à la Henri IV du temps, l'autre sous les jolis habits du jour (1).

Le billet de la Comédie-Française, d'une vingtaine d'années antérieur, et dont l'invention et le burinage appartiennent à Lemire, et qu'on prendrait pour le plus délicieux des Cochin, montre sous un héros casqué de tragédie, et sous une Muse, la flamme au front, de petits amours en tricornes de marquis, de petits amours, la seringue de la cérémonie du « Malade imaginaire » en main, de petits amours, la calotte ecclésiastique au-dessus de leurs cheveux bouclés, et le manteau d'abbé flottant sur leurs épaules nues. Au milieu du billet-image on lit :

COMÉDIE-FRANÇOISE

DEUX PLACES

*à l'Amphithéâtre.*

*Ce* 17

(1) Je me rappelle avoir vu un autre billet de la Comédie-Italienne, dont l'illustration était différente, et qui a dû précéder le billet d'Augustin de Saint-Aubin.

# CABINET DE TOILETTE

Moi! c'est particulier à ma nature, quand je me peigne ou que je me brosse les dents, j'aime à avoir au mur, pendant ces opérations ennuyeuses, un morceau de papier colorié ou un tesson de poterie, qui chatoie, qui éclaire, qui reflète de la lumière dans des couleurs de fleurs. — Et voilà pourquoi mon cabinet de toilette est littéralement couvert de porcelaines et de dessins à la gouache.

D'abord, au plafond, c'est une copie agrandie d'une page de l'album japonais qui a pour titre : LES OISEAUX ET LES FLEURS DES QUATRE SAISONS, de l'illustre Takeoka, une copie exécutée à l'huile par mon « Anatole » de MANETTE SALOMON. Car Anatole Bazoche n'a pas terminé son existence au Jardin des Plantes, ainsi qu'il finit dans le roman. Il est, je crois, bien vivant encore, et même le malheureux, après la Commune, sans qu'il eût rien fait pour cela, a passé, sur les pontons, un temps assez long, pour, au jour de sa délivrance, avoir eu, à son premier repas à terre, un moment d'hésitation devant une fourchette et l'usage qu'on en fait.

Les murs disparaissent sous des nattes tendues dans des compartiments de bambous, et les portes, la fenêtre et la glace sont laquées en rouge, comme on fabrique ici le laque rouge, et de ce vermillon triste qui ressemble un peu au montant d'une guillotine. Bref, en Europe, il faut se contenter de cela!

Les dessus de portes sont faits d'académies de femmes couchées de Boucher, et sur chaque porte pend, frissonnant sous les courants d'air, un *kakemono* : l'un, qui est comme une fusée de coquelicots, de pavots, de roses trémières dans un tendre feuillage aux nervures d'or; l'autre, montrant un coq, la queue en faucille, le plumage effarouché, et semblable à un fantastique paraphe de calligraphe, lavé d'une encre de Chine qui rappelle les bistres noyés de Fragonard.

Ici, au milieu d'un mur, est accrochée la petite polissonnerie à la gouache de Mallet, représentant un peintre du Directoire tenant sur ses genoux son modèle nu, et que surmonte un des plus beaux dessins de DÉBARDEUSES de Gavarni, de sa puissante et solide facture de Londres.

Là, sur le mur qui fait face, des deux côtés d'un petit miroir du dix-huitième siècle, à la rocaille finement sculptée, les deux fonds de parcs français à la gouache de Moreau, de la vente Carrier, sous lesquels, contraste bizarre, se voit un panneau japonais, où se détache, sur le laque noir du fond, un poisson séché en nacre, qu'enroule une algue aux boutons de corail.

Au fond, une grande tablette de marbre blanc, portant une toilette de cristal d'Allemagne, où le soleil jette des lueurs de rubis dans des irisations laiteuses.

Et autour de ces objets, du plancher au plafond, sur la natte qui disparaît sous elle, des assiettes, des assiettes, des assiettes mettant à la muraille leurs disques émaillés.

Ce ne sont pas des assiettes aux *sept bordures*, et qui coûtent à l'heure qu'il est dix-huit cents francs pièce; ce sont tout simplement d'honnêtes assiettes de la Chine, aux émaux un peu brutaux, mais qui font sur le blanc de la porcelaine des taches si gaies, si riantes, si amusantes. Dans le nombre, quelques-unes cependant méritent d'être classées comme des pièces de collection. Il y en a une de la période Yung-tching (1723-1736), aux rinceaux d'une pureté et d'une netteté extraordinaires, une assiette *rouge de fer* glacé, et les céramistes connaissent la difficulté du glaçage du rouge de fer. Il y en a une autre de la Compagnie des Indes, au rebord pourpre brunâtre, dont les arabesques bleu et or fourniraient un original modèle à un fabricant moderne. Il y en a une dernière de fine porcelaine, représentant un moineau posé sur une branche fleurie, au plumage de l'oiseau et au feuillage de l'arbuste bleus, à la fleur déchiquetée couleur de lie de vin : une assiette d'une harmonie adorable. Il y en a deux encore, deux petites assiettes à manger le riz, à la marque du brûle-parfums, et aux riches émaux transparents, dont les iris d'eau et les fleurs de pêcher sont entremêlés de poésies, dont chaque lettre est tracée sur une pastille d'émail.

L'assiette aux iris d'eau dit : *Tourmenté par les effluves du printemps, je ne suis pas encore réveillé de mon ivresse, lorsque le soleil paraît à l'horizon, car je pense à la belle Kiun-Wang, qui passe ses journées, le sourire sur les lèvres, dans son pavillon en bois de cèdre.*

L'assiette aux fleurs de pêcher dit : *Les fleurs du pêcher se fanent et laissent tomber leurs pétales pour former les fruits. L'arbre tout entier se dépare de ses belles couleurs, les feuilles tombent à leur tour : c'est là l'ordre naturel des choses ; n'en accusez pas la brise du matin* (1).

Au milieu de ces assiettes est une grande plaque de porcelaine, sans doute un de ces carreaux employés pour la décoration des paravents et des lits, dans le bois desquels on les encastre : une plaque fleurie de larges pivoines échevelées de toutes les couleurs. Et je ne veux pas oublier non plus un petit plateau, dont le fond blanc mat, grummeleux, à dessins vermiculés, et la coloration légère, fouettée, volante des bouquets de fleurs, donnent à croire que cette porcelaine est un plateau de cuivre émaillé.

Et les assiettes de la Chine s'entre-croisent avec des assiettes du Japon, étalant, sur la faïence de Satzuma, des vols de grues, des vols de rouge-gorge, et sur de la grosse porcelaine de Kaga, à l'entour rouge,

(1) Je dois la traduction de ces deux poésies à l'obligeance de M. Frandin, interprète attaché à la légation de France à Pékin.

des grappes de petits fruits mi-violets, mi-dorés, dans un feuillage d'un vert dur.

De toutes ces choses plates se détachent du mur, de distance en distance, placées sur des portoirs, des potiches de la Chine et du Japon et notamment des bouteilles de Kioto, au col élancé de gargoulettes, à la décoration or, bleu, cendre verte, sur le craquelage bis et gris de la couverte, et qui semblent de rudimentaires produits de l'Orient des États barbaresques, toutefois d'un goût plus épuré, plus raffiné, plus Extrême-Orient.

Mais, au milieu de cette poterie de l'Asie, voici quelques porcelaines de l'Europe. Voici ce Saxe, la statuette du petit Chinois, aux pommettes à peine rosées dans sa blanche figure, aux babouches jaunes, à la robe à fleurettes, et auquel un balancier fixé à un collier de bronze doré fabriqué au dix-huitième siècle, fait la tête branlante : joli joujou de ce vieux Saxe aux pâles colorations des chairs, et qui se trouve être le premier bibelot acheté par mon frère (1). Voici une pipe de Saxe trouvée dans un voyage d'Allemagne, à Nuremberg, et formée par une tête d'homme moitié satyre, moitié hulan, et dont la cadenette poudrée s'entortille autour de la rocaille fourchue de ses oreilles, une merveille de modelage. Voici encore une veilleuse tout enguirlandée d'œillets, de clochettes, de *vergissmeinnicht* en relief, et qui éclairait, de sa douce lueur opaline, le sommeil

(1) Dans les exemplaires modernes, la tête rasée du petit Chinois est coiffée d'une feuille de chou.

indigestionné du bourgeois, dont la laideur écrouelleuse a été immortalisée par le crayon de Daumier. Oui, cette veilleuse est la veilleuse du docteur Véron !

Sèvres, notre vieille et glorieuse fabrique nationale, figure aussi dans ce petit musée de porcelaines. Parmi les cannes de ce cannier, regardez cette béquille bleu turquoise, toute semée de fleurs de lys d'or : c'est une béquille sur laquelle a dû s'appuyer une vieille main royale. Et regardez encore ces deux pièces de blanc *pâte tendre*, ce compotier « à feuilles de choux », et cette assiette festonnée de Duplessis à la bordure d'or « à dents de loup ». Le délicat modeleur que cet ornemaniste, orfèvre de son état et porcelainier par occasion, et les miraculeux bouquets en relief noués d'un ruban dont il relève le marli d'une assiette : légers gaufrages qui semblent repris et parachevés par le ciseau d'acier d'un ciseleur, par la pointe avec laquelle le sculpteur *Nini* retouchait ses terres cuites.

Pleurons, pleurons cette porcelaine tendre, au charme indicible, à la pâte onctueuse, mélangée de tout, et de je ne sais quoi, et même d'une partie de savon (1), à la couverte faite comme de la glaçure transparente d'une feuille de verre; car elle est

(1) Regnault, l'ancien directeur de Sèvres, après avoir pris connaissance des choses hétérogènes entrant dans la pâte tendre, aurait dit : « Ça, ce n'est pas de la chimie, c'est de la cuisine ! » Il a fait quelques fournées d'une porcelaine tendre vitreuse qui n'a rien de l'ancienne porcelaine tendre.

morte, cette porcelaine légendaire, tuée par un savant, par l'illustre Brongniart. Il a voulu, le savant, une porcelaine résistante, inrayable, et dont les pièces fussent toutes uniformément parfaites, en un mot une porcelaine de commerce supérieure. Et tout d'abord pour que la porcelaine dure ne rencontrât plus à l'avenir d'objet de comparaison, le nouveau directeur, — détail inconnu, — faisait, par un coup d'autorité directoriale, enfouir, dans le quinconce de Sèvres, toute l'ancienne provision de pâte tendre. Cela fait, Brongniart se mettait à appliquer à sa *porcelaine naturelle* cette couverte dans laquelle on pulvérise du biscuit, cette couverte en vigueur depuis, une couverte exempte de *tressaillures* dans les tournants, mais opaque, et qui empâte et englue le modelage du décor, et qui rend à tout jamais impossible le refaçonnage des assiettes de Duplessis. C'était logique, car il est une loi rigoureuse qui veut que là où le savant entre dans une chose d'art, il fasse de la chose d'art une chose d'industrie. Et savez-vous ce qui est arrivé? C'est que, quoiqu'on ait la recette de l'ancienne pâte tendre, fabriquée à Sèvres, on n'a jamais réussi à la refaire : dans tous les essais de récréation de la pâte, il a toujours manqué un certain *tour de main* inattrapable (1)? Et

(1) On a continué à faire de la pâte tendre à Saint-Amand et à Tournai, mais c'est une autre fabrication que celle de Sèvres; et si la porcelaine est aussi bonne pour la décoration, elle est loin d'être aussi belle dans le blanc. Très achetée par le bas commerce, qui avait le placement assuré des garnitures de

avec quoi ont été fabriquées les quelques pièces en pâte tendre du second Empire ? — Le public ne s'en doute guère, — avec un barillet de la pâte tendre de la vieille manufacture, échappée à la destruction commandée par Brongniart !

cheminées sortant des deux fabriques, cette porcelaine tendre, à l'état de pièce blanche, a été surtout, entre les mains des *truqueurs*, une source de fraudes et de tromperies. Ils la faisaient décorer et la vendaient comme « vieux Sèvres ». On cite notamment plusieurs pièces d'un service du Barry, décorées par un vieux peintre de Sèvres, fils d'un décorateur du temps de Louis XVI.

# CHAMBRE A COUCHER

Un lit, un immense lit, un lit prenant toute la chambre, un de ces lits monumentaux dans lesquels le dix-huitième siècle mettait à l'aise et la naissance et la mort de l'homme.

Et la merveille de sculpture que ce lit, avec son ample impériale surmontée d'une couronne de roses, avec ses dossiers du chevet et du pied aux nœuds de rubans faisant onduler leur léger chiffonnage à travers une avalanche de lilas, de volubilis, de marguerites aux pétales mous et fripés, avec son bateau sur l'enchevêtrement strié duquel se détache au milieu un listel enfermant un bouquet-miniature si bien fouillé! Et le joli plafond ovale du couronnement dont les baguettes enrubannées courent à travers l'étoffe, faisant les plus heureux compartiments sur les plans en retraite du ciel de lit! Et le goût de l'architecture générale du meuble, et les ingénieuses combinaisons des oves, des perles, des raies de cœur, des modillons, des palmettes, des cannelures, et l'habile mariage des lignes droites avec les lignes courbes, et la savante opposition des parties plates et tranquilles, où la sculpture n'est pour ainsi dire qu'à l'état de gravure auprès des parties chargées et détachées en plein relief! Dans cette mise en œuvre de la richesse et de la sobriété du décor sculptural, et qui sort ce meuble du dessin du mobilier banal et courant du temps, vous reconnaissez le caractère du lit de grande maison du dix-huitième siècle, du lit tout simplement peint en blanc, et dont toute la dorure était la discrète feuille d'or, appliquée sur les boulons de fer. Ce lit, provenant du château de Rambouillet, passait pour le lit où couchait la princesse de Lamballe, pendant ses séjours chez son beau-père.

Les tentures du lit, d'un satin bleu pâle aux dessins brochés en blanc, représentaient des branchages auxquels étaient suspendus des lambrequins retroussés par des glands, avec, de distance en distance, un vase Louis XVI, où se dressaient trois tulipes, et autour de la draperie flottait une grande frange de cannetille parsemée de petits glands en forme de fleurs de fuchsia. Mais malheureusement les soieries étaient en trop mauvais état, et elles n'ont pu resservir.

Deux fauteuils en tapisserie, une console Louis XVI d'une forme rare, une commode-tombeau dont le sombre bois sanguin disparaît sous les dorures des ferrures, des poignées, des coins, des sabots; c'est, avec le lit, tout le mobilier de la chambre, où l'heure sonne à une petite pendule du temps, entre deux flambeaux-carquois, ciselés par un ciseau digne de Gouthière, et dorés comme des louis.

J'oublie une cassette en marqueterie, fabriquée de ces beaux bois ondés et satinés des îles, recherchés par le siècle dernier. C'est la cassette où mon élégante grand'mère enfermait ses plus beaux cachemires, car elle en avait tant et tant... que je me rappelle, lors de sa mort, mon étonnement d'enfant à entendre, dans l'escalier de la maison, les marchandes à la toilette appeler la vente : la vente de l'*Indienne*. Aujourd'hui, de ma grand'mère, tout ce qu'il reste dans la cassette, est un curieux carnet de comptes sous le Directoire, au moment de la dépréciation des assignats, en des mois où un dindon coûtait 600 livres ; et ce carnet se trouve au milieu de traités littéraires, de titres de valeurs, de factures de bibelots, de papiers de famille, de tout le fouillis des sérieuses archives de l'individu vivant, mêlées aux reliques qu'il garde de ceux qui ne sont plus, et où parfois mes doigts touchent la croix d'officier de mon père, l'anneau de mariage de ma mère, une blonde boucle de cheveux de ma petite sœur *Lili*, tuée par le foudroyant choléra de 1832, morte sur nos genoux dans un compartiment de diligence, en l'affreuse incertitude de ne pas savoir si nous devions descendre dans les villages que nous traversions, ou s'il ne valait pas mieux attendre notre arrivée dans une grande ville.

Et quoi encore dans la chambre ? Quatre grands rouleaux de la porcelaine céladon, collectionnée par M^me^ de Pompadour, se dressant aux deux extrémités de la cheminée, aux deux côtés de la commode, et, posée sur la console, une glacière de Saxe, aux six coquilles, mouchetées de bouquets de petites fleurs. Un ensemble d'objets qui, le matin, lorsque j'ouvre les yeux, me donne l'impression de me réveiller, non dans mon temps que je n'aime pas, mais bien dans le temps qui a été l'objet des études et des amours de ma vie : en quelque chambre d'un château d'une *Belle au Bois dormant* du temps de Louis XV, épargnée par la Révolution et la mode de l'acajou.

Mais ce qui complète l'illusion, ce qui fait de cette chambre une chambre du siècle passé, c'est l'enfermement de ce lit, de ces meubles, de ces bronzes, de ces porcelaines entre quatre murs de tapisserie à fond blanc.

Au bout de rubans bleus, aux gros choux frisés, des médaillons à personnages, sous lesquels sont suspendues des corbeilles de fleurs, remplissent la claire tenture de notes gaies et pimpantes, éclatant comme dans une poussière de pastel. Les Fables et les Contes de La Fontaine ont fourni à la fois les sujets des médaillons : on y voit Perrette pleurant échevelée sur son pot au lait cassé, avec des douleurs de chanteuse d'opéra comique, et une femme renversée par un galant sur un cuveau, dans le fond duquel travaille son mari, vous donne une mise en scène fragonardesque du *Cuvier*. Ces scènes sont alternées de trophées, où sur des arcs et des carquois de Cythère, dans l'enroulement de trompes de chasse, se becquètent des colombes roucoulantes, au-dessus de l'épanouissement de gerbes de pavots, de roses trémières, de soleils, d'immenses fleurs déchiquetées que viennent rejoindre des chutes de fleurettes serpentant par tout le fond. Les personnages sont assez médiocres, et les bergères ont parfois les yeux trop rapprochés des oreilles ; mais les trophées sont si charmants, et la flore de ce vieil Aübusson offre une séduction si grande : la séduction d'une esquisse de peintre largement brossée, exécutée et tissée dans de la laine.

Le charme qu'ont dans la chambre où l'on couche des murs de tapisseries ! le joli éveil de l'aube sur le velouté de ces couleurs, qu'on dirait des couleurs de fleurs légèrement malades, et le doux et imperceptible allumement, dans la blancheur gorge de pigeon de la trame, des tendres nuances, des tons coquets ; et comme, dans le premier rayon de soleil, ce qui n'était tout à l'heure que taches diffuses et riantes, se profile en des corps élancés de chasseurs à l'habit rouge et culottés de jaune, en des silhouettes de bergères poudrées, au corsage bleu de ciel, assises sur des tertres, dans de la verdure blonde.

Toutefois, la vraie, la bonne, et, le dirai-je ? la mystérieuse représentation donnée par des tapisseries, c'est celle de la nuit, sous la danse tremblotante des lueurs d'un feu qui meurt dans la cheminée. Pourquoi la peinture est-elle une création sans magie, une figuration d'êtres, auxquels l'imagination de l'enfance ne prête jamais, sous leur vernis, une existence extra-naturelle, tandis qu'elle est disposée à nourrir un commerce de curiosité, de foi, d'affection avec les personnages de tapisserie au milieu desquels s'endort son sommeil? — Et d'où viennent parfois, à de certaines heures, et sous de bizarres éclairages, les sillonnements de vie humaine qui semblent parcourir et gonfler l'immobilité de ces plates créatures de soie et de laine?

Mais la voici éteinte, la lampe!... et tout d'un coup le détail et le dessin du mobilier de la chambre, noyés dans de transparentes ténèbres, où le bleu et le rouge des tapisseries au milieu de la pâleur dorée du fond, ressemblent, au bout de quelques instants, aux coquelicots et aux bleuets d'un champ de blé mûr, enseveli dans l'épaisseur d'un brouillard. En les profondeurs livides de la glace obscure, en son luisant de perle noire, au-dessous du baldaquin blanc et de son bouquet à jour, le portrait de Jules se reflète, — tout lointain. Des filets de clarté lignent la boiserie, des scintillements dorés courent sur les baguettes de la corniche, jouent autour des poignées de bronze de la commode ventrue, pendant que le ruban sculpté du pied de mon lit se colore, en son découpage intérieur, d'une espèce de vernis de feu, d'un reflet brûlant de la braise du foyer assoupi.

Peu à peu l'obscurité se fait plus profonde, l'ombre remuante du dessus de la cheminée grandit gigantesque au plafond, et les colorations de la tapisserie, comme retournées contre le mur, semblent montrer l'écheveau brouillé de leur envers. A ce moment du foyer qui crépite, s'échappe un éclair qui parcourt la pièce d'une raie flamboyante, semblable au tortil colère de la mèche d'un coup de fouet, un second dans lequel s'entrevoit, un instant parmi l'invisible, une corbeille de fleurs, un troisième qui montre une jupe de femme se dessinant comme sous un courant de vaguettes roses, et d'autres éclairs encore, qui jettent, en une langue de flammes, sur le torse svelte ou le jarret nerveux d'une figure d'ombre, la lumière allongée et la tromperie d'un mouvement de danse ou de marche qui commence... C'est alors, coup sur coup, une succession de fulgurations, des tressaillements et des battements de lueurs ignées, des évanouissements et des rallumements d'incendies, un *tremolo* saccadé sur la muraille, de nuit et de jour, et où, dans l'éternel tressautement lumineux, pareil à une agonie de lumignons, la pastorale galante, avec ses visages de femmes, couleur de pêches vertes, semble s'animer d'une trépidation humaine dans du fantomatique souriant, — et que vos yeux regardent avec un peu un rêve qu'ils ont déjà sous leurs paupières demi-fermées. Puis, un silence dans la cheminée, et une grande ombre tranquille qui monte dans la pièce, et qui a l'air de recouvrir d'une housse grise les tapisseries, et leur vie de minuit... et après quelques minutes, en l'effacement général de tout, revient doucement un ton argenté dans le ciel des médaillons, avec le dessin, — le dessin qu'y voit votre mémoire.

Jeune, il est loisible de coucher dans un chenil. Vous avez autour de vous la bonne odeur de votre santé, et l'illumination de votre jeunesse. Mais à l'heure où l'on devient vieux, malingre, souffreteux, il faut songer à meubler pour la maladie un coquet logis, où elle sera moins laide pour les autres et pour soi-même, et se préparer, au milieu d'élégances, à accueillir la Mort en délicat!

# CABINET DE L'EXTRÊME-ORIENT

Contre la porte, c'est une petite vitrine en bois de poirier noirci, semblable à un grand cadre, et qui contient des *netskès.*

Les netskés sont de petites sculptures d'ivoire ou de bois, percées de deux trous, au moyen desquels le Japonais retient par un cordonnet, à sa ceinture, la boîte à médecine, la blague à tabac, l'étui de pipe qu'il porte sur lui.

C'est pour ainsi dire une breloque-bijou, à la confection de laquelle travaille toute une classe de fins et délicats artistes, généralement des spécialistes, qui se consacrent exclusivement à la représentation d'un objet ou d'une créature : ainsi l'on parle d'une famille qui, depuis trois générations, sculpte, au Japon, des souris, rien que des souris. A côté de ces artistes professionnels, dans ce peuple manuellement adroit, il y aurait des sculpteurs de netskés amateurs, s'amusant à sculpter pour eux-mêmes un petit chef-d'œuvre. Un jour, M. Philippe Sichel, s'approchant d'un Japonais qui entaillait, sur le pas de sa porte, un netské déjà très avancé, lui demandait s'il voulait le lui vendre, quand il l'aurait fini. Le Japonais se mettait à rire, et finissait par lui dire qu'il en avait bien encore pour dix-huit mois, en lui en montrant un autre à sa ceinture, qui lui avait coûté plusieurs années de travail. Et la conversation s'engageait entre les deux hommes : l'artiste-amateur avouait à M. Sichel « qu'il ne travaillait pas comme cela tout d'une haleine... qu'il avait besoin d'être en train... que c'était seulement certains jours... des jours où, après avoir fumé une ou deux pipettes, il se sentait dispos, gai » ; enfin lui laissait entendre qu'il avait besoin, pour ce travail, d'heures d'inspiration.

A l'époque de la fabrication soignée des netskés, les ivoiriers japonais employaient le plus bel ivoire, cet ivoire laiteusement transparent qui prend avec le temps cette belle patine, ce doux jaunissement, cette chaude pâleur qu'il ne faut pas confondre avec le *saucement* des netskés modernes, fabriqués avec les qualités les plus inférieures de la dent d'éléphant, de la dent de morse, d'os même de poissons, — netskés ayant quelque chose, dans les sébiles où ils sont amoncelés, de vieilles molaires dans un crachoir de dentiste. Même comme l'ivoire fut toujours un objet d'importation au Japon, et par conséquent a été toujours assez cher, la forme bizarre, étrange, extravagante d'un netské ancien vous est expliquée par le désir de l'ivoirier d'utiliser toute sa matière première ; mais, il faut le dire, ç'a été souvent pour l'artiste l'occasion de trouver les conceptions les plus ingénieuses et les combinaisons de lignes les plus imprévues.

Les anciens ivoires sont en général laissés à leur couleur naturelle, sauf une discrète teinte de rouille dans des parties fuyantes ; seuls les animaux sont presque toujours teintés du fauve de leurs poils ou de leurs plumes. Chez les personnages, les cheveux, la barbe, les poils, les détails d'armures, de costumes, etc., tout trait d'ombre, enfin, est gravé en noir, les yeux quelquefois sont exécutés en émail, la bouche parfois est colorée en rouge, des barbes blanches aussi sont faites en pierre dure, et il arrive, mais très rarement, que quelque ornement a été fait d'un grain de corail, d'un rien de verre coloré.

Tous les netskés, sauf de bien rares exceptions, sont signés du sculpteur, en quelque coin de l'ivoire ou sur une petite tablette minuscule de burgau, incrustée dans la sculpture.

Essayons le catalogue descriptif de ces petites sculptures, en commençant par les Dieux, les génies, les personnages saints, les personnages héroïques et légendaires.

L'Olympe du Japon, ivoire où sont groupés Benten, Bishamon, Daikoku, Yébisu, Fukuroku-jïu, Hoteï, Juro, les sept *Kamis*, objet d'un culte spécial de la part des Japonais : Benten, la déesse des arts et de l'habileté manuelle, la tête ceinte d'une couronne d'or, et qui joue ordinairement du *biwa*, de la mandoline à quatre cordes ; Bishamon, le dieu et le patron des soldats, cuirassé et casqué, et tenant d'habitude, dans sa main gauche, une petite pagode où sont enfermées les âmes des dévots qu'il a mission de défendre; Daikoku, dieu de la richesse, un maillet à la main, assis sur un sac de riz; Yebisu, dieu de la mer et patron des pêcheurs, reconnaissable à sa ligne où pend un *taÿ*, le poisson préféré du Japonais; Fukuroku-jïu, dieu de la longévité, vieillard à barbe blanche, au front conique et démesurément élevé par sa méditation continuelle, appuyé sur un bâton de voyage; Hoteï, dieu de l'enfance, portant sur le dos un barillet rempli de friandises pour les enfants qui sont sages, et qui est quelquefois figuré avec des yeux tout autour de la tête, à l'effet de voir les enfants méchants; enfin Juro, dieu de la prospérité, le plus souvent monté sur un cerf, et qui est là sculpté sous un bonnet carré, déroulant un grand rouleau, un édit de bonheur général. Dans cette sculpture, ainsi que dans les nombreuses représentations et images de l'Olympe, l'ironie du peuple japonais, son athéisme instinctif et naturel (1), ridiculisent de la manière la plus irrévérencieuse, ses patrons religieux, les incarnant dans l'humanité la plus triviale. Benten, avec ses airs et ses attitudes de courtisane, n'est au fond qu'une fille de *yoshivara*. Bishamon, le Mars japonais, offre tous les caractères outrés et grotesquement fanfarons d'un Tranche-Montagne de théâtre. Daikoku et Yébisu présentent l'aspect physique de Sancho Pança. On

(1) « La religion, c'est des bêtises », répondait un Japonais au baron Hubner l'interrogeant sur la religion de son pays.

croirait vraiment que l'imagination des artistes japonais prenne un malin plaisir à montrer leurs dieux sous la représentation la moins divine, et à faire voir leur Olympe, dans le gaudissement d'une matérielle santé et de grosses joies (1). Cet ivoire est signé : *Ono-Massa-Tami* (2).

Yébisu, le père nourricier du Japon avec les centaines de poissons, de crabes, de mollusques, d'herbes marines comestibles de ses mers et ses vingt-six espèces de moules et coquillages (3). Jeté à plat ventre sur le dos d'un énorme poisson, il étale le large rire de son visage de polichinelle osque, et le volume de son gros fessier dans un pantalon à damier.

Fuzïn, le dieu des vents. Le vieillard, à la barbe et aux sourcils blancs frisés, est en train de charger sa sacoche d'ouragans, sous le poids de laquelle s'affaisse et fléchit sa robuste échine, et sa terrible musculature toute faite de nodosités, bossuant la

(1) Une caricature donne à voir les dieux de l'Olympe japonais en histrions ambulants. Benten raccommode les loques de la troupe pendant les intermèdes, et dans les représentations joue du luth. Daikoku l'accompagne de son maillet, et les rats de ses sacs de riz, dressés à des tours de saltimbanques, montent autour du bâton de voyage de Fukuroku-jïu qui fait le *boniment.*

(2) Je dois la traduction des signatures d'artistes japonais à l'obligeance de M. T. Otsouka, l'auteur d'un important travail, encore inédit, sur les légendes mythologiques et historiques de son pays, reproduites par les objets d'art : travail qu'un éditeur parisien devrait bien publier !

(3) Le peuple japonais est presque absolument ichthyophage, et l'introduction des boucheries est de date toute récente.

maigreur de son vieux corps. Cet ivoire est signé *Idé mitzou.*

Une petite figurine de femme assise, les jambes croisées sur un dragon, auquel un Japonais agenouillé offre à manger. La femme est la souveraine de l'île de Liou Gou, une île sous la mer, habitée seulement par des dragons et des femmes. L'homme est le pêcheur Kawara-Toda-Fide-Sato, dont la reine est devenue amoureuse, et a gardé des années près d'elle, et lui a donné, quand il l'a quittée, une grande cloche, encore conservée dans le temple de Isi Yama.

Une petite figurine de femme, jouant d'une grande harpe posée sur les replis d'un dragon, dont la tête se soulève au-dessus du kotô, comme charmé par son harmonie. C'est une seconde représentation de la reine de l'île de Liou Gou.

Une *apsara*, une de ces divinités volantes communes à la Perse et au Japon. La figure, avec quelque chose dessus, de la placidité des visages de Boudha, les cheveux ceints d'une guirlande de fleurs et dénoués sur le dos, et tenant contre sa poitrine, de ses deux mains, une tige de lotus, l'apsara flotte dans l'envolement des étoffes, et ses pieds qu'on ne voit pas, se relèvent vers le ciel en le soulèvement d'une jupe, qui se profile comme une queue de carpe.

Le chasseur Nitau-Nosiro, célébré par le roman et par le théâtre. Monté à califourchon sur le dos d'un sanglier, qui foule et écrase sous ses pieds un de ses compagnons, d'une main il se retient à sa queue, de l'autre il s'apprête à lui enfoncer dans le flanc son court sabre, retroussé derrière lui. Les exploits des princes japonais contre les sangliers sont nombreux, et, dans la Salle des Lions du corps de garde impérial, était conservé un sabre à la poignée garnie de nacre, avec laquelle un djogoun avait fendu un sanglier en deux.

Dans une sorte de *djinriksha,* un personnage, tenant, devant sa figure, un éventail de plumes, est traîné par trois farouches guerriers, portant des fauchards, le fer en bas. C'est un sujet légendaire chinois, ainsi qu'il s'en trouve beaucoup dans les sculptures japonaises. Le personnage traîné dans la voiture est le célèbre stratégiste Kô Meï, et les trois guerriers attelés à sa voiture sont les généraux Quan On, Shin So, Tyo hi, qui se rendirent célèbres dans la guerre des Trois Contrées. Cet ivoire est signé : *Sakou Eï Saï.*

Shiô Gui, accroupi à terre, et occupé à repasser un sabre sur une pierre, sa grande barbe noire répandue autour de lui. Ivoire exprimant supérieurement la calme violence d'une action, où se lit la sauvage concentration d'une vengeance. Cet ivoire est signé : *Jugio Joudyo.*

Un sennin, un personnage saint, à la grande barbe grise, au haut front semblable au front du dieu de longévité, drapé, encapuchonné, et tenant une lanterne.

Un ascète. Assis à terre, la loque qui l'habille coulée de la courroie l'attachant au-dessus d'une de ses épaules, de grandes boucles d'oreilles pendant au bout de ses oreilles avachies, des anneaux serrant ses biceps atrophiés, il tient de la main droite un petit bâton de cèdre, surmonté d'une touffe de rubans de papier, avec lequel les personnages saints et les prêtres font des exorcismes et purifient l'air des influences diaboliques. C'est un triomphe pour les ivoiriers japonais de rendre l'étisie de la sainteté de là-bas, et de reproduire l'émaciement de ces membres et le parcheminage de ces visages. Et vraiment il n'est guère possible de mieux et plus savamment sculpter une ostéologie, recouverte d'une peau desséchée et ridée, que dans cette figurine. Mais l'ivoirier a fait plus, il a donné au visage l'expression morale de l'hébétement sénile ; d'un rien même d'émail coulé sous les paupières, il a fait à ce vieillard, je ne sais comment, le regard de la vieillesse avec sa buée. Il n'y a pas à dire, c'est de l'art, s'il n'était pas japonais, que le public français trouverait de l'ordre le plus élevé ; — et, chose curieuse, la draperie, avec ses petits plis fripés, n'est pas sans analogie avec les draperies italiennes d'albâtre du quatorzième siècle. Cet ivoire est signé : *Shisa-Kazou*.

Maintenant des scènes de mœurs et d'intérieur :

Un armurier assis sur une natte, forgeant à grands coups de marteau une lame de sabre posée sur une enclume. Ses bras sortent des amples plis d'une longue robe, et il a sur la tête le bonnet de la noblesse. C'est la mise en scène, dans une amusante sculpture, de l'anecdote donnée par M. Mitford dans ses « Tales of Old Japon ». L'armurier, échappant au mépris des professions d'art et d'industrie, professé par l'ancienne société féodale, a seul le droit, quand il arrive à l'opération délicate de souder et d'aciérer sa lame, de fermer le devant de sa boutique et de s'affubler d'un costume de cour. Cet ivoire est signé : *Shoô wonsaï.*

Trois prêtres de la déesse Benten tournoyant dans une danse circulaire, en jouant du tambourin, dont les interminables batteries ont pour but, dit M. Aimé Humbert, d'éloigner les malignes influences des méchants esprits. Cet ivoire est signé : *Fô-Mïn.*

Un vieux peintre accoudé à une petite table à écrire, où sa main repose sur un rouleau à demi fermé. De son pinceau, il montre derrière lui un écran sur lequel est représentée une tige de prunier sauvage. Et derrière l'écran est gravée la poésie, inspirée par les fleurs du prunier, et dont le sens est à peu près celui-ci : *Les fleurs de prunier, amies de la neige, tombent comme la neige.*

Un jeune garçon, en costume sacerdotal, un enfant de chœur des sept sages, déroule de ses deux mains, à la hauteur de sa poitrine, un rouleau d'écriture sacrée, semblable à un phylactère. Ivoire aux draperies du plus beau style. Cet ivoire est signé : *Shoô ming.*

Un jongleur japonais, tout en dansant, fait tomber à terre, d'une gourde tenue au-dessus de sa tête, les grands dés triangulaires d'un jeu de chô-ghi. Ce ivoire est signé : *Tomô tada.*

Shidouka, maîtresse de Yossi Tsouné, célèbre guerrier, danse devant Yoritomo, frère de Yossi Tsouné. Shidouka mime une *no*, une de ces danses de cour tombées en désuétude, une sorte de pantomime aux mouvements lents, cadencés, indolents. Elle est coiffée du bonnet en forme de cône et attaché par de longs cordons, spécial à ces danses, et son corps se perd noyé dans des étoffes, soulevées en de lourdes ondes qui ont une grâce sérieuse, sévère. D'une main elle s'évente, et l'autre, retournée derrière sa tête, disparaît dans l'ampleur d'une manche retombante. Sous les plis de la robe se recroquevillent de petites plantes de pied voluptueuses.

Une Japonaise, tout en mordillant un bout flottant de son *kirimon*, de sa robe, se pique une épingle dans les cheveux; un petit Japonais, blotti dans sa jupe, touche avec une palette d'ivoire le *sam-sim*, la guitare nationale à trois cordes.

Une Japonaise au long profil en lame de couteau, ayant à ses pieds un de ces petits chiens de graisse, truffés de deux ou trois grandes taches noires, tient contre elle son fils, une main sur sa tête, une main enfermant la petite main de l'enfant.

Quelques enfants sont représentés dans l'occupation de leurs jeux (1). On les voit, ces enfants, avec leurs grosses têtes rasées et rosées, leurs houppettes noires sur le front et les tempes, leurs yeux bridés et brillants, leur nez camus, leurs joues à fossettes,

(1) Un livre avec illustrations tirées d'albums japonais a été

leur menton dessiné par une ride vieillotte, on les voit avec le rire perpétuel de leurs traits grassouillets et boursouflés, en ce pays appelé le Paradis de l'enfance.

Un garçonnet japonais, sautillant, tout en soutenant sur son bras, retourné derrière son dos, un petit frère, moitié sur son épaule, moitié sur sa tête, et qu'il amuse avec une branche de pêcher en fleurs.

Un enfant assis à terre, la figure heureuse du bruit qu'il fait en jouant d'un petit tambour pris entre ses deux pieds. Cet ivoire est signé : *Itsko Saï.*

Un enfant couché, à plat ventre, sur un cerf volant où est peint un Japonais grotesque, et se grattant la tête de son peloton de ficelle.

Un enfant accroupi près d'une colombe à roulettes, tenant suspendu au-dessus de sa tête juvénile, rieuse, — et prêt à l'en recouvrir, — une effrayante tête en carton attachée à un simulacre de peau de bête, sous laquelle il va courir et imiter la danse du lion de Corée, qu'il a vu exécuter dans la rue par des saltimbanques.

Puis des sujets comiques, érotiques, philosophiques :

Un garçonnet agenouillé un genou en terre, dans un mouvement qui se gracieuse, près d'une fillette debout, la tête prétentieusement penchée, une main

publié en Angleterre sur la vie des enfants au Japon. Il a pour titre *Child-Life in Japan*, by M. Chaplin Ayrton. London, 1879.

posée sur la poitrine : deux créatures tortillardes et boscotes, deux laiderons du Nipon, faisant des grâces et du dédain, avec de petits gestes maniérés et comiques à mourir de rire. Cet ivoire est signé : *Rïu-Sen.*

Une Japonaise enveloppée par un poulpe. La bête fluente, à laquelle les ivoiriers japonais donnent une tête de caricature humaine, entoure de ses tentacules et de ses ventouses la femme qui, la résistance lâche, la bouche entr'ouverte, une surprise presque heureuse sur la figure, ne témoigne aucune frayeur. Il semble que dans les nombreuses représentations que j'ai vues de ce motif, l'artiste caresse dans l'ivoire une imagination polissonne. Cet ivoire est signé : *Hiro Tada.*

Une Japonaise joufflue et mafflue, à la coiffure gigantesque, à *l'obi*, au nœud de ceinture monstrueux, une petite créature à la tournure falote et bouffe, tient d'une main, le nez de carton d'un masque de théâtre, et la pensée que ce nez amène dans la cervelle de la fillette, lui fait recouvrir la moitié de son visage d'une manche de sa robe, — le symptôme ordinaire de pudeur des dames japonaises, — tandis que ses petits yeux disparaissent dans une hilarité, rien moins qu'innocente.

Un paysan japonais, joyeux et débraillé, assis, une jambe repliée sous lui, parmi les tortils d'une branche d'arbustes à fleurs. Il tient dans sa main tendue un crapaud avec lequel il semble confabuler. Le crapaud est-il assez souvent là-bas reproduit en ivoire, en bronze, en porcelaine? Pourquoi cette affinité de l'homme de l'Extrême-Orient pour le paria des animaux? Pourquoi cette espèce de culte de l'art en faveur de ce disgracié de la nature? Il y a là des choses mystérieuses et secrètes, que les livres ne disent pas. Cet ivoire est signé : *Tomo Tada*.

Maintenant des figurations de la mort, du squelette.

Un squelette (1) à demi couché à terre, le crâne méditativement appuyé sur les osselets de sa main, et se penchant en avant, pour considérer sous une feuille de lotus, que soulève son autre main, un serpent enroulé. Un des plus beaux et des plus parfaits ivoires japonais, où l'étrange curiosité de la Mort est rendue avec un naturel, une vie, si l'on peut dire, un peu effrayante. Ce nestké servait à la fois d'attache et de cachet. M. Otsouka n'a pu lire l'inscription du cachet, qu'il croit en caractères boudhiques.

Parmi ces nestkés, il existe une assez nombreuse réunion de singes, de ces animaux de grimaces, dont les Japonais ont fait une affectueuse étude anatomique et psychologique.

Un petit singe, grimpé sur le dos d'un gros singe accroupi, tire à lui un crabe au bout d'un cordage.

Un singe, gros comme un grain de riz, et mobile,

(1) L'emploi du squelette est très fréquent dans les nestkés. J'en possède un autre qui représente un squelette jouant de l'éventail. Remarquons la perfection savante de l'imitation, en ce pays, où les études anatomiques étaient défendues.

monte et descend le long d'une tige de bambou. Cet ivoire est signé : *Seï shi.*

Un singe, à demi soulevé sur une coquille, se frotte le dos, avec un de ces gestes vagues et le regard anxieux des singes qui se grattent.

Un singe, — celui-ci est un chef-d'œuvre — furieux d'avoir mordu en vain dans un coquillage, montre la petite colère animale de sa face, dans l'entre-bâillement de côté de sa gueule, dans l'effacement de son nez plissé, dans l'ouverture et la dilatation de ses yeux, en lesquels, tout en bas, la pupille n'est plus qu'un imperceptible point noir qui louche. Il n'est pas possible, dans une tête de deux centimètres, de rendre un dépit rageur de bête d'une manière plus expressive, plus saisissante, plus comique. Et ce n'est pas seulement la tête qui est une merveille, c'est le corps, et les attaches des épaules, et les rondeurs du dos, et le flottement des reins sous la peau, et l'embryon solide de la queue : toute l'élasticité et la force du quadrumane traitées dans l'infiniment petit, de cette manière large, carrée, rudimentaire, avec laquelle Barye établissait ses féroces sur leurs jarrets. Cet ivoire est signé : *Tada mouné.*

Un autre singe est curieux comme parodie et caricature du guerrier japonais. C'est un singe qui a endossé la cotte d'armes, la cuirasse, le pantalon en forme de jupon, les sandales de bois d'un samouraï, — et il est en train d'assujettir son casque sur sa tête de filou. Un ivoire d'une grande finesse de travail avec toutes les arabesques de la cuirasse délicatement ciselées. Cet ivoire est signé : *Shesaï.*

D'autres animaux ont pris place sur les tablettes de la vitrine, aux côtés des singes.

Deux poussins se disputant un ver. On ne peut trouver un plus heureux emprunt à la nature, et à la fois une plus jolie imagination décorative, que le groupement autour des tortils du ver vivace, de ces deux petits corps dodus d'oiseaux, qui n'ont encore de plumes qu'aux ailerons des ailes. Cet ivoire est signé : *Ran teï.*

Un rat cherchant à sortir d'un sac de riz dégonflé, où le retient, par le milieu du corps, une bande de l'étoffe incomplètement rongée.

Un petit chien japonais, au mufle de carlin, le cou serré dans un collier, entouré d'une frange d'étoffe.

Une caille sur une tige de millet, un grain dans le bec.

Un bœuf couché à terre avec l'anneau dans le mufle, et prêt à être attelé à l'épaule, ainsi qu'on les attelle au Japon.

Trois tortues s'escaladant et faisant une de ces petites montagnes que l'on voit dans les parcs de tortues, en un rayon de soleil tombé à terre.

Un tigre sauté sur un tronc de bambou et ramassé dans un souple ramassement. Cet ivoire est signé : *Jou Guën.*

Un serpent glissé par la déchirure d'une grande feuille de nénuphar et saisissant, sur le bord de la feuille, une grenouille, au moment où elle saute à l'eau.

Une cigale, grosseur nature, prête à prendre son lourd vol. Travail d'une admirable perfection, où la toile d'araignée membraneuse des ailes, en train de se soulever et de battre, est comme tissée dans la matière solide.

Une grenouille portant sur son dos toute sa petite famille, dans une hotte faite d'une feuille de nénuphar. La hotte est liée par un petit câble de verdure au corps de la grenouille, qui prend son point d'appui sur un bouton de lotus. Petit ivoire spirituel de la série des « Scènes d'animaux » inventées par les Japonais bien avant notre Grandville. Cet ivoire est signé : *Guïokou-Sen.*

Des animaux fantastiques, quelques créations hybrides, des visions et des cauchemars de la nuit, sont en compagnie des animaux réels.

Il s'y rencontre surtout une série d'êtres embryonnaires, au milieu d'une ornementation faite d'apparences de nuages et de flots, de décors informes et comme fluents, qui nous semble l'ornementation voulue de ce temps, que la Genèse du Japon nous peint dans ces lignes :

« Au commencement il n'y avait ni ciel ni terre.

« Les éléments de toutes choses formaient une masse liquide et trouble, semblable au contenu de l'œuf embryon, où le blanc et le jaune sont encore mêlés, masse liquide et trouble, qui jetait des vagues comme une mer agitée. »

Un monstre en forme de chien, recouvert d'une peau faite de pustules et de verrues.

Un monstre à griffes et à crocs, brisant la coquille d'un œuf dont il sort.

Et encore toutes sortes d'objets divers et hétéroclites, transformés en des motifs d'ornementation et en des agrafes de goût. Je n'en citerai qu'un :

Une cosse de haricot, ployée en deux, sur laquelle une araignée de jardin poursuit une mouche.

A ces petites sculptures en ronde bosse, il faut joindre une série de boutons, où la sculpture est en demi-relief ou en creux, avec des parties qui ne sont guère qu'une gravure.

Un personnage légendaire, assis dans une anfractuosité de roche, la tête et le corps enveloppés d'une peau de loup, et tirant de son fourreau une lame de sabre, sa rouge bouche entr'ouverte par des exclamations de colère. Ivoire de coloriste et d'un beau caractère sauvage.

Un guerrier arc-bouté sur le pied droit, son sabre tiré, tenant en l'air par ses petits pieds un diablotin qu'il s'apprête à tuer. Ivoire d'un grand style et d'une charmante finesse de gravure, se rapportant à une légende chinoise, exécutée sur une garde de sabre, et dont je donne l'explication plus loin. Ce bouton est signé : *Souzou ki Kôsaï.*

Une Japonaise aux cheveux dénoués sous un chapeau de jonc, les deux mains drapées dans sa robe, et appuyée debout sur un long bâton ; à ses pieds deux autres femmes, l'une qui se repose, son chapeau déposé sur ses genoux, l'autre qui rit derrière ses mains posées sur sa bouche, dans un geste enfantin. Ivoire d'un relief délicat.

Un enfant penché sur une toupie qu'il fouette avec rage. Bouton de forme carrée.

Sept masques d'hommes et de femmes ricanantes, dont les grimaces ressemblent à ces dépressions que les doigts obtiennent en s'enfonçant dans des têtes-joujoux en caoutchouc.

Une abeille butinante sur une tige de chrysanthème, les ailes frémissantes.

Un coq posé sur un treillage, où courent des feuilles de vigne. Ivoire dont le mince relief est peint et laqué en or. Bouton en forme de petite planchette rectangulaire.

Un fabricant de meules, pour réduire le thé en poudre (1), les jambes nues croisées sous lui, le *fundoshi*, la ceinture qui habille le Japonais à la maison, dénouée autour des reins, son marteau posé sur son enclume qui repose, fume une pipette dont il envoie bienheureusement la fumée au ciel. Petite scène de nature, dont l'entaille profonde, la coupe grasse de l'ivoire, font un morceau d'art, qui ne ressemble en rien à l'art de l'ivoirerie de Dieppe. Ce bouton est signé : *Fo jïtson, d'après le dessin de Yeï itcho.*

Après les nestkés en ivoire, les nestkés en bois, d'un travail peut-être plus précieux, plus caressé que

(1) Ce broyage du thé au Japon a lieu seulement pour certaines cérémonies.

les premiers, et fouillés dans le cœur de ces belles essences ligneuses grenues et serrées que possède le Japon (1). Parfois ces bois ont des parties exécutées en ivoire, parfois ils sont entièrement laqués.

Un prêtre du culte *Kami*, sous un bonnet de papier laqué noir, en forme d'un immense bonnet de police, et habillé d'une robe semée de branches de pin, dont le derrière, fendu sous les aisselles, se détache de son dos comme une chasuble. Un bouquet d'une main, un éventail de l'autre, il danse, portant attaché sur la figure un vrai masque d'Arlequin : le masque derrière lequel abritent leur incognito ces prêtres sauteurs, dans les pantomimes tirées de la vie d'un héros saint, qu'ils exécutent en plein air. Bois dont les pieds sont en ivoire.

La poétesse mendiante Onono-Komatch, qui est comme la personnification de cette tendre et mélancolique poésie de l'anthologie japonaise, intitulée : « l'Injustice d'ici-bas. »

« Dans ce monde il n'y a point de voie... je songe à me retirer dans la profondeur de la montagne, et là encore, le cerf pleure. »

Elle est en haillons, les cheveux épars, au dos un chapeau de jonc mangé par les rats, et se tient appuyé, sur un bâton de pèlerine, que le caprice du sculpteur a fait d'écaille. A son bras pend un panier d'où s'échappent des écritures mêlées à des herbages. Dans une répétition en ivoire que je possède,

(1) Ils sont cependant généralement faits en cerisier.

on voit Onono-Komatch tendant ses vers aux passants. Dans les deux représentations, c'est la hideuse et macabre figuration de la vieillesse et de la misère de la femme, avec l'édentement de sa bouche, le lacis des rides de sa figure, la dessiccation de son pauvre être, et ses jambes de phtisique. Et cependant cette pauvresse, elle était une noble demoiselle de Kioto, qui, tombée en disgrâce, se mit à vagabonder par l'empire du Lever du Soleil (1), semant ses inspirations poétiques, le long des chemins et des routes, et apprenant, dans un langage lyrique, aux enfants, sur le seuil des temples, les magnificences de la création. Quelquefois, nous apprend M. Aimé Humbert, la vieille poétesse est représentée devant un bassin, au-dessus duquel elle efface, à grande eau, ce qu'elle vient d'écrire, — amoureuse de la perfection littéraire.

Un petit enfant, les jambes allongées de côté à terre, et tout empaqueté et tout encapuchonné, en un mouvement de mignardise frileuse, pareil à ces poses d'amours de notre dix-huitième siècle aux côtés d'une académie mythologique du vieil Hiver. La figure de l'enfant est en ivoire et la houppe de son capuchon est en corail. Ce bois est signé : *Tô fu.*

Un Japonais prosterné, les mains à plat, sur ses genoux, faisant le *kow tow*, la révérence où le front touche presque la terre. La tête mobile du vieillard, au moindre remuement, a, au bout de son cou de

(1) M. Burty s'est occupé avec prédilection de cette figure, très populaire au Japon.

tortue, des branlements ankilosés tout à fait drolatiques.

Deux hommes, une main appuyée sur un long bâton, sont à cheval sur un camarade tombé à terre. L'un d'eux, riant d'un rire qui fait tressauter sa joyeuse bedaine, relève la robe du pauvre diable qu'il chevauche, et montre son derrière au public. C'est la légende chinoise des trois pêcheurs qui ont été à la pêche, et dont un seul a pris un poisson. Alors les deux autres se sont réunis contre lui, lui ont pris son poisson, l'ont bafoué, l'ont frappé. Mais ne voilà-t-il pas, plus tard, le battu qui devient empereur de la Chine, et son premier acte est de nommer ministres ses deux anciens compagnons de pêche. Bois d'une fine et large facture, où règne la jovialité et même un rien du dessin d'un tableau d'Ostade. Cet ivoire est signé : *Mitsou masa.*

Autour d'une cloche est entortillée une femme au corps de dragon, à la tête de harpie, et sur laquelle deux petites cornes séparent des cheveux, qui s'éparpillent derrière elle en une épaisse et farouche crinière. Une femme, amoureuse d'un prêtre qui l'avait abandonné, dit une légende japonaise, a suivi, jusque dans son temple, le prêtre qui s'est caché dans une cloche, et, ne pouvant le trouver, elle passe sa vie à tourner autour de cette cloche séchant de désespoir. L'allégorie se mêle ici à la légende, et la composition cherche à rendre la laideur physique et morale que produit la jalousie chez une femme. Une femme jalouse, les Japonais l'appellent une *hang-*

*gia*, démon féminin. Rien de plus souple que l'étreinte de ce corps humain de serpent autour de cette cloche, dans ce bois qui ne semble pas un bois, tant la sculpture en est flou, tant cela ressemble à une maquette de cire pour la fonte d'un petit bronze. Ce bois est signé : *Itchi Bou.*

Un rat, pelotonné en boule, faisant sa toilette. Une étonnante saisie sur le vif du petit animal dans le frottement de son museau et de son oreille, avec des indications du dessous des pattes de la plus savante myologie, et où se mêle je ne sais quoi d'ornemental, apporté par l'artiste japonais au dessin rigoureux de la nature. Ce bois est signé : *Masanawo.*

Un marron, oui, un marron! Le dernier mot, de l'imitation d'une chose morte. Un vieux marron ratatiné avec sa partie de bois lisse et sa partie de bois rugueuse, et où deux fausses piqûres de ver font les deux trous, par lesquels passe le cordonnet. Ce bois est signé comme le précédent : *Massanawo.*

Guën Tokou, échappé de la maison de Li-o-Fou, et galopant à bride abattue dans les flots du fleuve de Tankeï. L'élancement du petit guerrier, une main tenant la bride de son cheval, posée sur la hanche, une autre main ramenant son fouet de tout derrière lui, le flottement et l'envolée des vêtements du cavalier, la rapidité aérienne qui emporte, sur l'écume de la mer, l'homme et la bête soudés l'un à l'autre ; toute la perfection des détails et le travail microscopique de la selle, des harnais, des étriers, font de ce bois le plus parfait netské que j'aie vu parmi les netskés venus en France, — une sculpture qui peut tenir à côté de tous les bois sculptés du Musée Sauvageot. Ce bois est signé : *Shin Getsu sakau.*

Après cette vitrine qui a son pendant à l'autre extrémité, vient une grande armoire vitrée qui prend tout le fond du mur, et qui est presque entièrement remplie de porcelaines de la Chine.

La porcelaine de la Chine ! cette porcelaine supérieure à toutes les porcelaines de la terre ! cette porcelaine qui a fait depuis des siècles, et sur tout le globe, des *passionnés* plus fous que dans toutes les autres branches de la curiosité ! cette porcelaine dont les Chinois attribuaient la parfaite réussite à un Esprit du fourneau protégeant la cuisson des céramistes qu'il affectionnait ! cette porcelaine translucide comparée au jade ! cette porcelaine bleue, selon l'expression d'un poète, « bleue comme le ciel, mince comme du papier, brillante comme un miroir ! cette porcelaine blanche de *Chou*, dont un autre poète, Tou-chao-ling, dit que l'éclat surpasse celui de la neige, et dont il vante la sonorité plaintive ! ce produit d'un art industriel chanté par la poésie de l'extrême Orient, ainsi qu'on chante chez nous un beau paysage, un morceau de création divine ! enfin cette matière terreuse façonnée par des mains d'homme en un objet de lumière, de doux coloris dans un luisant de pierre précieuse ! — je ne connais rien de comparable à cela pour mettre sur un mur de l'enchantement pour les yeux d'un coloriste. Et les jolies imaginations de couleurs en cette patrie des délicatesses quintessenciées de la coloration, et des recherches infinies des dégradations de la palette de l'univers! Et où a-t-il régné un empereur assez artiste pour dire, un jour, comme l'a dit l'empereur Chi-tsong : « Qu'à l'avenir les porcelaines pour l'usage du palais soient bleues comme le ciel qu'on aperçoit après la pluie, dans l'intervalle des nuages»? Et où, sur un tel désir et sur une telle commande, s'est-il trouvé un potier pour livrer aussitôt la poterie *Yu-kouo-thien-tsing* (bleu du ciel après la pluie) (1)?

Je catalogue les pièces de la vitrine, en y ajoutant quelques porcelaines répandues dans la maison, et rentrant dans les séries décrites:

Flacon à pans carrés, au goulot et au pied cylindriques. Ce grès à la couverte, couleur mastic, et où il y a des filtrées de bleu, et qu'on appelle en Chine *clair de lune,* serait un vase de la plus haute antiquité et qu'on trouve dans les sépultures de la dynastie des Thang.

M. Frandin me disait qu'on lui avait demandé à Pékin, d'un vase à peu près pareil, 600 taels (4,800 fr.). M. Bracquemond le croit recouvert d'une couche d'émail stanifère, l'émail des premières faïences

(1) Ces porcelaines fabriquées au dixième siècle firent tellement fureur que, dans les siècles suivants, les plus petits tessons qu'on pouvait trouver, devenaient des ornements que les Chinois portaient à leur bonnet de cérémonie ou attachés au cou par un cordonnet de soie; aussi furent-elles imitées par tous les habiles contrefacteurs, et notamment par Tchéou à la fin du seizième siècle, et par le fameux Thang-Kong au dix-huitième siècle.

aussi bien de l'Orient que de l'Italie et de Rouen, et reconnaissable aux tressaillures et aux picots qu'il détermine à la cuisson.

Potiche. Fond blanc, le col entouré d'une large bordure mosaïque au fond d'or, aux réserves blanches, où sont des feuilles aux nervures noires, des fleurs aux pétales lignés de rouge; sur la panse est jeté un oiseau perché sur une branche. Pièce curieuse où la branche de l'arbre, des fleurs de chrysanthème, une partie du plumage de l'oiseau, sont exécutés avec un or glacé de brun, et où, dans la décoration assoupie, éclate une tache de vert semblable à une grande émeraude.

Cette potiche qui porte le *nien-hao* de l'empereur Tching-hoa, de la dynastie des Ming (1465-1488), a, écrite en lettres d'or, au dos, cette inscription bizarre: « *Dans ma maison où l'on cultive le bambou, l'automne est à l'œil ce que la plante de Chouen est au goût, et le vent qui, de son souffle, fait épanouir les fleurs, revient à des époques aussi régulières que le passage des oies sauvages.* »

Grand vase. Forme cylindrique. Décor à prédominance des émaux verts. Une large bordure, d'un violet pâle, pointillé de noir, et sur laquelle courent des feuilles vertes, parmi lesquelles sont épanouies des fleurs rouges, forme quatre compartiments où se dessinent, sur les réserves blanches, des tiges de fleurs peintes avec le beau vert de la bordure, le rouge de fer, le violet manganèse, le *jaune d'anguille*, particuliers à cette décoration. Sur le tournant de la gorge, au-dessous d'une grecque verte, dans les réserves d'une mosaïque également verte, sont peints des *koueï*, des pierres honorifiques, que M. Jacquemart croit placés sur les vases destinés aux magistrats, aux dignitaires de l'Empire.

CORNET au col cylindrique évasé, au rebord intérieur sans couverte. Sur la gorge de ce vase de la plus fine porcelaine blanche, est un dessin de fleurs et de branchages réservé sur un fond rouge de fer, et dans quatre compartiments, sous des vols de papillons, des graminées aux fleurettes rouges, bleues, jaunes, violettes, s'élancent de la rocaille tourmentée de petits rochers, du plus bel émail vert tendre. Cornet aux émaux les plus frais et que fait encore ressortir l'original décor rouge de la gorge.

POTICHE. Porcelaine à mandarins. Le peintre a représenté, sur le fond blanc de la porcelaine, un personnage boudhique monté sur un cerf axis, accompagné d'une Chinoise, et d'un homme chargé d'une corbeille de fleurs suspendue au bout d'un bâton. Il est précédé d'un garçonnet tenant entre ses bras un rouleau d'écriture. Sur le col de la potiche, c'est un Chinois, un grand bâton à la main, se retournant vers un enfant qui porte à deux mains une énorme pêche de longévité. Je ne puis donner une idée de l'esprit de la touche de ce vase, datant de Khang-hi ou de Yung-tching, qu'en disant que, pour la facture, elle ressemble à celle de nos plus modernes aquarellistes; et il y a des roses effacés de pantalons, des bleus passés de robes, des jaunes de soufre de casaques, et encore des brouillements de pourpre et d'azur sur des rochers et des *ling chi* (cryptogames), exécutés avec des émaux si translucides, si aqueux, que c'est tout à fait la fraîcheur des tons d'aquarelle, — mais d'une aquarelle qui n'a pas encore séché sur le papier.

FLACON à quatre pans carrés. Porcelaine blanche, légèrement grumeleuse, dont deux pans représentent des pivoines jaunes et roses, deux pans des rameaux de pêchers en fleurs, sur chacune desquelles est posé un oiseau. Bouchon décoré de fleurettes, et surmonté d'une rosace rose, enfermée dans un cercle jaune. Ce flacon d'une qualité exceptionnelle, aux roses les plus doucement roses, a le charme d'une franche et riante aquarelle sur une feuille de papier torchon.

POTICHE. Fond blanc, sur lequel se détache une pivoine épanouie au milieu de chrysanthèmes entourés de vols de papillons. Décoration d'une finesse extrême et faisant merveille dans les ailes des papillons : décoration, où dominent de charmants tons carminés, mélangés de jaune, exécutés toutefois avec des émaux moins translucides et plus *gouacheux* que ceux des tasses et compotiers coquille d'œuf.

PETIT ROULEAU au col rétréci, au goulot évasé. Fond blanc, gaufré de grandes fleurs ornementales dans des rosaces. Il est décoré d'un côté d'une grue bleue volant dans le ciel, de l'autre d'une tige de bambou qu'effleure le vol d'un dragon rouge. Ce vase, dont la décoration gaie, rouge, bleue, verte et or, a été imitée par le Meissen, serait, d'après les uns, de fabrication coréenne ; d'après M. du Sartel, une porcelaine de Chine, surdécorée à Delft : moi j'y verrais un échantillon d'*ancienne première qualité coloriée du Japon.*

Cornet au col resserré, au rebord évasé. Fond blanc, recouvert d'un dessin coquillageux bleu, où sont ménagés deux médaillons octogones et deux médaillons carrés, dans les réserves desquels sont peints également en bleu, ici des bouquets de chrysanthèmes, là des pitong à pinceaux, des livres chinois et des espèces de grosses perles enrubannées, qui sont un des attributs des porcelaines destinées aux lettrés.

Vase en forme de grand flacon à quatre pans carrés. Fond blanc, sur lequel sont figurées en bleu et en violet (rouge de fer manqué) des tiges d'iris d'eau, d'œillets, de chrysanthèmes, de fleurs de pêcher, au-dessus de rochers recouverts d'un épais émail céladonné. Ce vase porte le *nien-hao* de l'empereur Khang-hy, de la dynastie des Tsing (1662-1723).

Vase en forme de grand flacon, aux quatre pans évasés en haut, au petit col carré. Fond blanc décoré sur chaque pan en bleu et en violet d'une branche tombante, sortant du touffu d'un arbre, et sur laquelle sont perchés un ou deux oiseaux pris dans le mouvement de leur balancement. Pièce du plus grand style ornemental.

Grand rouleau au col légèrement rétréci. Porcelaine blanche au décor richement polychrome. Au-dessus d'un rocher que surmonte un pêcher fleuri, un fong-hoang, l'oiseau de paradis chimérique des Chinois, étale dans le ciel bleu sa queue de paon.

GRAND ROULEAU au col légèrement rétréci. Décor bleu sur fond blanc. Près d'une touffe de nénuphars et de grandes plantes aquatiques, une oie sauvage s'apprêtant à prendre son vol et à regagner dans le ciel deux autres oies, déjà volantes. Bordure gravée sous couverte à la gorge et au pied du rouleau.

PETITE BOUTEILLE au long col étroit. Décor soufflé: Fond blanchâtre, que recouvrent des nuages violacés, piquetés de quelques petits points noirs, produits par le rouge de cuivre volatilisé en minerai.

PETITE BOUTEILLE. Grès recouvert d'un émail rouge brun, dans lequel sont pratiquées au col deux taches vert de gris.

BOUTEILLE en forme de coloquinte avec une ouverture de tirelire, et sur laquelle retombe une branche de feuillage chargée de gourdes, modelée en relief. Grès recouvert d'un émail gris où il y a des coulées d'émail bleu.

PETIT VASE cylindrique. Fond bronzé avec une pluie aventurinée sur la gorge et le goulot.

GRAND PLAT. Fond blanc, sur lequel s'enlève un fong-hoang au milieu d'un enroulement de lianes vertes, enfermées dans un médaillon qui se détache sur les branches d'un sapin. Marli du plat aux grands compartiments bleus et rouges, où sont ménagées des réserves blanches décorées de petits paysages polychromes. Sur le rebord extérieur un enroulement ornemental exécuté en bleu. Ce plat porte le *nien-hao* de l'empereur des Ming, Tching-hoa (1465-1488).

GRAND PLAT. Fond blanc, sur lequel s'élève un arbre au tronc et aux rameaux dorés, fleuri de petites étoiles rouges, bleues, vertes. Bordure mosaïque rouge de fer, où des réserves allongées renferment des fleurettes polychromes.

GRAND PLAT. Fond blanc, sur lequel se dresse une tige de fleurs, exécutée en bleu pâle, dans une bordure à l'or et au rouge éclatants, et dont se détachent et se déversent, sur le marli du plat, quatre bouquets polychromes.

PLAT. Sur le fond blanc, rondissant en une demi-couronne, deux rameaux d'arbustes fleuris de grosses fleurs, et portant un oiseau à la huppe verte, au ventre rose. Petite bordure rouge de fer. Porcelaine chinoise aux riches et épais émaux qui a quelque chose d'un dessin japonais. Numéro 190, gravé à la meule, d'une vente faite par Dresde de ses doubles.

GRANDE JATTE. Fond rouge de fer, contourné d'une large guirlande de rinceaux émaillés en vert à grandes fleurs d'un bleu vitreux. Pièce curieuse par la parfaite cuisson au feu de moufle d'une surface rouge de fer si étendue. En dessous, une marque imprimée en rouge.

PLATEAU en forme d'éventail. Fond formé d'un petit carrelage vert à fleurettes roses dans des encadrements octogones d'or. Sur ce fond sont jetées une pivoine et une branche de pêcher. Bordure extérieure, même mosaïque que le fond. Le dessous, bleu de ciel avec fleurs roses et violettes, est enfermé dans une large bordure jaune où courent des rinceaux polychromes. Ce plateau, de la plus riche ornementation, et qui doit être cuit à un très doux feu de moufle, a son revêtement supérieur d'un ton mat, non brillant, non porcelaineux, et sa pivoine ressemble à une fleur peinte à la gouache sur une feuille de vélin.

Un petit plateau ou plutôt une assiette dont le rebord a été coupé, représentant une Chinoise assise sur un escabeau de porcelaine, une main tombée sur un album fermé, une main portant à ses narines une fleur odorante; près d'elle sont deux enfants. Ce petit plateau est de la plus belle qualité d'émaillure, avec ses tendresses de tons, ses carnations de rose mourant des premières porcelaines de Saxe, avec ses étoffes qui ne sont, pour ainsi dire, colorées que dans le sillonnement renflé des plis, profondément incisés. Ce plateau porte le n° 150 de la collection de Mme Mallinet, où cette pièce, parfaitement chinoise, a été classée par M. Jacquemart dans la famille rose japonaise.

Tasse et soucoupe côtelées et festonnées. Sur la blancheur de la tasse et de la soucoupe court, modelée en relief et dorée, une vigne chargée de raisins, où sont blottis deux écureuils. Une fleurette rouge et or est répétée au fond de la tasse et de la soucoupe, dont le côtelage, entre-croisé et superposé, cherche l'imitation d'un cœur de fleur épanouie.

TASSE ET SOUCOUPE. Décor formé, sur le blanc de la porcelaine, par des bouquets d'un émail bleu opaque faisant presque un relief. Bordure de la tasse et de la soucoupe du même émail bleu, semé de petites rosaces dorées et de fleurettes en émail blanc. Au fond de la tasse, fleurette bleue et or.

COUPE LIBATOIRE (1). Fond blanc à bordure verte pointillée de noir, et sur laquelle est un semis de fleurettes rouges. Autour de l'anse, et au-dessous de la partie de rebord en gouttière où l'on boit, deux petites chimères modelées en relief : l'une verte, l'autre violette.

PETITE BOITE A ROUGE pour cachet. Porcelaine décorée en bleu d'un paysage. Sur le pourtour, nuages et paysages. Belle qualité de bleu agatisé.

BOITE A CANTHARIDES. Forme ronde et aplatie d'une bonbonnière. Fine porcelaine blanche, décorée à l'extérieur de fleurettes bleues; à l'intérieur sous le couvercle de chacune des deux boîtes, une peinture libre, du genre de celles appelées « Jeux secrets » et dont la véritable traduction est : « Ce que l'on fait au printemps. »

BOUQUINS de porcelaine pour les longues pipes en roseaux, que fument les femmes du Yuen Ming Yuan, bouquins aux tendres émaux dans un relief délicat. L'un est couvert d'arabesques, l'autre montre une fleurette jaune épanouie dans le blanc de la porcelaine, au-dessus de palmettes roses et vert tendre.

(1) Coupe qui sert également pour le vin des noces.

## BLANC

Le blanc de Chine, cette qualité préférée par les vieux connaisseurs espagnols, cette belle matière crémeuse et transparente, différente des blancs de Sèvres et de Saxe, par un je ne sais quoi de gras, de coulant, pour ainsi dire, et qu'un peintre, de mes amis, comparait, dans son parler pittoresque, à du blanc-manger non solidifié sous une couverte glaceuse.

PETIT ÉCRAN servant à la décoration des autels boudhiques. Blanc de Chine. C'est, montée sur un coquillage, une figurine de svelte Chinoise se détachant presque en plein relief de la plaque. Au revers un escargot. Blanc le plus rapproché du cœur d'une fleur de magnolia avec des translucidités de jade.

PETIT BOL. Blanc de Chine. Porcelaine opaque de la pâte la plus onctueuse, la plus savonneuse et la plus translucide dans son opacité; elle est décorée de caractères chinois gravés en creux.

TASSE-GOBELET. Blanc de Chine. La porcelaine, très blanche et coquille d'œuf, est décorée de fleurs et de branchages modelés en relief, avec une pâte mate posée après la cuisson grand feu, sur la couverte brillante. Au fond de la tasse une fleurette exécutée par le même procédé. Petite bordure extérieure dorée. Cette tasse, dont le décor est d'une grande distinction, provient de la vente du baron de Monville.

TASSE ET SOUCOUPE. Blanc de Chine. Dans la délicate pâte de la tasse et de la soucoupe, est dessinée, gravée et gaufrée, une fleur d'hibiscus. Bords dentés et dorés avec une fleurette d'or au fond de la tasse. Numéro 245 de la collection de M^me^ Mallinet.

POTICHE. Blanc de Chine. Pâte un peu grise, mais d'un engluage bien gras, et où sous la couverte est modelé un rocher surmonté d'un pêcher en fleur; au dos du vase, un iris d'eau.

VASE de forme aplatie à quatre pans. Blanc de Chine. Sur les pans latéraux très étroits, des mufles d'où pendent des anneaux auxquels sont attachés des rouleaux de papier par une cordelette aux longs glands, forment les anses. Les deux autres pans contiennent des scènes de mœurs chinoises modelées sous la couverte dans un très léger relief. Sur l'un est représentée, au pied d'un arbre, une divinité chinoise debout, donnant un ordre à un animal dont on ne voit que la tête ; sur l'autre une Chinoise prend le frais, à la baie d'un balcon, à côté d'une compagne qui lui fait un geste de moquerie. Décor charmant avec ses silhouettes de personnages à l'apparence plate de camée dans la belle architecture trapue du vase blanc.

## JAUNE

La couleur réservée pour les porcelaines servant à l'Empereur, le *kui-hoang-yeou,* l'émail jaune d'or, la resplendissante couleur si longtemps repoussée par les timidités coloristes de l'Occident, et qui ne commence à faire son entrée dans la décoration des choses européennes qu'à partir de l'exposition du rideau de la Salomé de M. Henri Regnault.

Petite bouteille. Fond jaune impérial à dessins vermiculés gravés sous la couverte, sur laquelle est peinte une tige de chrysanthèmes violets.

Vase-applique. Jaune impérial, à surface granuleuse, appelée *peau d'orange*, imitant l'écorce de l'orange douce, nommée *kio*. Grecque et rinceau festonné, bleu et or. Sur le renflement du vase, près d'un arbuste fleuri de rose, un chien de Fô émaillé bleu et or.

Bol. Jaune impérial, fond jaune citron sur lequel se tordent des dragons verts. Ce bol, de la pâte la plus fine et la plus transparente, porte une marque imprimée en rouge.

Bol. Jaune impérial, fond mat à dessins vermiculés rouges et rinceaux polychromes. Quatre médaillons ronds, dans la réserve blanche desquels sont peintes des tiges d'arbustes à fleurs. A l'intérieur, décor bleu. Bol portant le *nien-hao* de l'empereur Kien-Long.

Tasse. Jaune impérial. Fond nankin, sur lequel sont gravés deux dragons verts, avec un signe de bonheur à l'intérieur de la tasse. Tasse portant le *nien-hao* de l'empereur Kien-Long.

Plat. Jaune impérial. Sur le fond sont jetés des rameaux de fleurs et des fruits du néflier, répétés sur le rebord jaune extérieur. Ce plat porte le *nien-hao* de l'empereur des Ming, Tching-toung (1436-1450).

Plat. Jaune impérial. Fond nankin sur lequel, de

stratifications rocheuses *vert grenouille*, se lève un bouquet archaïque de chrysanthèmes violets, jaunes, rouges, au-dessous du vol de deux papillons aux ailes bigarrées. Ce plat porte le *nien-hao* de l'empereur Khang-hi, de la dynastie des Tsing (1662-1723).

Petite écuelle à pans festonnés. Fond extérieur jaune impérial. Six grues volent au milieu de petits nuages formés par des concrétions blanches et bleues. Bordure à petites rosaces bleues et violettes. Intérieur et dessous de l'écuelle émaillée vert d'eau. Elle porte le *nien-hao* de l'empereur Kien-long.

Godet à laver les pinceaux. Jaune impérial. Petite porcelaine bombée à huit pans, surmontée près de son ouverture supérieure d'un dragon-salamandre, noir taché de jaune.

## BLEU

Couleur obtenue en plongeant le vase dans du *liao*, ou azur délayé, mais le plus souvent en soufflant l'azur le plus pur sur le vase, au moyen d'un petit tube recouvert d'une gaze, et produisant une pluie qu'on renforce dans les manques ; puis, quand elle est sèche, on recouvre ce soufflé, appelé *tsoui-yeou*, de la couverte.

Vase ovoïde au col cylindrique, au goulot évasé. Fond bleu fouetté, soufflé. Décor doré représentant d'un côté un oiseau posé sur une tige de bambou, de l'autre un rameau d'arbuste en fleurs : oiseaux et fleurs apparaissant sur le lapis agatisé à l'état de léger frottis, de vague nuage d'or. Ce petit vase porte dessous le rond bleu de l'empereur Khang-hi.

GRAND PLAT. Gros bleu. Sur le fond est réservée en blanc, avec nervures des feuilles et dessins des pétales gravés en creux, une tige de néflier. Sur le marli sont alternés des rameaux de groseillier et de néflier. Une guirlande de fleurs court le long du rebord bleu extérieur. Ce plat porte le *nien-hao* de l'empereur des Ming, Sïouan-te (1426-1436).

PETIT VASE. Gros bleu à surface granuleuse, sur laquelle est émaillé, en ses couleurs naturelles, un bouquet de pivoines. Intérieur et dessous vert d'eau. Porte un cachet imprimé en rouge.

PETIT POT en forme de barillet. *Bleu du ciel après la pluie.* Bleu intense *vibrant*, ligné de raies et semé de papillons, légèrement enlevés à la pointe sous la couverte. Ce petit pot porte le *nien-hao* de l'empereur de la dynastie des Ming, Tching-hoa (1465-1488). C'est une imitation de la fameuse porcelaine *Yu-kouo-thien-tsing*, fabriquée au dixième siècle sous l'empereur Chi-tsong. Est-ce même une fabrication du quinzième siècle? On sait que les potiers chinois ne se sont pas fait faute d'antidater, souventes fois, leurs produits.

## BLEU TURQUOISE

Cette couleur, appelée par le dix-huitième siècle *bleu céleste*, et dont la base est un ivoire fossile coloré par l'oxyde de cuivre, est la couleur par excellence de la Chine, qui en a fait ces vases d'un bleu pâle si charmant et si inimitable, que les Japonais eux-mêmes, avec toute leur habileté, n'ont jamais pu imiter qu'avec un bleu dur, un bleu de verre. Il est reconnaissable, le beau bleu turquoise, indépendamment de la qualité de sa nuance, à un truité très fin, que les Européens ne sont jamais arrivés à contre-façonner, à un truité ressemblant au chagrin écrasé des étuis de galuchat de nos grand'mères.

Vase à quatre pans carrés et évidés au pied, d'une forme sveltement élancée. Anses formées d'anneaux attachés à des mufles. Pièce de bleu turquoise, du bleu le plus célestement bleu, sans mélange d'aucune nuance verdâtre.

Petite théière en forme d'une petite caisse allant en se rétrécissant, avec un goulot d'arrosoir, et surmontée d'une poignée entre deux anses à oreilles. Pièce de la forme la plus originale, et d'une qualité de turquoise exceptionnelle.

Plateau aux bords recroquevillés et festonnés. C'est l'imitation d'une [molle feuille de nénuphar, et sur laquelle sont modelés en plein relief un escargot, une sauterelle, un crabe. Bleu qui semble l'eau vertement azurée que, sous les cieux du Midi, gardent les creux de rocher, quand la mer s'est retirée.

Arrête-pinceaux, appelé en Chine *py-tia*. Bleu turquoise. Un morceau de porcelaine à l'extrémité supérieure mamelonnée et ayant les saillants et les rentrants d'un poignet fermé. Dans la partie inférieure, une bordure à jour formée de ronds évidés entrant l'un dans l'autre.

### VIOLET

Le violet, le *vieux violet*, arrivé au ton chaud, velouté, sans tomber dans le purpurin brunâtre, le beau violet *aubergine*, est une des couleurs à la fois les plus triomphantes et les plus rarement réussies de la céramique chinoise. On le trouve très souvent marié au bleu turquoise, sur les porcelaines, où le mélange des deux harmoniques colorations produit les plus heureuses et les plus riches marbrures. Le dix-huitième siècle payait fort cher ce mélange contrasté, sur les chimères, les carpes, les perroquets, les singes et même sur des vaches, à l'affreuse anatomie baroque.

Théière en forme de pêche de longévité. Vieux violet. Cette théière à l'usage des peintres, qui n'a pas de couvercle et se remplit par un trou-tube placé sous le pied, a un goulot émaillé jaune couleur bois, et une anse émaillée en turquoise; et du goulot et de l'anse se projettent, sur la pointe du fruit, des feuilles lancéolées mi-turquoises, mi-jaunes, reflétées dans l'émail profond du fruit. Pièce hors ligne du plus puissant violet qui soit.

Grande potiche au long col élancé, à la panse renflée au-dessous des anses et finissant en s'amincissant au pied. Fond violet jaspé, sur laquelle s'épanouit une grande pivoine aux folioles bleu turquoise, au cœur d'un blanc jaunâtre, une pivoine qui n'est lignée par aucun contour, et dont le dessin est, comme un accident, le hasard heureux de couleurs fortuites. Les anses, formées de rinceaux cryptogamiques teintés en bleu turquoise, sont très originales : au lieu d'être accolées latéralement au vase, elles tombent, l'une devant, l'autre derrière, ainsi que des chutes de fleurs poussées en sens contraire.

JARDINIÈRE en forme de petite caisse évasée. Vieux violet mélangé de bleu turquoise sur lequel il est répandu en coulées épaisses.

PLAT. Fond violet sur lequel sont jetées deux grosses fleurs ornementales bleu turquoise. La brutalité du décor, l'opacité du bleu turquoise, le jaspé purpurin du violet, me font supposer que c'est une fabrication japonaise.

## VERT

La couleur verte, parmi laquelle la nuance la plus recherchée est le beau vert intense et lucide de la feuille de camélia. On sait le prix énorme qu'a atteint la petite urne ovoïde, feuille de camélia, de la vente Barbet de Jouy.

PETIT VASE à quatre pans de forme pansue et aplatie. Vert olive appelé *Long-thsiouen-yao*. Les arêtes du vase, et les mufles et les anneaux formant les anses, sont lignés d'un jaune verdâtre, imitant les lumières qui filent sur les saillies usées d'un bronze vert.

JARDINIÈRE en forme de petite caisse aux pans bombés, aux angles arrondis et festonnants. Grès à la couverte *vert grenouille*, orné sur quatre côtés dans la rocaille d'un large cadre émaillé blanc et noir, de caractères chinois, de fruits, de coquillages, modelés en terre de boccaro. Vase d'une décoration originale et rappelant les contours ronflants de nos commodes-tombeaux du dix-huitième siècle. En dessous, un cachet.

COUPE évasée, au rebord déprimé. Fond vert tendre camélia à reflets irisés. Bordure formée d'une grecque gravée, répétée quatre fois sur le bas de la coupe, et d'où se détache en relief une chimère faite d'une grecque fantastique. Cette coupe de forme élégante, à la gravure la plus nette, au tournage le plus parfait, porte le *nien-hao* de l'empereur Yung-tching, de la dynastie des Tsing (1723-1736), sous le règne duquel la fabrication de la porcelaine a jeté un grand éclat.

TASSE-GOBELET. Vert camélia. Cette tasse au bord réservé blanc, aux reflets métalliques, au craquelé profond et noirâtre, est de ce beau vert, à la fois intense et gaiement lumineux, que la céramique européenne ne peut réussir, ne peut obtenir de l'oxyde de cuivre qui fait tous nos verts en céramique.

## CÉLADONS

La porcelaine ambitieuse de ressembler au jade, la porcelaine collectionnée par M^me^ de Pompadour et dont le tendre ou le blafard vert d'eau serait, au dire de M. Jacquemart, obtenu par la coloration d'une pierre ferrugineuse inconnue de l'Europe.

GRAND FLACON carré à quatre pans. Céladon olivâtre. Sur les quatre pans est répété le même dragon. Travail grossier et rudimentaire qui a quelque chose de l'ornementation lourde d'un bronze primitif. Est-ce bien là un de ces vieux céladons à la pâte de grès? Ne serait-ce pas plutôt une imitation assez moderne, soit chinoise, soit japonaise?

PETITE POTICHE côtelée. Céladon à émaux verts. Coloré d'une très légère teinte vert d'eau de mer, plus apparente dans les rentrants des côtes, ce vase est décoré au col d'une première bordure vert foncé, où court une grecque, d'une seconde bordure encastrant dans de petits hexagones des rosaces rouges, d'une troisième bordure violette à lambrequins. Ces trois bordures sont répétées en bas par un dessin qui en reproduit les couleurs. Sur la panse renflée jouent, avec des sphères attachées par de longs cordons, trois chiens de Corée, dont l'un est vert, l'autre jaune, le dernier violet. Cette pièce à la douce harmonie des émaux porte le *nien-hao* de l'empereur Hiouan-tsoung, de la dynastie des Ming (1426-1436).

GRAND VASE au long col évasé, à la panse sphérique. Céladon ciselé. Ce vase est entièrement incisé de fleurs de pivoines dans des feuillages, dont les rinceaux couvrent le col et la panse. Voici ce que disent les annales de Feou-liang à propos de cette fabrication : « Sur toute espèce de porcelaine crue, on cisèle, avec une longue pointe, des dragons, des phénix, des fleurs, des plantes. On y ajoute par dessus de l'eau d'émail et une couche de chaux épurée, et on met le vase au four. » Ce vase porte le *nien-hao* de l'empereur Siouan-te, de la dynastie des Ming (1426-1436).

Bouteille à la panse orbiculaire, au pied carré, au col cylindrique, aux anses dont le bout se relève en forme d'un pétale de fleur. Céladon bleu d'empois, où se voient, sur chaque face, trois pêches de longévité, entourées du vol de cinq chauves-souris.

Petite écuelle carrée aux angles arrondis et rentrants. Céladon fleuri. Décor extérieur, une grecque lignée d'or et dont les compartiments gaufrés forment des dessins géométriques à têtes de dragons. Décor intérieur, bâtonnets de bambous en relief et dorés, se coupant à angles droits. Cette écuelle porte imprimé en or le *nien-hao* de l'empereur Kien-long.

Grand vase au renflement cylindrique commençant au col. Céladon vert d'eau. Un de ces vases que le dix-huitième siècle appelait *porcelaines à modèles*, et qui représente, dans un relief blanc doré, des potiches, des brûle-parfums, des pitong, des rouleaux d'écriture. Il porte le *nien-hao* de l'empereur Kien-long. Ce *nien-hao*, imprimé en or gaufré, comme celui de la petite écuelle, semble annoncer que c'est une porcelaine sortant d'une manufacture impériale.

Grande bouteille de forme persane, au long col évasé, à la large panse. Céladon fleuri. Porcelaine toute gaufrée d'ornements géométriques terminée par une grecque à têtes d'animaux chimériques, une décoration qui revient souvent dans les céladons. Cette bouteille porte, imprimée en bleu, le *nien-hao* de l'empereur Kien-long.

Petite bouteille formée de l'enroulement d'une feuille de nénuphar autour de laquelle commencent à s'ouvrir deux autres feuilles. Céladon vert d'eau présumé japonais.

Gourde aplatie à double renflement. Céladon bleu d'empois. Céladon d'un uni de ton et d'une glaçure de pierre précieuse réalisant presque le jade, dans une des plus élégantes montures de bronze doré du dix-huitième siècle.

## CRAQUELÉS

Une combinaison de génie et un tour de main, par lesquels le céramiste chinois a dompté, dans la cuisson, les aventures et les hasards malheureux de la tressaillure, et est arrivé à l'asservir et à la forcer à devenir la décoration régulière d'une pièce de porcelaine. Il y a le craquelé à grandes craquelures, le craquelé à petites craquelures, et enfin le truité, ainsi baptisé par l'abbé Raynal, comparant les infiniment petits segments du fendillement universel de la couverte aux écailles de la truite.

Petite potiche aux anses formées d'un mufle. Craquelé bleuâtre, une nuance qui indique d'ordinaire une origine ancienne.

POTICHE à la forme cylindrique un peu renflée à la gorge. Les anses sont formées de chauves-souris aux ailes éployées, et au cou desquelles pendent des rouleaux d'écriture, noués à un cordon terminé par deux glands. Ancienne porcelaine truitée à la nuance jaune rouillée d'une toile qui n'a pas passé au blanchissage.

GRANDE JATTE aux bords découpés en festons. Craquelé ventre de biche, sur lequel, à l'intérieur et à l'extérieur, sont jetées des branches de sapins, des tiges de roseaux émaillées en vert, au milieu de corolles de fleurs émaillées en rose, en violet, en jaune bordé de rouge. Pièce où le décor prend, sur la pâte de grès agatisée, l'aspect d'un émail cloisonné. Cette jatte a pour marque une tortue faite avec un pointillé, gravé en bleu.

POTICHE aux anses formées par des mufles de lion. Craquelé café au lait, cerclé d'une bordure à oves, d'une zone à entrelacs de rubans, d'une seconde bordure à palmettes, fabriquées ainsi que les anses d'un boccaro brunâtre; ayant l'aspect de fer rouillé et faisant comme une sévère monture au craquelé. Véritable craquelé ancien, précieux en ce temps où l'imitation est poussée très loin.

PETITE BOUTEILLE plate à quatre pans, aux anses faites de trompes d'éléphant. Porcelaine d'un blanc gris, d'un « blanc de riz », décorée, sur ses deux faces, d'une branche fleurie, au-dessus d'un rocher, exécutée en bleu, et traversée par un grand craquelage, sur une couverte d'un poli gras au toucher, tout particulier à certaines porcelaines d'Orient.

Ici, à propos du poli, de la douceur, de l'onctueux pour ainsi dire, des choses parfaites dans les mains ; un aphorisme. Le toucher, c'est la marque à laquelle se reconnaît un amateur. L'homme qui prend un objet avec des doigts indifférents, avec des doigts *bêtes*, avec des doigts qui n'ont pas l'enveloppement amoureux, cet homme n'est pas un passionné d'art.

## COQUILLE D'ŒUF

J'arrive à la porcelaine que j'aime, à la *coquille d'œuf* (1), à cette matière industrielle, délicate et transparente, où le décor céramique a été poussé à la perfection la plus extraordinaire et dont la blanche surface est égayée de l'éclair tendre des émaux les plus doux. C'est l'époque de la prédominance de l'émail rose (2) tiré de l'or, et de son rehaut enchanteur autour de figurines de femmes d'un maniérisme voluptueux.

(1) Cette porcelaine, sauf quelques exceptions, date de Yung-Tching (1723-1736). J'ai relevé le nien-hao de cet empereur sur quelques compotiers de la collection particulière de M. Mallinet.

(2) Je n'aime pas les désignations de famille verte et de famille rose, inventées par M. Jaquemart, que je considère cependant comme le fondateur de la science de la porcelaine de l'Extrême-Orient. Ces désignations, je les trouve trop générales, trop synthétiques et désignant des produits trop différents de qualité. C'est ainsi que, pour la famille rose, l'historiographe de la porcelaine réunit, sous une même qualification, et les roses sur coquille d'œuf et les roses les plus commerciaux, les plus ordinaires. C'est une classification à refaire.

PETITE TASSE. Coquille d'œuf fond blanc, sur lequel se détachent, au milieu de petites feuilles à l'émail vert des seizième et dix-septième siècles, des fleurs rouges et bleues aux colorations intenses. Cette tasse porte un *nien-hao* à trois caractères.

TASSE ET SOUCOUPE. Coquille d'œuf. Première bordure de la soucoupe à petits rinceaux dorés, seconde bordure carrelée en encre de Chine, avec des réserves de fleurettes blanches peintes sur le fond de la soucoupe ; au-dessus d'une branche de pivoines, deux coqs s'attaquant. Le pourtour de la tasse, au-dessous d'une bordure noire et or, est recouvert d'une mosaïque carrelée à l'encre de Chine avec des réserves pareilles à celles de la soucoupe. A l'intérieur de la tasse une bordure rose, et au fond la répétition des deux coqs.

TASSE ET SOUCOUPE. Coquille d'œuf. Sur le fond rouge d'or de la tasse, deux médaillons et deux cartouches à réserves blanches; dans les médaillons un dragon doré, dans les cartouches au milieu de fleurettes jaunes et violettes, une pivoine rose vers laquelle se dirige un crabe. Même décor en plus grand sur la soucoupe, qui a au fond une fleurette d'or répétée dans l'intérieur de la tasse.

Tasse aux plus jolis émaux translucides, dont la tendresse lumineuse est en quelque sorte augmentée par ce beau fond de pourpre de Cassius, qui a toutefois le défaut d'être un ton un peu mat, et de ne jamais arriver à l'unité de l'émail dans toutes les parties d'une pièce.

Tasse et soucoupe. Coquille d'œuf. Bordure de la soucoupe mosaïque carrelée rose avec trois petites réserves où sont des fleurettes dorées. Seconde bordure mosaïque nattée (clathrée); elle se termine par un cadre rocaille sur lequel court une branche de pivoine dorée. Dans la réserve blanche du fond est exécutée à l'encre de Chine une Chinoise tenant un *jou-y,* sceptre honorifique, et à laquelle une suivante tend une corbeille de fruits. Les deux femmes sont répétées séparées sur la tasse, qui est décorée, à l'intérieur de la bordure rose de la soucoupe et au fond d'une fleur dorée.

Ce décor, que j'ai retrouvé en grand sur un compotier, est d'une charmante originalité, et les figures noires font le plus joli effet au milieu de la douce et riante variété des émaux qui les entourent,

Tasse et soucoupe. Coquille d'œuf. Première bordure de la soucoupe verte à losanges. Seconde bordure carrelée rose, et contenant, en des réserves blanches, des fleurettes peintes dans des encadrements bleus. Troisième bordure nattée et se terminant par un filet d'or à festons. Dans la réserve du cartouche faisant le fond de la soucoupe, un barillet de porcelaine plein de pivoines, à côté d'une coupe où sont des cédrats digités. La tasse a une bordure carrelée verte, et, sur le pourtour natté bleu, se détachent des médaillons remplis d'une mosaïque rose, surmontée d'une astragale d'or. Au fond de la tasse qui a une bordure intérieure bleu pâle, une répétition en petit du fond de la soucoupe

Une tasse au décor tout semblable a été gravée dans la planche VIII de l'HISTOIRE DE LA PORCELAINE de M. Jacquemart, qui la classe dans la famille rose japonaise. En attendant que la question des porcelaines du Japon et de la Chine de même famille soit élucidée, cette tasse, je la tiens, pour une tasse chinoise.

TASSE. Coquille d'œuf. Fond blanc, dont se détache une Chinoise à la robe rose, un sceptre honorifique à la main, tandis qu'au revers une autre Chinoise porte sur l'épaule un instrument de jardinage, dans lequel est passé un panier de fleurs. Nuages concrétionnés, terrains stratifiés. Mosaïque intérieure carrelée en encre de Chine, avec quatre rosettes dorées. Au fond, une fleurette de sésame pourpre.

Tasse, où l'élancement et la sveltesse des petites femmes du Céleste Empire évoque dans l'esprit le nom que leur a donné la Hollande : *lang- lysen*, les longues demoiselles.

TASSE ET SOUCOUPE. Coquille d'œuf. Bordure de la soucoupe formée des stries de deux cordelettes enroulées, l'une noire, l'autre dorée. Entourage de mosaïque carrelée en encre de Chine, et finissant en un cartouche rocaille, au cadre formé d'un rinceau d'or, d'où pend, attaché par un anneau, un bouquet de pivoines, au bout duquel se balance une cordelière aux glands flottants. Sous le bouquet, trois personnages : un Chinois assis tenant à la main une tasse dorée; tout contre lui, une Chinoise à demi couchée, le coude posé sur un barillet de porcelaine; plus loin, une autre femme accroupie sur ses pieds, et ayant une main appuyée sur le goulot d'une gargoulette, reposant sur un genou. Sur la tasse dont le décor est le même, le bouquet suspendu est dans un cartouche, les personnages dans un autre. Sous la tasse une fleurette peinte en or et en encre de Chine.

Cette tasse est la plus merveilleuse tasse qui se puisse voir, et supérieure à toutes celles que j'ai rencontrées dans les collections. Le petit bouquet de pivoines, avec sa légère et charmante exécution, fait prendre en mépris toutes les porcelaines de fleurs de l'Europe, et il y a dans la minuscule petite femme à la robe rose, au profil étonné, qui tient la gargoulette, des délicatesses spirituelles, un art de touche dans l'infiniment petit, que vous pouvez chercher, sans le trouver, sur toutes les boîtes peintes par Blarenberghe.

Assiette. Coquille d'œuf. Une Chinoise à la robe de dessus vert d'eau, à la robe de dessous jaune, étendue sur un tapis aux rosaces bleues, et le coude appuyé sur une pile de livres, faisant lire un enfant accroupi devant elle. Dans un coin de l'assiette, un petit cachet rouge.

Assiette. Coquille d'œuf. Sous un arbre, une Chinoise à la robe de dessus bleue, à la robe de dessous jaune, regardant, un enfant sur l'épaule, l'eau d'un étang couvert de fleurs de nélumbo.

Deux compotiers. Coquille d'œuf. Sur le fond blanc

un bouquet de pivoines mêlé à une tige de pêcher en fleur.

Compotier. Coquille d'œuf. Sur le fond blanc, une tige de chrysanthèmes noué à un rameau de rosier jaune, où au milieu du violacé pâle des chrysanthèmes et du vert bleuâtre des feuilles, le nankin d'une rose fait un délicieux contraste. Au revers de l'assiette est gravé le numéro 176, le numéro d'une vente faite par Dresde de ses doubles. Cette assiette provient de la vente Guntzberger.

Compotier. Coquille d'œuf. Une branche de magnolia fleuri sur laquelle est perchée une mésange; en bas, une touffe de fleurs de pivoine. Au revers, trois rameaux de magnolia, de pivoine, et d'un arbuste aux pois noirs dans une gousse rouge.

Ce compotier, avec sa fine blancheur traversée par cette branche de fleurs serpentante, surmontée d'un oiseau, je le regarde comme le spécimen idéal du décor sur porcelaine. Il provient des ventes Poinsot et Barbet de Jouy (n° 111) et a été racheté par moi 700 francs chez Mallinet (1).

Deux bols hémisphériques aux bords découpés en festons. Coquille d'œuf. Le pourtour extérieur du bol est décoré de feuillages aquatiques, formant des en-

(1) L'art nouveau du Japon n'est peut-être pas si fort redevable à O-Kou-sai de son affranchissement et de son retour à la nature. Les peintures chinoises sur coquille d'œuf au dix-huitième siècle montrent des oiseaux peints avec l'art et le naturel des oiseaux qu'on retrouve sur les japonaiseries. Et le jour où sera faite une étude très étendue des époques et des phases de l'art chinois, on sera peut-être étonné de tout ce qu'on retrouvera dans l'art moderne du Japon, appartenant à la Chine.

cadrements aux découpures zigzagantes d'une grande aile de papillon. Dans les deux réserves blanches, sur lesquelles pendillent de roses nélumbos, se voit nageant un canard mandarin doré. Bordure intérieure du bol verte, accompagnée d'une seconde bordure plus large carrelée rose, sur laquelle sont jetées trois petites rosaces bleues, qu'on dirait des morceaux de lapis incrustés, et où sont ménagées des réserves blanches imitant dans leurs échancrures des fonds d'écrans egayés de fleurettes. Au fond, une fleur de pivoine avec un bouton qui s'entr'ouvre.

Ces bols aux verts les plus gais, aux verts humides de la plante d'eau, aux roses arrivés à la perfection du rose, — qui devient violet, lorsqu'il est trop cuit, et briqué, lorsqu'il ne l'est pas assez, — sont des échantillons, sur lesquels s'épèle le mieux la différence de la porcelaine de l'Orient avec celle de l'Occident. Chez nous, les porcelainiers peignent avec les procédés de l'aquarelle. C'est de la peinture étendue au pinceau. En Chine et au Japon, tout autre chose. Rien que des tons posés avec une matière colorante toujours pénétrée de fluide vitreux : en un mot, de la peinture avec des émaux et non avec des couleurs. Et tout ce que cette peinture, cependant si fondue et si harmonieuse, accorde à la fonte et à l'harmonie générale, consiste seulement dans une dégradation des épaisseurs de l'émail. C'est ainsi que, dans ces deux pièces, les nélumbos carminés, les fleurettes jaunes, les rosaces bleues du marli, arrivent presque à un relief, tandis que le feuillage, la verdure des plantes n'est enduite que d'une eau d'émail. Au fond, cette peinture, la vraie peinture de la porcelaine, est, pour ainsi dire, de la *gouache translucide*.

Ces deux bols, — et on sait, dans les porcelaines à prédominance de l'émail rose, que c'est surtout aux bols qu'ont travaillé avec prédilection les grands céramistes chinois, — ces deux bols que, pendant un quart d'heure, M. Barbet de Jouy retournait entre ses mains, en disant mélancoliquement : « Je n'ai pas une pièce comme cela chez moi », ces deux bols, à la si parfaite transparence opaline, ont été achetés dans ma jeunesse 60 francs, chez le chapelier Bandoni qui avait alors, rue Vivienne, une petite vitrine de curiosités, très artistement choisies.

Quelques objets précieux de matières diverses se trouvent mêlés aux porcelaines.

En première ligne, une pièce exceptionnelle, un objet chinois qui est un miracle de sculpture microscopique. C'est une grande et étroite lamelle d'ivoire (26 centimètres de hauteur sur 6 de largeur) imitant une tranche de bambou coupée entre deux nœuds, et dans le creux de laquelle descend du ciel vers la terre la chevauchée, sur des *kilin*, des chiens de Fô, des axis, des chevaux sacrés, des sept dieux de la religion chinoise. Cheou-lao, le dieu de la longévité, au front démesurément élevé, ferme la marche sur son cerf blanc. Il est précédé de Pi-cha-moun (1), le

(1) On voit que l'Olympe chinois ressemble beaucoup à l'Olympe japonais.

dieu des Honneurs, caressant sa longue barbiche, de Ta-he-tien, le dieu de la Richesse. Des servants les accompagnent à pied, en leur présentant, en des attitudes révérencieuses, des fleurs et des fruits. Le farouche Tao-ssé, avec ses traits contractés, et sa gourde à ses pieds, est au milieu d'eux. Pou-taï, le dieu du Contentement, au rire éternel secouant ses trois mentons, écrase sa monture de son obésité, et, tout en tête, galope sur un chevreuil la longue et svelte déesse Kouan-in, tenant à la main sa tige de lotus. Il y a, dans ces figurines équestres d'un pouce, des mouvements de nature admirables, des expressions de visages extraordinaires, et le gaudissement béat et épanoui de Pou-taï est vraiment surprenant dans cette tête grosse comme un pois. Le fini du travail dans les détails dépasse tout ce qu'on peut imaginer, et les petites têtes par un doux polissage, par un *usé* obtenu avec un frottement qu'on pourrait appeler artistique, ont quelque chose du porcelaineux de certains blancs de Chine. Derrière la cavalcade qui est presque en ronde bosse, se détachent, çà et là, de petites langues de flots servant de supports aux personnages représentés, — minces et détachées comme les languettes d'un papier soulevé et recroquevillé par le vent dans la déchirure d'une tenture. Cette espèce de planchette convexe sert à soutenir l'avant-bras de l'homme qui écrit à main levée.

C'est un cornet à pinceaux, un Pitong en ivoire, de cette forme ronde un peu rentrée en dedans, que les Chinois nomment « ceinture comprimée », et où sur la défense de l'éléphant tourne une danse gravée. En une campagne de fête et de plaisir du Japon, en quelque *Bon Odori*, des jeunes femmes s'amusent à faire danser un aveugle, ivre de saki, qui se livre à une espèce de danse de l'ours, les deux mains posées à plat sur un bâton qui lui passe derrière le cou, et tout le monde pris d'une folie ballante, et les jeunes femmes, et les petites filles, et les petits garçons, frappent la terre du pied, en agitant des écrans, avec des envolées de robes autour des corps retournés, qui ont quelque chose des théories étrusques sur les vases rouges. Un large dessin volant; un art admirable de la dégradation des reliefs, par une simple gravure ici, par de profonds creux là; et dans toute la sculpture doucement teintée de noir, rien qu'un petit morceau d'or, de pierre verte, de pierre rouge, qui fait une tête d'épingle, un peigne, un coulant de blague à tabac. Pied en bois brut. Ce pitong est signé : *Itsko-Saï Takasané*.

Un autre Pitong en bambou, et d'un bambou particulier et joliment rayé, figure, sur le tronc noueux de l'arbuste, des tigettes de bambou en ivoire colorié, aux grandes feuilles lancéolées mangées par des insectes. Et sur ces feuilles sont une araignée, une grosse mouche, des fourmis, imitées à s'y tromper, dans leur relief et leurs couleurs naturelles.

Un dernier Pitong, également en bambou et tout couvert de motifs divers et de caractères gravés et sculptés, à des profondeurs diverses, avec des entailles, tantôt mousses, tantôt aigus, et teintés dans les creux, comme du ton obtenu par un fer chaud sur le bois, est un objet d'une qualité de goût comme on n'en fabrique pas en Europe. Et au milieu de jardinières, de ceps de vigne, de martins-pêcheurs, de grenouilles, se voit une espèce de cosse de pois de senteur, où sur l'enveloppe perce la molle rondeur des pois, exécutée avec la religion du *d'après nature,* qui n'existe qu'au Japon. Le curieux de cet objet d'art, c'est qu'il est le produit de la réunion de sept artistes, qui, chacun, a signé le petit morceau de sculpture incisé sur le bambou. C'est ainsi que le cep de raisins est signé : *Liuti Keïne Kiyo Nao*, et que la cosse du pois est signée : *Ganzoui Shiu.*

Ici se trouve encore une théière en jade, au petit goulot carré sortant d'une gueule de monstre, un vrai bijou, une théière côtelée à huit pans bombés, toute couverte de caractères finement détachés en relief. Cette théière qui a des parties pétrifiées, et d'un ton mat joliment bleuté au milieu de la transparence grise, serait, au dire du Chinois Tien Pao et de M. Frandin, non de la racine de jade, mais un jade brûlé pendant l'incendie au Palais d'Été. Elle porte en dessous un cachet.

Et comme dernier objet divers de la grande vitrine, voici un morceau de banquier.

Grand flacon de cristal de roche, sculpté en forme de balustre, au bouchon formé d'une chimère couchée, au col entouré de deux chimères se poursuivant. Un de ces beaux cristaux orientaux qui ont l'air d'enfermer en leurs clartés la chaleur d'un orage, et dans lesquels les coups de lumière mettent des reflets d'améthyste. La taille est curieuse, en ce qu'elle donne l'illusion d'un restant d'eau demeuré au fond du vase.

Le cristal de roche, ce sublimé de la matière lumineuse, c'est peut-être la dernière et suprême passion du bibeloteur qui a assouvi son goût parmi toutes les nuances et de tous les éclats des choses de l'art industriel. Et je suis heureux d'avoir joint ces jours-ci, au flacon à chimères, un sceptre de commandement en cristal de roche, formé d'un rameau de sapin fleuri, semblable à un morceau de glace sculpté et évidé à jour.

Sur les planches inférieures de la vitrine sont les bronzes, dont nous commencerons le catalogue par les bronzes chinois.

Petit vase à quatre pans. Bronze incrusté d'or. Le couvercle à jour est surmonté d'un dé, où est figurée la conjonction de l'*Ing*, le principe mâle, et du *Yang*, le principe femelle.

Cette rencontre du principe mâle et femelle, qui ornemente si souvent les objets anciens, sous la forme d'une espèce de têtard dans un cercle, est ainsi racontée dans une légende naïve de l'Extrême-Orient : « Le génie mâle marcha du côté gauche, et le génie femelle suivit le côté droit. Ils se rencontrèrent à la colonne de l'Empire, et, s'étant reconnus, l'esprit femelle chanta ces mots : « Je suis ravi de rencontrer un si beau jeune homme. » Le génie mâle répondit d'un ton fâché : « Je suis un homme ; ainsi il est juste que je parle le premier : comment toi, qui es une femme, oses-tu commencer ? » Ils se séparèrent et continuèrent leur chemin. Se rencontrant de nouveau au point d'où ils étaient partis, le génie mâle chanta le premier ces paroles : « Je suis fort heureux de trouver une jeune et jolie femme. » Et il lui demanda : « As-tu à ton corps quelque chose de propre à la procréation? » Elle répondit : « Il y a dans mon corps un endroit d'origine féminine. » Alors le génie mâle répliqua : « Et mon corps a également un endroit d'origine masculine, et je désire joindre cet endroit à celui de ton corps. » Ce fut l'origine de l'accouplement des mâles et des femelles.

PETITE BOUTEILLE en forme de burette sans anse. Bronze niellé d'argent décoré d'éventails, de sabres, de rouleaux d'écriture. Ce vase à la forme sous laquelle les Chinois voient la poche à fiel, qui est pour eux le réceptacle de l'*audace* et de la *témérité*, a derrière une longue inscription incrustée en argent, que m'a bien voulu traduire M. Frandin, interprète de la légation chinoise :

*Ton pinceau a le charme d'une fleur et ton audace est sans bornes. Si tu trempes ton pinceau dans ce vase, c'est comme si tu faisais prendre l'élégance d'une fleur à ta témérité.*

*Es-tu écrivain de talent? Nous serons amis comme deux fleurs exhalant le même parfum délicieux.*

GRAND BRÛLE-PARFUMS en forme d'écuelle. Bronze de diverses patines. Pieds, anses, bouton de couvercle, formés de bambous contournés; pourtour, de feuilles de bambous demi-reliefs; couvercle, de ces feuilles découpées. Modèle du plus grand goût. Il porte le *nien-hao* de l'empereur Siouan-te, de la dynastie des Ming (1426-1436).

PETITE VASQUE à la panse turgide et côtelée. Bronze jaune niellé d'argent. Au-dessous d'une grecque, un enroulement de pivoines. Porte le *nien-hao* de Siouan-te.

PETIT POT à la panse renflée. Bronze fauve martelé d'or. C'est ce tour de main, inconnu de l'Europe, qui éclabousse la surface d'un bronze de petites scories d'or amalgamées dans la fonte. Porte le *nien-hao* de Siouan-te.

PETITE JARDINIÈRE rectangulaire de forme basse à anses détachées et surplombant. Bronze jaune martelé d'or. Porte le *nien-hao* de Siouan-te.

BUIRE au col élancé avec des mufles de lion figurant des anses. Belle patine briquetée.

Petit vase de forme ovoïde, surmonté d'un anse mobile, et ressemblant à un étrusque. Bronze à l'épaisse patine verte formant croûte. Je vois, dans ce bronze, un vase pour le baptême boudhique, pour la *rosée douce* qui remet les péchés.

PETITE JARDINIÈRE à quatre pans carrés au rebord droit débordant. Le rebord décoré en dessous d'une grecque et de nuages. Les quatre pans couverts de vermicellures, au milieu desquelles sont pratiqués quatre médaillons ronds, où se détachent une tortue, un éléphant, un oiseau dragon, deux colombes qui se becquètent. Sous le pied orné, un cachet.

PETIT VASE à six pans. Au col, une large zone formée de petits hexagones sur lesquels s'enlèvent des anses en queue d'oiseau. Sur les six pans, une tortue chevelue. Ce vase porte le *nien-hao* de Siouan-te, mais je le crois d'une fabrication beaucoup plus récente, d'une fabrication même japonaise dont les bronziers ne se gênent pas pour mettre les anciennes marques chinoises sur leurs produits.

THÉIÈRE de forme cylindrique à anse et à goulot d'aiguière persane. Bronze Tonkin. Sur les pans bombés, où courent des dessins découvrant le cuivre dans le noir émail, sont encastrés quatre longs cartouches de bronze doré représentant, en un fin et délicat travail, des tiges d'arbustes fleuris. Le couvercle doré, comme le goulot, comme l'anse, est surmonté d'un tortil de fleurs. Pièce d'une charmante richesse.

Les bronzes japonais comparés aux vieux bronzes chinois sont d'une matière moins sérieuse, moins profondément belle, moins savamment amalgamée. Un bronze japonais, vous arrive-t-il de le casser? vous vous trouvez très souvent en présence d'un alliage d'étain et de plomb, qui n'est pas véritablement du bronze. C'est un amalgame fait beaucoup à la diable, et un peu d'instinct, et tel que l'a vu faire M. Bousquet au vieil Obata dans son atelier. Mais, à ce bronze défectueux, non compact, non dense, les Japonais mettent de si séduisantes enveloppes et l'habillent de patines si charmantes, patines imitant les rayures du marbre, patines imitant le satinage des bois, patines de toutes sortes, et jeunes patines simulant les plus vieilles patines. On a vu, à l'Exposition universelle, ce tableau d'échantillons, où il y avait une centaine de patines différentes et toutes dissemblables. Et n'ai-je pas chez moi un petit vase représentant un tronc d'arbuste, montrant toutes les colorations ligneuses et jusqu'au *liégeux* du vieux bois dans les creux de branches mortes coupées. Puis les Japonais ont une plus grande et une plus riche imagination des formes : ils vous enchantent, dans l'architecture et la conjonction des lignes d'un vase, par un imprévu, un renouveau, une fantaisie que n'ont pas les Chinois. Enfin peut-être même la prédominance du plomb et de l'étain dans le bronze japonais donne à ce bronze une souplesse, un flou, un gras, en fait un métal dont la dureté n'a rien à l'œil du cassant européen, et semble l'onctueuse solidification de la cire, qui tout à l'heure emplissait le moule. Qui ne s'est arrêté devant les bronzes à *cire perdue* (1) de To-oun, l'artiste unique, le créateur, pour ainsi dire, du bronze mou ? To-oun, le grand animalier ! qui nous a donné, avec la légion innombrable de ses confrères, toute cette animalité vivante en bronze, et ces monstres fabuleux, et ces carpes dressées sur leurs puissantes queues, et ces échassiers, sans socles, posés sur la découpure d'une

(1) C'est le procédé habituel au fondeur de là-bas, qui perd son moule à la fonte, en sorte que presque tous les bronzes japonais sont des exemplaires uniques.

feuille qui se creuse et se redresse sous le ressort de leurs pattes nerveuses.

Vase a eau. Forme de potiche. Ce bronze japonais a pour toute décoration une inscription chinoise en grands caractères de bronze doré. Cette inscription, M. Frandin n'a pu la déchiffrer qu'incomplètement; elle ferait allusion au déluge, ou du moins à un déluge japonais.

Petite bouteille, de forme aplatie, aux anses formées par des mufles. Bronze à cire perdue. Il est décoré d'un revêtement de petites coquilles, sur lequel se détachent les poissons à la queue dressée, que l'on voit aux angles des toits des habitations japonaises. Pièce envoyée dans le temps à M. Decelle, comme un morceau rare.

Petit écran. Bronze à cire perdue. De dessus la déchiqueture découpée des nuages, s'enlève dans le ciel, sur le dos d'une grue, un sennin lisant un rouleau d'écriture. Pieds formés de deux chiens de Corée accroupis, du dos desquels s'élève une tige fleurie. Bronze d'une belle vieille fonte.

Cornet au rebord évasé en forme d'une fleur de *datura*. L'enroulement de la tige est resserré au milieu par un anneau formé du contournement d'un petit dragon très finement ciselé. Bronze jaune.

Petit vase. Dans quatre compartiments lancéolés est répétée une apparition boudhique, au-dessus d'un chien de Fô; sur la panse se retrouve également, quatre fois, un prêtre de Boudha en prière; et sur le pied le même rameau se détache encore, quatre fois, d'un fond de petits ronds au striage de coquilles.

Petit cornet au col et aux pieds resserrés. Une grecque dessine le cadre de deux compartiments remplis par des dragons. Les deux anses sont formées par deux petites tortues appliquées au col.

Petit cornet carré et coupé au milieu par une panse hémisphérique, où deux dragons nagent au milieu des flots. Décor de la partie plate, grecque et grands trèfles de forme ogivale. Bronze, que la beauté et la lourdeur du métal pourraient faire croire d'origine chinoise (1).

Vase de forme trapue, et sur la panse duquel sont pratiqués trois cartouches, où s'apprête le combat en ronde bosse de deux panthères, de deux chiens de Corée, de deux *kirin*. Pieds formés de trompes d'éléphants sortant de la gueule de monstres.

Vase en forme de losange coupé par des bandes horizontales ornementées d'arabesques à reliefs différents. Patine superbe.

Petit vase au rebord évasé, aux anses formées d'un feuillage de coloquinte et de sa gourde. D'un côté, un dragon descendant du ciel, de l'autre un flûteur charmant le dragon.

Petite bouteille au col décoré de flots sur lesquels deux carpes se détachent en anses. Au bas de la panse, la volute d'une vague, où flottent quatre ou cinq coquilles.

(1) On sait toute la difficulté qu'il y a à discerner des bronzes pour ainsi dire de la même famille, et dont l'ornementation est toute semblable.

Bouteille à six pans avec collerette ornementée dont la saillie des deux côtés forme les anses. Original modèle.

Bouteille décorée de zones de flots et d'arabesques, aux anses formées par deux crevettes grimpant contre le col.

Bouteille au long col. Bronze fauve tout uni, sur lequel est posée une mouche, avec ce mouvement de compression des ailes d'une abeille dans une fleur.

Petite bouteille, brodée d'arabesques. Patine verte imitant le vert d'une matière vitreuse.

Grand tube. Bronze frotté d'or. Tortues dorées nageant dans un cours d'eau, sur une patine semblable au bois d'acajou.

Grand tube. Trois grues faisant leur toilette, gravées en creux, avec des parties dorées et argentées sur une patine pareille à celle du tube précédent.

Petit cornet en forme de bambou. Bronze où sont encastrées, sur toute la ronde surface, de petites sculptures en bronze argenté et doré, provenant de manches d'anciens sabres.

Petit vase-applique en forme d'un fruit oblong, recouvert de feuilles de vigne, au milieu desquelles repose une grosse cigale. Ce vase-applique porte un cachet derrière.

Vase a jour, formé de l'entrelacs de tiges de bambous sur lesquels courent quelques fleurettes. Fonte d'une difficulté extrême.

Panier de jonc tressé à la panse cabossée par un renfoncement. Encore une merveille de fonte, et où l'imitation de la nature va jusqu'à la représentation d'un accident, qui lui donne, aux yeux de l'artiste, un caractère pittoresque.

PETITE LAMPE A SUSPENSION. Elle est fabriquée de compartiments, s'accrochant l'un dans l'autre, et figurant d'étroits cadres de bambous, où sont découpés à jour des rameaux d'arbustes fleuris, des tiges de roseaux, des souches de champignons. Le fumivore et le godet, décorés d'une grecque.

GODET. Bronze jaune incrusté. Sur le pourtour, un paysage aux arbres finement incisés, et parmi lesquels est un pêcher aux fleurs d'argent.

POSE-PINCEAU. Bronze composé de trois longues feuilles de bambou, au milieu desquelles est pratiqué un petit trou dans le pédoncule de la branchette.

BRASERO-CHAUFFERETTE. Forme ovale et festonnée. Sur le bronze imitant la laque aventurine, court, tout autour d'un couvercle treillissé et doré, le sillon argenté d'un flot recourbé battant des troncs d'arbustes, avec des parties brunies dans l'argent au pointillé. Rien ne ressemble plus à une vieille pièce d'argenterie de notre rocaille, que ce bronze à l'argenture rondissante et contournée.

THÉIÈRE de forme ronde, à l'anse et au goulot formés d'un cep de vigne, dont les raisins et les feuilles s'épandent sur sa rondeur. Bronze à cire perdue d'une charmante imagination.

PETIT BRÛLE-PARFUMS en forme de *cocotte* (1). Bronze

(1) J'ai relevé ce modèle sur un album à l'usage des tisseurs d'étoffes.

où les yeux de l'oiseau rudimentaire sont argentés, et dont le découpage de la partie inférieure est décorée d'une bordure, représentant un quadrupède fantastique galopant à travers des rinceaux de fleurs de la plus délicate ciselure, et qui n'est pas sans analogie avec l'ornementation des poires à poudre européennes du seizième siècle.

Petite coupe en forme d'huître épineuse, et dont le creux est enguirlandé de fleurs de pivoine détachées en plein relief. Bronze à cire perdue de la plus douce fonte.

Petite jardinière rectangulaire. Bronze à cire perdue. Bordure formée d'ornements étoilés appelés *singh* et qu'on compte comme des grains de chapelet. Au milieu des flots figurés sur les quatre pans de la jardinière, apparaît, disparaît, le relief tordu d'un corps de dragon, à la queue et aux ailerons membraneux, dorés d'or mat. Un des bronzes les plus gras que j'aie jamais vus : une vraie cire. Ce bronze porte l'inscription suivante : *D'après la commande de Sho Gakou Saï, amateur de bronzes, a été fait à l'époque de Tempo* (il y a environ 50 ans) *par Tanko Saï-Jo Kakou.*

Chien de Corée. La gueule ouverte, et élancé et aplati sur ses pattes de devant, la queue flamboyante, il s'arc-boute d'une patte de derrière sur une sphère évidée. Porte une marque sur la cuisse gauche. Vieux bronze.

Fong-hoang. L'oiseau de paradis chimérique, l'oiseau de la prospérité et du bonheur, est représenté avec sa tête de hocco, sa queue de paon, ses hautes pattes d'échassier.

Éléphant. Bronze jaune. Agenouillé à terre, l'éléphant de convention, aux formes aplaties et déprimées, et qui forme un brasero, a le dos recouvert d'un caparaçon-couvercle, où figure, découpé à jour, l'enroulement d'un dragon.

Oie. Bronze avec des parties frottées d'or. Beau travail aux formes un peu archaïques. Ce brûle-parfums porte en dessous un cachet dont les caractères sont persans.

Canard mandarin. Il est représenté *cacardant* avec l'avancement tortillard de son cou. Une imitation de la nature qui a le charme d'un croquis en bronze.

Caille. Une caille, posée sur une tige de millet, dont les enroulements herbacés et les graines font un encadrement, en forme d'écran, à l'oiseau brûle-parfums.

Cigogne. La tête enfoncée dans son jabot, elle médite perchée sur ses longues pattes. Spirituelle étude d'échassier.

Tortue. Petit bronze d'une exécution extraordinaire dans le travail de la carapace, le chagriné du cou et des pattes, le retournement du col tors de l'animal, sa marche clopinante. Cette pièce porte en dessous le cachet de *Seï Min*, le fameux modeleur de tortues, à la représentation desquelles s'était vouée sa famille depuis deux générations. Une merveille et le spécimen d'un art d'observation qui n'appartient qu'au Japon.

CRABE. Bronze moderne d'une imitation de la nature qui ferait croire à un moulage.

Ici une grosse question. Les Japonais moulent-ils les objets de la nature qu'ils représentent? Un Japonais devant lequel on hasardait cette question, s'écriait : « Mais nous n'avons pas de plâtre au Japon ! » Puis, lorsqu'on lui eut fait observer qu'à la rigueur on pouvait mouler avec une autre matière, il reprenait, avec un certain emportement, que dans son pays un artiste qui serait convaincu de cette supercherie, serait déshonoré, ne pourrait plus vendre ce qu'il ferait dorénavant. Et voici un témoignage en faveur de l'affirmation de notre Japonais : Je faisais voir à Georges Pouchet ce crabe moderne, ce crabe qui, de tous les bronzes d'animaux de ma collection, prête le plus au soupçon du moulage, et Pouchet, qui le croyait d'abord moulé, fut frappé, à la naissance intérieure des pattes du crustacé, de l'absence des appareils de la génération très divisés et très essaimés chez ces animaux. Il en conclut que le crabe n'était pas moulé. Les Japonais ne moulent pas, mais ils copient comme s'ils moulaient.

De l'autre côté de la grande armoire aux porcelaines et aux bronzes, se trouve, faisant pendant à la vitrine aux nestkés, une vitrine uniquement remplie de bols de Satzuma.

Une délicate pâte, composée de nombre de matières premières, passées au tamis de soie, jusqu'à ce qu'elles soient réduites en une poussière impalpable, merveilleusement concrétionnée ; une couverte qui va du ton de l'ivoire à la nuance de la toile écrue, tantôt fendillée des craquelures du craquelé, tantôt du plus microscopique truité ; là-dessus une décoration tendre et gaie exécutée avec des couleurs de verre pulvérisé, des bleus lapis, des verts cendre verte, des roses d'aquarelles, des violets pâles, des rouges cire à cacheter un peu briqué, — le rouge des anciens Satzuma, — le tout relevé d'un or, à l'épaisseur des reliefs, comme nous en trouvons seulement sur le *bleu* de Vincennes : c'est là la faïence de Satzuma, une faïence qui semble avoir été créé pour la joie des artistes, et qui apparaît dans sa libre exécution comme une riante et claire esquisse sur le fond non recouvert d'une toile. Elle a encore, cette faïence, une particularité charmante. Sa décoration semble exécutée sous l'influence de l'art arabe, de l'art turc, et l'on dirait que les potiers coréens, épris de ces petits coquetiers filigranés où l'Orient prend son café, ont voulu transporter sur leurs produits porcelaineux ces résilles d'or enrichies de cabochons. Et c'est vraiment miraculeux comme, sur ces faïences, l'épaisse petite gouttelette d'émail translucide, tombée du pinceau, joue dans les trèfles d'une bordure, le grenat, dans les pétales d'un chrysanthème, l'opale, et comme cette bise porcelaine est joliment scintillante d'une poussière de pierre précieuse !

Ces bols donnent à voir, sur leur tournant, des oiseaux bleu et or au milieu de fleurs roses, qu'on dirait modelées dans une couche de verre coloré, des médaillons formés de deux rameaux réunis en couronne et ressemblant aux rocailleuses armoiries du prince de Sagami, des carquois dorés de fleurs, dont le gaufrage de l'or imite le travail de la plus fine boîte de laque d'or, des dessins géométriques enchevêtrés les uns dans les autres et mosaïqués des émaux les plus éclatants. Sur ce bol, une vigne court qui se répand dans l'intérieur par le tortil le plus élégant; sur cet autre est une vraie broderie d'or comme incrustée de petites pierres vertes et rouges. Et voici un céladonné vert d'eau, tout parsemé de sauterelles, de crapauds, de crabes, imités dans leurs couleurs naturelles. Et dans l'ornementation de ces bols, toutes les imaginations! C'est ainsi que celui-ci est décoré de gardes de sabre de métaux divers, mêlées à des coquilles laquées. Le plus beau, le plus riche de tous représente, encore gaufré, l'animal fabuleux appelé *Kirin,* au milieu de fleurettes éclatant dans leur émail translucide comme un bouquet de feu d'artifice.

Au milieu de ces bols se rencontre une théière charmante, dont la couverte seulement, nuagée de quelques pointillages d'or, montre dans un coin deux petits cartouches accolés: l'un rempli d'une tige de chrysanthème, l'autre d'un bord de rivière fleuri d'iris d'eau.

Quelques bonbonnières auxquelles les faïenciers de Satzuma semblent apporter tous leurs soins, méritent d'être signalées. J'en décrirai une seule. Le pourtour vert clair de la petite boîte ronde et plate est semé de blanches fleurs de cerisiers, et sur le couvercle se dresse une haie feuillagée d'or et coupée par deux ou trois bambous verts du vert du pourtour. Rien de plus distingué que ce paysage d'or à moitié visible, à moitié perdu dans le craquelage de la couverte grise.

Dans l'étude que j'ai faite des faïences de Satzuma, je suis arrivé à croire que les Satzuma relativement anciens sont reconnaissables à une peinture fluide, où l'émail coulant prend l'aspect d'une larme débordant un peu le dessin ; à la transparence du feuillage, colorié de tons rompus et très légèrement glacé d'émail et dont toute l'épaisseur est gardée pour les fleurs ; à un certain vert qui n'est jamais une plaque de vert cendré opaque, mais un vert clair et irisé qui cherche le vert du nélumbo des porcelaines chinoises de la famille rose sur coquille d'œuf ; à des blancs dont l'émail a, pour ainsi dire, la carie de la vieille nacre ; à un emploi discret de l'or, dont les filets ont l'ambition d'imiter les fines arêtes d'un cloisonné, et enfin surtout à un truité presque imperceptible dans une pâte ivoréenne.

Terminons cette étude des Satzuma de la vitrine par la description de deux pièces hors ligne :

Caisse à quatre pans carrés au bord supérieur formé de quatre baguettes plates coupées, et faisant les petites saillies tronquées des cadres de bambous japonais. Sur le truité des quatre pans, dans lesquels sont gravés en creux des bâtons de roseaux sont peintes des tiges de chrysanthèmes roses et violets, avec des feuillages mi-vert tendre, mi-dorés, aux cœurs pointillés d'or en relief, aux vrilles jouant le filigrane d'or. Une large bordure intérieure faite de pivoines, et de ce vert tendre et de cet or épais du feuillé. Le vase est recouvert d'un couvercle laqué en dessous, et imitant en dessus le vieux bois pourri et fendillé, où une hirondelle, en *shakudo,* couchée à terre sur une aile et battant l'air de l'autre, guette, dans une fente, un crabe en fer microscopique. Cette pièce, connue au Japon, a été reconnue par les Japonais comme une des seules pièces anciennes existant à Paris.

PETITE CAISSE à quatre pans carrés. Bordure supérieure formée de ronds rouges contenant des fleurettes d'or. Sur le truité presque imperceptible de la porcelaine d'un blanc d'émail, des pivoines roses. Petit couvercle de bois naturel laqué, au bouton de corne et de nacre. Cette pièce a été raccommodée au Japon, avec le filet d'or, qui est la signature des raccommodages de la faïence et de la porcelaine là-bas.

Ces deux pièces, aux roses pâles de l'azalée, aux colorations cherchant le ton effacé, délavé, un ton qui ressemble à une espèce d'*embue* de tendres couleurs, sont curieuses en ce que toutes deux semblent fabriquées, avec une autre matière que les bols, — d'une matière porcelaineuse qui ne se laisse pas entamer par l'acier.

Au retour de la vitrine commence le panneau du

fond, où sur une table est posée une écritoire japonaise : le meuble à la fois de l'écrivain et du peintre de l'Extrême-Orient, et pour la fabrication duquel il est presque toujours fait un choix de belles matières, réunies dans une ornementation originale. Un pied en bois de fer, découpé en crêtes de vagues; là-dessus la pierre à user l'encre de Chine, avec sa petite cuvette intérieure formée d'un morceau de porphyre rouge, et dont la pittoresque taille donne à l'écritoire sur son pied l'aspect d'un rocher battu par la mer. Et le riche et décoratif objet est terminé par une plaque en bois noir, où, à travers les flots en colère, apparaît le dragon des typhons, en ivoire sculpté aux parties laquées du plus beau et du plus tourmenté travail. Cette écritoire me mène à en décrire une autre, dans la décoration de laquelle l'art chinois semble s'être associé à l'art japonais. Cette écritoire, qui a la forme d'un grand tamis, et est du plus beau bois brun à reflets de racine d'acajou, et tout sculpté de papillons sur son pourtour, a pour revêtement une plaque, où trois perruches blanche, verte, rouge, exécutées en pierre dure, sont perchées, au milieu de pivoines en nacre, et au feuillage d'or, d'écaille, d'ivoire colorié, d'un *faire* tout chinois. L'intérieur bien japonais est en laque moucheté d'aventurine, sur lequel se détachent de grands papillons en ors de tous les tons. Là se trouve réuni tout l'attirail pour l'écriture et le dessin : une pierre à encre de Chine faite d'une ronde pierre de touche, le réservoir à eau qui est un papillon d'argent, et dans deux petits étuis pas plus gros que les pailles au moyen desquelles on aspire les boissons américaines glacées, les pinceaux que les Japonais fabriquent en poils de loutre, de blaireau et surtout de renard, et que les Chinois préfèrent en poils de lapin et de lièvre blanc (1). Il ne faut oublier non plus les vieux bâtons d'encre de Chine, pour lesquels il y a là-bas des collectionneurs, les bâtons d'encre de Chine à la perle, les beaux bâtons à cinq griffes, à l'usage de l'Empereur, avec l'inscription : *Tien-tse-ouan-nien*, qui est un souhait « de dix mille années au Fils du Ciel », enfin les grands pains entièrement dorés et décorés de dragons en relief et de caractères chinois tracés en creux et coloriés en bleu, semblables à celui qui s'est vendu à la vente de Guignes, en 1845, et dont la date de fabrication correspondait à l'année 1103 de notre ère.

Au-dessus de l'encrier japonais se déploie une panoplie de sabres.

Le Japonais Kachi (*sic*), se croyant au moment de mourir, d'après le récit de Ricord, remet à ses domes-

(1) Voici la description des pièces d'une écritoire de mandarin, qui a passé à la vente de M. Sallé, en 1826, et qui était considérée comme la pièce de ce genre la plus riche et la plus complète qui existât alors à Paris. Outre la pierre à encre, le pain d'encre et son chevalet, le réservoir d'eau, les pinceaux-plumes, l'écritoire contenait, posés sur un plateau peint en marbre avec galerie de bois, un *py-tia* ou arrête-pinceau en cristal de roche, une feuille avec insectes en porcelaine, servant à laver les pinceaux, un presse-papier figurant une femme endormie, un couteau à papier en écaille, un cachet en pierre de lard, et enfin un *souan-pan* imitant l'opale.

tiques son sabre, le sabre *paternel,* ainsi qu'il l'appelle pour le porter à son fils. Au Japon, dans ce pays des samourais, des chevaliers aux deux sabres, le sabre, la lame du moins, est l'héritage le plus précieux du mort, l'objet transmissible de père en fils, et même, dit-on, un objet inaliénable. Le vice-daysanji, qui faisait les honneurs de Kioto au baron de Hübner, lui montrait, avec orgueil, un sabre appartenant à sa famille depuis le règne de Taiko-sama. Et, au Japon, offrir à quelqu'un ses deux sabres est la plus grande preuve d'estime et d'affection qu'un homme puisse donner, ainsi qu'on peut le voir dans l'histoire de Sibata, que raconte M. Titsingh.

C'est, parmi les choses précieuses, la chose par excellence pour ce peuple guerrier. Un samourai met un peu de sa fortune dans un beau sabre, et des documents anciens font mention « de lames nues » payées 500 ducats d'or. Il y a dans les « Mémoires des Djogouns, » une curieuse anecdote à propos du prix des sabres. Le prince Todo-isoumo-no-ka-mi achète 100 kobans (2,400 francs) un sabre merveilleux. Il court le montrer à son père, qui lui dit : « Je ne comprends pas de quel puits vous avez tiré ce sabre. » — C'est l'expression japonaise pour exprimer l'achat d'un objet à vil prix. « Mais vraiment sied-il au prince d'Izé qui jouit d'un revenu de trente-six mille *kokf* (86,400 francs) de profiter ainsi du malheur d'autrui? » Et le ton des paroles du père fut si sévère, que le fils se mit de suite à la recherche de son vendeur et doubla la somme payée. Le sabre a une telle importance en ce pays, joue un si grand rôle dans toutes les affaires de la vie, que les biographies de là-bas sont pleines d'histoires de sabres, pareilles à celles du sabre de Toqui xiro (*sic*), que raconte « la Relation des guerres civiles du Japon » publiée par Pierre Witte en 1722. Le sabre prend enfin au Japon une espèce de caractère sacré (1), devient un objet qui ne doit être touché par des mains étrangères qu'avec respect, et pour lequel, fait curieux, il y a un cérémonial à l'effet d'en débarrasser son maître, quand il franchit le seuil d'une maison de thé. La plus jeune des sommeillères, se gantant la main d'un mouchoir de soie, prend le sabre par l'extrémité du fourreau, et le porte ainsi dressé droit contre sa poitrine, jusqu'à ce qu'elle l'ait déposé sur le râtelier de laque du vestiaire.

Du reste, ces sabres seraient les armes blanches les mieux trempées de toute la terre, et dont l'aciérage surpasserait l'aciérage des lames de Tolède et des fameux damas. Ils coupent de gros clous sans que le tranchant soit ébréché. Ils pourfendent des hommes, s'il faut s'en rapporter aux albums d'impressions; et des missionnaires ont été jusqu'à affirmer avoir vu, dans l'Inde, un bœuf coupé en deux par un sabre japonais. De ces sabres japonais, il y en a qui avaient jusqu'à la longueur de neuf éventails (90 pouces). De très estimés anciennement étaient

(1) Nous avons vu, il est vrai, ces années dernières, à Paris, l'héritier d'une illustre famille japonaise se servir du sabre *paternel*, pour couper les fils de fer des bouchons de bouteilles de Champagne.

des sabres de 23 pouces, appelés *bizen-kouni-miets*, du nom du fabricant. Et les noms des célèbres armuriers et fourbisseurs de Kioto, de Yedo, d'Osaka sont dans la bouche de tous les samourais, et deviennent souvent entre eux le sujet de conférences, semblables aux conversations d'artistes s'entretenant religieusement de vieux maîtres.

Les sabres japonais, décorés avec de l'or, de l'argent, du bronze, du cuivre, une composition connue sous le nom de *métal de Sawa,* ont en général une poignée faite en peau de requin (de *hay*, dit Thunberg), sur laquelle s'entre-croise un treillis de cordonnet de soie. La poignée est arrêtée par une garde ou coquille de métal ouvragé. Les fourreaux sont en laque ou en bois, choisis parmi les essences les plus rares. Sur le plat extérieur est pratiquée une rainure où se glisse un petit couteau; sur le plat opposé, une seconde rainure contient une fiche se divisant en deux, destinée, disent les uns, à reconnaître, sur les champs de bataille, les têtes coupées par le possesseur du sabre qui y plante la moitié de sa fiche, destinée, disent les autres, à devenir tout bonnement les bâtonnets au moyen desquels le guerrier mange son riz. Un demi-anneau, enserrant la fiche, s'ouvre au passage et à l'attache d'une tresse de soie presque toujours jaune et verte ou noire.

Des deux sabres qu'un Japonais porte, le plus grand est son *sabre d'office*, le plus petit qui ressemble plus à un poignard qu'à un sabre, est son arme particulière, son *waki-zashi*.

Je n'ai fait que la collection des petits sabres et je donne la description de quelques-uns.

PETIT SABRE au manche en corne, imitant le tressage d'un cordonnet de soie, sur lequel se détache une pivoine d'or. Fourreau en bois noir aux méandres blancs. Garde, manche du couteau, fiche, demi-anneau d'attache, pommeau de la poignée et bout du fourreau, décorés de chysanthèmes ciselés et argentés avec parties dorées. Tresse de soie bleu et jaune.

PETIT SABRE au manche en peau de requin, enveloppé dans un entre-croisement de cordonnet de soie, enfermant de chaque côté un petit cochon d'or en demi-relief. Fourreau en laque aventurine, sur lequel sont jetées des feuilles étoilées de *momidi*. Garde, manche du couteau, fiche, demi-anneau d'attache, pommeau de la poignée, bout du fourreau, décorés de feuilles de *momidi*, dorées sur fond bronzé. Cette ornementation d'un sabre, avec un seul motif répété par des matières différentes, est une décoration typique du goût japonais, et je me rappelle avoir vu un sabre à la garde représentant, ciselée dans le fer, une araignée dévorant une mouche, et dont la toile se continuait, perlée de rosée, tout le long du laque du fourreau. Tresse bleue et verte avec caractères japonais. Le manche du couteau au travail semblable à celui de l'ornementation en métal de tout le sabre, est signé : *Yastsou you*.

PETIT SABRE au manche en bois brun imitant le cuir, sur lequel se détache une pivoine d'argent. Fourreau en laque, aux raies mordorées. Garde, manche du couteau, fiche, demi-anneau d'attache, pommeau de la poignée, bout du fourreau, en argent ciselé représentant des tiges de bambou. Tresse violette et blanche.

PETIT SABRE au manche en bois brun, imitant un tressage de cordonnet de soie sur un fond de galuchat. Fourreau en bois noir, garde en argent figurant des vagues sculptées. Manche de couteau et fiche avec flots et dragons en or. Pommeau de la poignée, demi-anneau d'attache, bout du fourreau en fer découpé, incrusté d'or et d'argent. Tresse violette.

PETIT SABRE au manche de corne imitant un tressage de soie, dont un cordon enserre un chien de Fô en argent. Fourreau en bois brunâtre et rugueux. Manche de couteau et fiche en argent ou en métal blanc de la Chine, et portant une tige de millet avec ses deux épis barbus en or, demi-anneau d'attache en argent. Pommeau de la poignée et bout du fourreau en argent évidé en cœur. Tresse noire.

PETIT SABRE à la poignée tressée de soie noire sur dessous de peau de requin, et enserrant d'un côté un petit Daikoku en bronze et en or, de l'autre un couple d'amoureux enlacés. Fourreau en bois noir strié. Garde, manche du couteau, demi-anneau d'attache, pommeau de la poignée en fer incrusté de petits émaux cloisonnés. Tresse blanche et violette.

PETIT SABRE à la poignée en bois couleur palissandre, sur lequel se détache, d'un côté, un tambourin en bronze, une tige de lotus en ivoire, une boîte en laque de Pékin, et de l'autre côté une minuscule anguille de bronze se tortillant sur une feuille d'ivoire colorié. Le fourreau, du même bois que la poignée, renferme dans une petite cavité, sculptée comme dans le creux d'une vague, une divinité à la draperie flottante et volante, frappant avec un marteau sur un tympanon, tandis que le revers du fourreau n'a pour décoration que trois petites coquilles verte, blanche, rouge. La garde, très délicatement ciselée, montre un Daikoku et un Yebis en gogaille, avec pour dessous une ligne d'or tombée sur un tay rose. Le manche du couteau en bois noir, ce qui n'est pas ordinaire, porte en relief un pinceau et une écritoire en pierre dure. Le demi-anneau d'attache, fait d'un monstre mordant une boule, est en laque d'or mat. Sur le pommeau en fer de la poignée se trouve sculpté, dans un médaillon grand comme un bouton de chemise, un terrible Bishamon, et sur le bout de fer bruni et chagriné du fourreau se soulèvent des tiges de roseau de l'or le plus fin.

Une arme de luxe qui n'a rien de voyant, de tirant l'œil, et où seulement, en la regardant de tout près, et de tous les côtés, et dans ses petits recoins cachés, apparaît une perfection qui se dissimule et semble ne vouloir se dévoiler qu'à son possesseur et manieur intime. Et, ma foi, je ne serais pas éloigné de croire que cette perfection discrète est un des buts que poursuivent, dans leurs œuvres, les parfaits artistes du pays. Ce sabre porte trois signatures : la garde du sabre est signée : *Itchi jo Sai firo fisa;* le manche du couteau : *Le Kisaï*; le bout du sabre : *Goto mitru ioshi.*

Ces délicieux petits sabres, qu'on pourrait appeler les bijoux du suicide, sont les sabres avec lesquels les Japonais s'ouvrent le ventre, font *hara-kiri* ou *seppuku.*

Le noble condamné ou simplement offensé, et dans l'impossibilité de tirer vengeance de l'offense, fait établir une estrade dans le jardin de son habitation, et, après l'avoir fait couvrir des plus riches tapis, monte sur l'estrade et s'accroupit sur les talons, Alors il adresse un petit discours d'adieu à ses *kéraï*, prend sur une petite table placée à côté de lui son *waki-zashi*, qui est entouré presque jusqu'à la pointe de papier, de manière à ne pouvoir faire qu'une entaille peu profonde (1). Et aussitôt, du petit sabre, il se fait de gauche à droite, au-dessus du nombril, une blessure n'entamant guère que la peau, puis courbe la tête qu'il penche légèrement à droite. C'est le moment où son second, placé à sa gauche, et qui a fait ses études du code d'honneur du *hara kiri*, lui fait sauter la tête, soucieux de ne pas laisser le temps à son ami de montrer un signe de défaillance (2).

(1) *Le Japon de nos jours*, par Georges Bousquet; Hachette, 1877.

(2) Le second, dans le *hara-kiri*, me sembleu ne introduction moderne. Les annales des empereurs du Japon sont remplies de daimios et de samourais qui se *coupent* pour de bon le ventre et meurent sans le secours d'un intermédiaire. Il y a même l'anecdote de Nori-Sane, qui avait commencé à s'ouvrir le ventre, et dont le sabre lui est arraché des mains par ses gens, et qu'on panse et qui guérit.

Mais le *hara kiri* est presque de l'histoire ancienne, en ces jours, dans lequels l'on voit, sur le théâtre japonais, une parodie de la terrible coutume, où le second, le daimio, la femme cause de la mort, et le suicidé même, tout barbouillé de sang, se livrent, dans le rire du public, à un *vertigineux* cancan.

Au milieu de ces sabres sont accrochées des gardes de sabre isolées, ces gardes que les nobles japonais font exécuter, aussitôt que se fonde la réputation d'un nouvel armurier, et que ces nobles ont comme rechange à la lame antique, imitant en cela un peu nos femmes, quand elles font changer la monture de leurs diamants.

Dans ces petits ouvrages de fer, — le métal, par parenthèse, le plus rare du Japon, — il y a des chefs-d'œuvre de ciselure, des tours de force d'amollissement de la dure et rebelle matière. Je voudrais là-dessus, pour le public, un livre fait par mon ami Burty qui possède la plus remarquable collection de gardes existant en Europe, et qui a fait sur le sujet des études plus complètes que les miennes. En attendant cette monographie qui ne peut tarder, voici la revue courante de quelques gardes qui ne sont pas des plus ordinaires :

Garde de sabre. — Fer. — Dans le rond de la coquille, trois éventails découpés et repercés dans la masse, montrant sur leurs feuilles à demi déployées des peintures niellées en or de divers tons.

Garde de sabre. — Bronze jaune. — La découpure dans le métal de l'échancrure de deux nuages, avec au-dessous la découpure de la silhouette d'un lapin, regardant la lune, les oreilles dressées. A côté, une touffe d'herbes à la tige d'or, aux grandes feuilles, émaillées rouge et noir. Cette originale garde de sabre est signée : *Yassou Tika.*

GARDE DE SABRE. L'enroulement, la mêlée, le culbutis d'une centaine de petits singes, faisant autour du trou de la garde, comme un soleil de gambades et de grimaces. Cette garde de sabre en bronze jaune est signée : *Mitsou Hiro né en la province de Hizen,* et porte l'inscription suivante : *Fait avec du bronze chinois.*

GARDE DE SABRE. — Bronze jaune. — Dans une rondelle de glace, évidée au milieu, un Japonais à la tête mobile, étendu à terre, sous une tige de bambou couverte de neige, figurée en argent, lit un livre, le coude accoté à une petite table. Un chef-d'œuvre d'agencement, et une étude pleine de naturel, donnant à voir, au revers, l'abandon souple d'un dos d'homme plongé dans une lecture attachante. Cette garde de sabre est signée : *Sei Zoné.* Le livre que le Japonais lit, ne contient que des caractères chinois sans signification.

GARDE DE SABRE. — Acier. — Au pied d'un arbuste fleuri d'or et d'argent, un faisan émaillé en ses couleurs naturelles. Une garde d'un travail, d'un précieux, d'un coloris, si l'on peut dire, qui défie toute notre armurerie moderne. Cette garde est signée : *Mikami Yashi Hidé.*

GARDE DE SABRE. — Bronze jaune. — De la fine vermicellure du fond se détache un roseau sur lequel pose un martin-pêcheur, à la tête d'argent, au bec d'or. Au revers, et sur le côté, et coupé par le trou trilobé du couteau, rien qu'une tige de roseau desséchée.

Garde de sabre. — Shakudo (1), métal au ton bleuâtre violacé d'une prune de Monsieur, et dans la composition duquel il entre, dit-on, une quantité notable d'or et d'argent. — Un guerrier, la main sur la garde de son sabre, est prêt à frapper un diablotin qui, s'élançant par le trou du couteau, a déjà, dans son saut horizontal, la tête de l'autre côté. Cette composition se rapporte à une légende chinoise. Un empereur de la Chine avait toutes les nuits un cauchemar, dans lequel il était tourmenté par un diablotin. Une de ces nuits d'obsession, l'ombre d'un frère, mort depuis des années, apparut costumée en guerrier, et mit en fuite le petit diablotin qui ne revint plus. Et le dessin et la sculpture de cette légende sont considérés par les Japonais comme un excellent spécifique contre l'apparition des méchants esprits. Cette garde est signée : *Lifou Dô Seï Zoni.*

Garde de sabre. — Acier. — Sur cette garde, qui est carrée, se trouvent une grande feuille de nénuphar frottée d'or et un nélumbo à demi épanoui en argent. Au revers, trois grenouilles coassent, leurs yeux ronds au ciel.

Garde de sabre. — Acier. — Laizïn (2), le Dieu

(1) Est-ce le *métal de Sawa* dont parle Thunberg?
(2) Laizïn ou Raïden est le plus souvent représenté d'une ma-

du tonnerre, les cheveux hirsutes, les carnations couleur de cuivre, penché dans sa grande robe dorée sur le haut d'un rocher, au milieu de l'Océan, et lançant la foudre sur des flots qui ont des griffes de monstres. Au revers, des zigzags d'éclairs sur le ressac de la mer autour d'un écueil. Cette garde de sabre est signée : *O o·mori Yosi fide.*

GARDE DE SABRE. — Fer. — Un pêcheur, la plante d'un pied en l'air, et dansant, et sa ligne décrivant dans le ciel un joyeux paraphe, devant la venue à lui sur la plage molle, d'une tortue chevelue. Cette garde de sabre est signée : *Tourneda Ito Kiu.*

GARDE DE SABRE. — Fer. — Au-dessous du vol d'un papillon, une pivoine épanouie à la fleur d'argent, aux boutons d'or, au feuillage émaillé, et qui se répète avec des différences au revers. Une petite merveille que cette fleur de métal avec sa déchiqueture, son effeuillement.

GARDE DE SABRE. — Fer. — Un serpent d'argent se déroulant le long d'un arbre; au revers, une grenouille sautant à l'eau.

GARDE DE SABRE. — Acier. — Un coq et une poule picorent dans une tige de bambous; au revers, un poussin. Cette garde de sabre est signée : *Yoshi Kyo.*

GARDE DE SABRE. — Acier. — Sur le tronc d'un sapin entouré d'une vigne d'or, un faucon aplati, prêt à s'élancer sur sa proie. Un travail de la plus fine ciselure, et digne d'être mis à côté de la ciselure

nière grotesque, et battant d'un maillet, dans chaque main, une demi-douzaine de cymbales disposées en nimbe autour de sa tête.

des plus délicats bijoux de l'Occident. Cette garde est signée : *Jukakousei Ishiyouro Koré Yashi.*

Garde de sabre. — Bronze jaune. — Sur une rouelle de bois figurée au naturel, un couple de canards mandarins, au plumage doré et bronzé de différents tons, au milieu de plantes d'eau émaillées, éclairées par une lune d'argent.

Garde de sabre. — Bronze rouge. — Une cigogne dans l'eau, posée sur un seul pied, la tête penchée en avant, avec un bout de queue, et un bout de la patte relevée, retombant de chaque côté du trou de la lame du sabre. Une silhouette à peine entaillée dans le métal marron, et que ne relève aucune niellure, mais la plus heureuse adaptation d'un mouvement d'animal à l'ornementation.

Garde de sabre. — Fer. — Au-dessous d'une roche tapissée de plantes, un guerrier agenouillé retire des flots, par un pan de vêtement, un homme qui se noie, tandis que, sur une éminence, une petite divinité, un lotus à la main, regarde le sauvetage. C'est la légende japonaise, dans laquelle le messager de la divinité Foudo secourt Mongakou Shyo Nïn. Un travail de fer, exécuté avec une richesse d'or et d'argent, avec un relief, avec une profondeur d'entaille tout à fait extraordinaires. La garde porte, sur deux lamelles d'or et d'argent, la signature : *Itsoupô Saï Massa yoshi.*

Garde de sabre. — Fer. — Un motif également emprunté aux fables mythologiques du Nipon. Le dieu So san no o-no descendu du ciel sur la terre aux bords de la rivière Firo Kaiva, dans la province d'Idzoumo, rencontre un couple de vieilles gens désolées, entre lesquelles marchait une jeune fille, nommée Ina da fime. Le dieu demande au mari et à la femme, la cause de leur douleur. Ils lui répondent qu'ils avaient huit filles, dont sept ont été mangées par un terrible serpent, ayant huit têtes et huit queues, et que le même jour, ils craignent à chaque instant qu'il ne revienne pour dévorer la dernière de toutes. So san no o-no demande leur fille en mariage, et, sur le consentement des parents, il fait préparer huit grands vases de saki, élève une espèce d'échafaudage à huit ouvertures, dans chacune desquelles il place un vase, et se masque derrière, attendant le serpent, aux yeux rouges ainsi que du soya mêlé de vinaigre, au dos où croissent des pins et des cyprès, à la marche laissant, derrière lui, comme le lit de huit vallées entre huit rangées de collines (1). Et debout, le corps effacé, le visage intrépide, le sabre levé, le jeune dieu, sur la garde de ma collection, attend le sommeil du monstre, qui a plongé chacune de ses têtes dans un vase de saki.

L'assouplissement du fer dépasse tout ce qu'on peut imaginer dans cette garde belle, comme les plus beaux travaux de ferronnerie du seizième siècle, et la noble petite silhouette du dieu guerrier, posé sur un pied, vous fait involontairement penser à une figurine de Médor, au moment de délivrer Angélique

(1) *Aperçu de l'histoire mythologique des Japonais*, par Klaproth.

de son monstre. Cette garde est signée : *Fetson Gendo O Ramoto fisa.*

GARDE DE SABRE. — Acier. — Deux noirs grillons s'échappant d'une cage au treillis brisé. Elle a pour revers, cette garde, un grand ciel triste, où brille l'argent d'un quartier de lune échancré par un nuage, et où volètent deux feuilles rouillées de l'automne, parmi l'espace vide.

Cette garde, ce revers, ne dirait-on pas un de ces poèmes de l'anthologie japonaise, une de ces imaginations poétiques tenant dans quelques vers, et les artistes de là-bas ne sont-ils pas, outre des ouvriers inimitables, des ciseleurs de quatrains dans le cuivre, le bronze, le fer. Cette garde de sabre est signée : *Sēn-Pô-Saï.*

Pour en finir complètement avec les sabres, disons encore un mot des *hosukas,* détachés d'anciens sabres, dont les Japonais avec leur talent d'adapter l'ornementation à toutes les formes, et avec l'assemblage et l'opposition de tous les métaux, et avec le pointillage, le vermicellage, le chagrinage des surfaces, et avec la gravure et l'entaille, et avec la niellure en or et en argent, et encore avec l'émaillure de toutes les couleurs, ont fait des couteaux non pareils. Et ce sont, sur la surface étroite du manche de couteau, de petits paysages aux maisons de cuivre, aux arbres d'or, sur un fond de métal natté ; des bienheureux, dont la contemplation renversée a pour dossier le ventre d'un tigre ; des oiseaux en plein relief guettant, du haut d'une branche, un poisson qui n'est qu'une lueur argentée dans l'eau sombre de bronze. Celui-ci est signé : *Date Shin Saï.* Voici le jeune flûteur à califourchon sur le cou d'un bœuf, signé : *Itino Miya Navo hide.* Voilà une tige de chrysanthèmes aux fleurs d'or, signée : *Tanagawa Massa Harou.* Sur ce manche de couteau, c'est un Ainos, à l'anatomie macabre, regardant stupidement une boule de cristal entre son pouce et son index, et son manche est signé : *Kama Moura Hisa Yoshi*, et sa lame, où sont gravées deux grues : *Massa Yoshi.* Et ce manche représentant une grue d'argent volant à tire-d'aile, est signé : *Hama no Kizoui,* et sa lame, *Tasima no Kani Kane Mitsou.* Et encore ce manche, figurant, avec un art admirable, un coq de combat déplumé, est signé : *Itchi, jo saï firo fisa,* le nom de l'artiste qui a ciselé la garde de mon plus beau sabre, et sa lame porte le nom de : *Sitsou Sabouro Minamoto no kane Utchi.*

Enfin un dernier manche de couteau, qui montre un Japonais se désaltérant à une source avec une expression de bonheur indicible, offre une décoration du fer charmante et délicate, et où l'or rouge et l'or vert sont employés dans un pointillé discret. Il est signé *Joï*, avec la signature suivie d'un cachet d'or illisible.

L'espace du mur compris entre la panoplie de sabres et la glace est rempli par deux panneaux de laque. Le premier est un grand panneau de laque noir d'un poli admirable, et qui représente, sur le miroir de sa surface, un coffret à armure, surmonté d'une cuirasse dont le *hakama*, le rouge jupon, retombe sur le coffret, contre lequel s'appuie un long fauchard. Il est impossible, dans n'importe quelle matière, de réussir mieux un trompe-l'œil des travaux de ciselure et de damasquinure de la cuirasse, des revêtements de bronze des pieds du meuble avec leurs petits clous, de la bijouterie de fer doré dont est cerclée la hampe aventurinée du fauchard; et même, le dirai-je, du bleuâtre aciérage de sa tranchante lame.

Le second, un petit panneau laqué en bois naturel, et sur un bois jaune et fruste qui ressemble à une planchette de nos boîtes à cigares (1), représente deux chiens de Corée aux yeux de nacre rosé, se disputant une boule sculptée : la sphère évidée sur laquelle on les voit, une patte posée, dans leur inaction rageuse. L'épaisseur des reliefs, jointe à la finesse des détails, fait de cette pièce un des plus parfaits morceaux de laque que j'aie vus. Cette planchette serait un *ex-voto* de laqueur, par lui attaché aux murs d'un temple. Ce panneau est signé : *Kakou sen.*

Au milieu de la cheminée, au-dessous d'une glace à compartiments dessinés par les rinceaux d'un cadre rocaille, est posé un grand vase de jade verdâtre, aux anses formées par des têtes de dragons aux yeux en cristal de roche, et sous lesquels se déta-

(1) C'est du bois de kiri (pawlonia imperialis).

chent des anneaux mobiles. La panse de ce vase aplati, forme un damier losangé aux dessins gravés et dorés, relevé d'un cloutis dont chaque tête de clou est un petit morceau de corail. Ce vase, de 36 centimètres de hauteur, formé d'un seul morceau, et avec son décor d'une opulence un peu barbare, avait été l'objet de ma convoitise le jour de l'ouverture de l'Exposition. On me l'avait fait 2,000 francs. Mais, au moment de retourner dans son pays, son possesseur, Tien-Pao, le Chinois à demi décapité par les Tai-ping, le dévôt musulman qui passa six mois à Paris, sans manger de viande, faute de trouver un boucher tuant les bêtes selon le rite de sa religion, Tien-Pao me laissait son vase de jade à 800 francs.

Le complément de la garniture de la cheminée est fait avec des *flambés*. Cette poterie à l'aspect de porphyre, d'agate, de jade, je l'avoue, est une de mes passions. Un singulier phénomène qui se passe au dedans d'un collectionneur de porcelaines, et mon histoire est celle de beaucoup d'amateurs. Nous commençons par aimer les porcelaines décorées, puis peu à peu le goût se déplace et va à des porcelaines, qui n'ont pour elles que la beauté de la matière. On s'éprend alors des *blancs* pâte tendre, des *bleus turquoise*, des *violets aubergine*, et, de là, il n'y a qu'un pas pour se passionner à l'endroit de ces porcelaines ou de ces faïences qui semblent enfermer le marbré d'un papier *peigne* dans une gemme. Les Chinois, ces curieux de pierres dures, sont très sensibles à ces fabrications appelées *yao-pien* (transmutations), à ces métamorphoses d'une porcelaine en un semblant de matière précieuse : métamorphoses obtenues par des combinaisons hasardeuses de feu, de flambage, de courants d'oxygène faisant passer le rouge de cuivre par le violet, par le bleu, par le vert, en des colorations chatoyantes et voltigeantes, et d'autant plus appréciées par les collectionneurs de l'Empire du Milieu, me disait M. Frandin, qu'elles ressemblent aux langues de feu qui ont léché le vase pendant la cuisson. Et remarque qui a son intérêt : les Chinois ne se sont pas contentés de copier les vrais porphyres, les vraies agates, les vrais jaspes ; avec leur aptitude à trouver leur *beau* dans toutes les choses de la nature, et les plus éloignées de celles qui nous fournissent des modèles, et que n'aurait jamais songé à copier un potier de l'Occident, ils ont tenté dans le jaspe, l'agate, le porphyre de leurs porcelaines, de rendre le *foie de porc,* le *poumon de mulet*, le *mucus* du nez, autrement dit la morve.

Je me trouve posséder quelques *flambés* d'une qualité exceptionnelle. C'est d'abord une grande coupe, à la forme d'une pêche de longévité, et dont la dominante est une pourpre vineuse, dans laquelle se voient changeant de couleurs, sous les jeux de la lumière, des coulées de vert-de-gris, de grandes macules jaunes noyées dans du violet, des gouttelettes figées de vert émeraude, des agatisations de bleu lapis en de sombres rouges, veinés comme de la racine d'acajou ; le tout éclaboussé d'une poussière de lumière qu'on dirait soufflée. Et toutes ces couleurs à l'assemblage à la fois heurté et harmonique, ressemblent à la palette d'un coloriste montrée sous un morceau de glace. Puis c'est une jatte, où l'émail se répand et se déverse en ondes violettes, vertes, bleuâtres, s'arrêtant comme des congélations au bas d'une fontaine, ou mourant, avec, au bout de chacune, un peu de blanc floconneux, pareil à l'écume d'un flot qui se brise, et cela sur un fond sale couleur de l'eau verdâtre et brunâtre du purin. Dans cette jatte, on croirait que les ondes qui la recouvrent, ont été posées après une première cuisson de la pièce sous couverte, couverte qui est irrégulièrement craquelée et dont le craquelage est peut-être dû au *tsoui-yeou*, au célèbre émail craquelant? C'est encore un petit godet à laver les pinceaux, de forme carrée, et décoré d'un dragon, qui est une imitation complète de lapis-lazuli, avec, sur le bleu foncé de la masse, les vermicellures bleu tendre de la pierre, et même les taches brunâtres et pourprées des corpuscules de terre incorporés à la surface.

Les quatre *flambés* qui garnissent les deux côtés de la cheminée sont :

Un grand flacon à pans carrés, où sur un fond de pourpre brunâtre, passant dans de certaines parties à de l'azur, est répandue toute une fine poussière vert-de-grisée.

Une gargoulette à trois goulots d'un bleu lapis profond à veinules bleues claires, et semée de taches mordorées ;

Une bouteille où le violet aubergine se dégrade en

pourpre, traversée de fumées agatisées de couleur bleue. Un cornet octogone, dont le fond blanc jaunâtre est sillonné de lavures bleues, violettes, roses couleur rubis, qui s'arrêtent en *gouttes de suif* sur le pied.

Les beaux, les vieux *flambés*, vous ne vous tromperez pas à leur apparence marmoréenne qui n'a rien de l'aspect *carton* des modernes. Et je ne m'y trompais guère, quand M: du Sartel m'a donné un moyen mécanique de les reconnaître à quelques exceptions près, car il y a en ces choses toujours des exceptions. Le craquelé dans les flambés modernes est à fleur de couverte, il a le fendillement vitreux, l'étoilement d'un carreau fraîchement cassé, tandis que, dans les *flambés* anciens, la craquelure est profonde et noirâtre.

De l'autre côté de la cheminée, sur un tabouret en bois de fer, est posé un *chibatchi* (le brasero pour fumeur), ce petit meuble d'usage à toute minute, et l'objet aimé qu'avant tout autre, dans un incendie, un pauvre diable de Japonais se met à emporter.

Le couvercle à jour, avec un passage pour la pipette japonaise, est formé par le découpage sculpté d'un fong-hoang dans un morceau de cuivre rouge, de ce cuivre dont Thunberg attribue l'éclat exceptionnel au coulage du métal dans l'eau, procédé qui n'appartient qu'au fondeur de cuivre japonais. Le rebord du couvercle où sont gravés des nuages, est semé de distance en distance de trois fleurettes d'argent en relief. La panse du chibatchi, qui est de bronze, représente, dans une grecque, de grands arbres dessinés par un ton de rouille, avec feuillage en étoiles niellées d'argent, et sous lesquels errent des daims fantastiques qui évoquent l'idée des daims familiers de Kin-kwa-san, parmi les grands *sugni* de cette île-forêt, apparaissant comme un bateau chargé de verdure, tant son feuillage, dit un voyageur, la recouvre jusqu'aux pieds. Ce brasero, auquel est fixé un pied de laque rouge, vient de la vente du duc de Morny.

Je possède quelques autres chibatchi : l'un, en bronze jaune, a une anse mobile formée d'un dragon à la coléreuse tourmente du corps, se dressant au-dessus d'un couvercle ajouré de fleurs ornementales. Il offre un charmant contraste : tandis que la partie supérieure est toute sculptée, ciselée, les huit pans de sa partie inférieure sont complètement planes et nues.

Et c'est un autre chibatchi fait d'un bois rare et dont la blonde nuance de citronnier est flammée de grandes taches naturelles qui ressemblent à des parties brûlées. Son revêtement de cuivre intérieur est surmonté d'un couvercle en bronze figurant un fouillis de roseaux délicatement évidés, avec des parties frottées d'or.

Un brasero plus précieux que celui-ci, et dont on a enlevé le récipient de métal, est une sorte de petite cage carrée, formée par une palissade de planchettes, plaquées du plus beau bois tigré et satiné, sur lesquelles sont jetés, moitié à jour, moitié appuyés aux planchettes, des rameaux d'arbustes à fleurs, des bouquets de chrysanthèmes, de petites raves en nacre, aux feuilles en ivoire colorié en vert. On ne peut se faire une idée du soin et de la perfection du travail : les plats et le haut de chacune de ces petites planchettes inégales et formant des compartiments à jour variés, sont décorés d'une grecque incrustée en ivoire, et le fond qui s'enlève, est recouvert d'une marqueterie d'hexagones en bois brun, rouge et bois mordoré, d'une perfection qui rappelle les petites tables à ouvrage de Riesener.

Au-dessus du chibatchi de bronze se trouve, appliqué contre le mur, un grand plat de laque rouge du Japon, sur lequel sont modelés, avec des pâtes de couleur au milieu de chauves-souris aux ailes déployées, des chrysanthèmes d'or : les chrysanthèmes qu'on effeuille sur le saki des libations, et dont l'effeuillement doit allonger la vie des buveurs.

Au Japon, le saki chauffé au bain-marie dans des flacons de porcelaine, on le boit chez tout le monde dans de petites coupes de laque rouge, représentant les paysages et les villes les plus remarquables du Tokaïdo, on le boit chez les gens riches dans des coupes faites de la nacre, de l'héliotis montée en filigrane d'argent, mais on le boit encore, certains jours, dans d'immenses coupes, en forme de boucliers, et tout semblables à mon plateau, et qu'on passe autour de la table, en se portant des défis, et en chantant des rondes qui remontent au huitième siècle, et surtout la ronde de Daïnagong Ootomo, le célébrateur du saki et du vin doux d'Osaka :

« Dites-moi quel était le sage qui a déclaré que le vin était une sainte chose? »

Combien il a dit vrai! Y a-t-il rien de plus précieux au monde?

Si je n'étais un homme, je voudrais être un tonnelet!

Et des deux côtés de la fenêtre, donnant sur le boulevard Montmorency, et sur la muraille en retour, faisant face à la cheminée, des foukousas aux riches broderies sur les nuances les plus tendres.

Au milieu de ce dernier panneau, un meuble dont la partie supérieure forme une longue et étroite vitrine, renferme la fleur de la curiosité, le dessus du panier que MM. Sichel et Bing reçoivent depuis cinq ou six ans : petits objets précieux de matière dure, d'or, d'argent, d'ivoire, d'écaille, — triés au déballage des caisses.

D'abord c'est une réunion de tabatières chinoises en forme de flacons, dont le bouchon est adapté à une petite spatule, à l'aide de laquelle le priseur retire une pincée de tabac, qu'il renifle dans le creux formé au-dessus de son poignet par son pouce raidi.

Ces tabatières-flacons sont très appréciées à Pékin; où M. de Butsow, ministre de Russie, et M. Von Brandt, ministre d'Allemagne, ont formé des collections, dont la dernière, estimée 30,000 francs, est aujourd'hui au Musée de Berlin. Ces tabatières sont généralement en porcelaine décorée, représentant des bouquets de pivoines, des gros-becs dans des pêchers en fleurs, des jeux d'enfants, etc. Quelques-unes, également peintes, ont des reliefs colorés figurant des papillons des échelles de crabes attachés à cette plante marine, au bout de laquelle on les porte au marché, figurant l'enguirlandement d'un feuillage de calebasse aux petites gourdes, etc. Les plus estimées de ces tabatières, taillées dans la pierre dure, sont en cornaline avec des caractères porte-bonheur sculptés. en jade incisé de rouleaux d'écriture attachés par des cordelières, en cristal de roche imitant le clissage d'un petit flacon d'osier, en pierre schisteuse onyx, nuancée des plus belles marbrures, en agate, où le goût baroque du lapidaire trouve dans une tache le dessin d'un canard mandarin (1).

Mais il est surtout une matière commune, vile, sans valeur, dont les Chinois ont tiré un parti merveilleux : je veux parler du verre. Ils ont fabriqué en verre des tabatières qui imitent, à s'y tromper, la pierre précieuse, et qui demandent l'essayage d'une pointe d'acier pour avoir la certitude qu'on n'a pas affaire à une sardoine ou à un jaspe. Ils sont même les inventeurs, les créateurs d'un travail particulier

(1) Il y a des tabatières anciennes en cristal de roche agatisé, où sont des herborisations en forme de poils; des faussaires chinois en font maintenant de modernes ou ces herborisations sont faites avec de vrais poils d'animaux collés à l'intérieur, et qui se décollent quand on lave la tabatière à l'eau chaude.

dont les amateurs du Céleste Empire se montrent fous : la sculpture en manière de camée d'une tabatière composée de deux, trois, quatre, et même cinq couches de verre superposées, de couleurs différentes dans le rejet, le creusement, la ciselure desquelles l'ouvrier trouve le moyen de faire un bas-relief colorié. Ces tabatières, qui se payent de 4 à 500 francs à Pékin, sont très rares en Europe, où l'on ne trouve guère que des tabatières travaillées dans deux couches de verre.

Les Chinois, ces porcelainiers par excellence, sont également, on le voit, de très grands artistes dans la fabrication du verre coloré, et ce qu'on ne sait pas, c'est qu'ils ont, dans ces tabatières, réalisé toutes les irisations *arcencielées* de la verrerie de Venise, et qu'ils sont encore arrivés à des nuances tendrement impossibles que jamais n'a pu réussir l'Europe : je possède ainsi une tabatière du rose savoureux de l'intérieur d'un quartier de pêche, qui est bien la chose la plus douce à regarder.

A ces tabatières sont mêlés quelques bibelots de la Chine, mais en très petit nombre.

Voici seulement deux petits objets en *yu*, en jade, la pierre de prédilection des Chinois, la *pierre d'amour* ainsi qu'ils l'appellent, la pierre qu'ils comparent à la pensée du sage, la pierre qu'ils portent sur eux comme une amulette sacrée et un préservatif des coliques néphrétiques, la pierre à demi transparente, si laiteusement blanche, si limpidement vert d'eau de mer, et dont la variété jaune orange est la plus estimée des pierres dures de l'Empire du Milieu. Le premier de ces objets est une plaque de ceinturon en jade gris, où, dans l'évidement de la matière si difficile et si longue à fouiller, des oiseaux d'eau piétinent au milieu de fleurs de nénuphar. Le second est un petit étui de jade vert émeraude, percé de deux ouvertures dans le fond, et portant une inscription sur son couvercle.

En cristal de roche, un seul objet : un crapaud renfermant, — allante et venante, — une goutte d'eau antédiluvienne, emprisonnée dans la formation de la pierre.

Une petite casserole pour brûler des pastilles parfumées, et que les Chinoises portent à la ceinture, est un échantillon curieux de ces ivoires sculptés et coloriés qui ont apparu aux ventes de MM. Titzingh et Sallé, et où se vendait une merveille, une corbeille qu'on a l'habitude de servir en Chine au dessert, toute pleine des fruits du *focheou* au milieu des fleurs odorantes de *kouei*. La petite boîte de la vitrine, complètement évidée, est entourée d'anses à la façon des écuelles d'argent du dix-huitième siècle, des anses plates et évasées formées de feuilles et de fleurs de nénuphar finement sculptées à jour, et doucement teintées de vert et de rose violacé.

Un autre objet en ivoire est une élégante petite cuiller en ivoire, formée d'une longue feuille lancéolée un peu recourbée, tandis que l'autre feuille, rabattue sur la tige noueuse du bambou, forme le manche. Est-ce une cuiller semblable à celle qui figurait à la vente de M. Sallé, et qui est la cuiller avec laquelle les Chinoises jettent de l'eau sur le poisson qu'elles pêchent à la ligne?

Parmi les curiosités de la Chine, il se trouve encore un objet charmant. C'est une pêche en boccaro jaune à l'extrémité du fruit seulement tiquetée de pourpre. Sur la pêche pendille et se répand le feuillage de la branchette à laquelle elle était attachée, et dans l'intérieur est figuré, en sa couleur naturelle, le noyau. C'est un produit, au dire du catalogue du consul général en Chine, de Guignes, des fabriques de Vou-sse-hien dans la province de Kiang-nou, où se fabriquaient seulement, en terre nankin, en terre violette, en terre brune, en terre rouge, en terre grise, les vases à chauffer le vin, les théières : des poteries qui conservent, pour ainsi dire, la mollesse d'une terre encore humide, et où l'admirable modelage du feuillage et des fruits a le gras d'une chose qui sort du pétrissage des doigts d'un modeleur, et comme une empreinte animée que n'a pas durcie et fait disparaître la dessiccation du four.

La véritable richesse de la vitrine est en objets japonais et principalement en pièces de laque (1).

Quel est le peuple du monde ancien ou moderne qui a inventé une industrie où la main-d'œuvre soit

(1) Les Chinois font du laque. On connait leur laque dit de Pékin, laque rouge de couleur cire à cacheter, quelquefois décoré de feuillages en relief, teintés en nuance verdâtre et jaunâtre, mais c'est un laque très inférieur aux laques japonais, et l'on peut considérer cette industrie d'art comme appartenant uniquement au Japon.

poussée à un fini qui paraît irréalisable par des mains humaines? Dans quel pays a-t-on trouvé une matière à meubles et à bimbeloterie d'une perfection si merveilleuse? Où a-t-on créé une chose d'un si beau poli que, dans l'orgueil de la pureté de son travail, l'artiste laqueur n'y veut point d'ornement, satisfait d'avoir réussi un *laque-miroir?* Et quand, ce laque, les Japonais l'ont décoré, l'artistique imagination que celle de cette nation, imaginant de faire, sur une couche de gomme durcie, de petits tableaux à moitié bas-reliefs, qui, par des saillies, des oppositions, des contrastes d'ors divers, se trouvent à la fois peints et sculptés, dans la riche monochromie du plus beau métal de la terre. Et le choix et le goût et la distinction, avec lesquels le Japonais associe au laque le jade, la nacre, le burgau, l'ivoire, les microscopiques ciselures du fer et de l'or. Et dans le laque qu'on appelle laque d'or, l'étonnante transformation de cette couche de poudre d'or appliquée sur un cartonnage, et qui prend l'intensité sourde et profonde d'une épaisse surface de vieux métal.

M. Maéda, le commissaire général du Japon à l'Exposition universelle, nous a raconté la fabrication du laque (1). Il nous a montré ces escouades d'inciseurs du *rhus vernicifera*, la figure et les mains enduites de graisse, les défendant contre la pénétration du poi-

(1) *Le Japon à l'Exposition universelle*, deuxième partie; Paris, 1878. — *Les Laques japonais au Trocadéro*, par Charles Éphrussi; Quantin, 1879.

son par les pores. On les voit, de la fin de juillet au 15 septembre, répandus dans toutes les campagnes (1), pratiquer leurs incisions horizontales sur ces arbres qu'une ordonnance de Mommu-Tennô, quarante-neuvième empereur du Japon, et qu'un édit de Uda, cinquante-neuvième empereur, contraignent les paysans à cultiver. On les voit recevoir dans leurs spatules le vernis blanc assez semblable à de la crème, et qui se colore en brun et finit par devenir presque noir.

Le vernis ainsi obtenu et remué au soleil dans une grande cuvette en bois, pour le débarrasser, par l'évaporation, de son excédent d'eau, le laqueur prépare l'*âme* de sa boîte, de son petit cabinet, avec des planchettes d'une minceur extrême, des planchettes de l'épaisseur d'une carte de visite : la légèreté étant toujours dans les boîtes de laque une annonce de la beauté, de la perfection du travail. Puis le laqueur bouche les interstices de l'emboîtage avec une pâte composée de froment, de sciure de bois, de vernis brut, recouvre le tout d'un enduit d'argile calcinée, enferme quelquefois cette carcasse dans un morceau de toile de Boehmeria, collée sur l'argile avec le mélange de froment et de sciure de bois déjà cités. Alors seulement s'applique la première couche de vernis que suit un polissage avec la pierre à aiguiser.

(1) Le meilleur vernis est recueilli dans un endroit appelé Yosi-no ou *la plaine heureuse*, située dans la province de Yamato.

C'est le moment des successifs séchages de l'objet dans la fameuse armoire noire, appelée *furo*, et construite dans de certaines proportions, et lavée d'avance à grandes eaux, et où le laque durcit et sèche dans une moite obscurité. Le laque n'est sec que lorsque l'humidité de l'haleine laisse une buée sur sa surface. Le séchage demande un jour, deux jours, trois jours, et même autrefois, d'après des traditions conservées chez les vieux Japonais, le séchage était beaucoup moins hâtif et durait des mois, — et des boîtes demandaient des années pour être terminées. On pose jusqu'à dix-huit couches de vernis sur une boîte, et dix-huit fois la boîte rentre dans l'armoire, et dix-huit fois elle en sort pour être polie, à sa sortie, avec du charbon de bois de *camelia japonica* et de la corne de cerf pulvérisée.

Pour les dessins qui sont de deux sortes, dessins unis, dessins en relief, ils s'obtiennent ainsi : Pour les dessins unis, on trace le dessin sur le recto d'une feuille de papier dit *kin-yoshi*, on retourne la feuille et on enduit à l'envers le dessin d'un mélange de vermillon et de vernis chauffé sur un feu doux. Puis on frotte l'endroit avec un morceau de bambou, et au moyen d'un petit sac de soie, rempli de poudre de pierre à aiguiser, réduite en poussière impalpable, en frappant légèrement, on fait ressortir le laque de la partie calquée. Et le relief aplani avec du charbon de bois de Hônoki, et le dessin recouvert d'une couche de vernis pour faciliter l'adhésion, on le recouvre de poudre d'or, tantôt à l'aide d'un petit tube, tantôt au moyen d'un pinceau fait de poil de cheval ou de cerf.

Pour les dessins en relief, et spécialement pour les dessins de laque d'or, l'épaisseur en est faite par un mélange des plus célèbres vermillons, nommés *San Yoshu* et *Komioshu*, avec un vernis dont une moitié est cuite, et sèche plus lentement que l'autre ; en sorte que les poudres d'or, d'argent, de bronze, sont appliquées dans une matière solide encore à l'état de liquéfaction, et arrivent à former une pâte presque métallique.

Je ne ferai pas une longue histoire du laque. Les *Annales* du Japon disent : « Vers cette époque (sous Teiko-Tenno, le douzième empereur qui régna de 71 à 130 de l'ère chrétienne), le prince O-usu, ayant découvert l'urushi, *rhus vernicifera*, ordonna à Toko-Hiva-no-sukume de faire fabriquer des objets recouverts de la laque de cet arbre et lui donna le titre de Nuribe (directeur de la fabrique de laques) (1). Des boîtes destinées à contenir des livres de prières conservées dans le temple de Todaijï à Nara, province de Yamato, passent pour avoir été fabriquées au troisième siècle. Le mémorial intitulé ENGISHIKI mentionne, en 380, des laques rouges et des laques d'or. Le livre qui a pour titre UTSUBO MONOGATARI cite, en 410, sous le nom de *nashiji*, des laques orange parsemés de paillettes, qui désignent très clairement

(1) Nous devons dire qu'un livre historique japonais parle de meubles de laque employés à la cour, 180 ans avant l'ère chrétienne.

les laques aventurine. Enfin la lettrée Mura-Saki Shikibu relate, en 480, l'invention d'un nouveau genre de laque incrusté de nacre (1). Et cependant, en dépit de ces documents irrécusables, je me demande si ces laques ne sont pas de rudimentaires antiquailles, et si les parfaits laques ne sont pas du dix-septième et même du dix-huitième siècle. Je n'ai qu'une très médiocre confiance dans les attributions des exposants japonais, dotant telle ou telle pièce de 1100, de 450, de 300 ans. Ce que je puis dire, c'est qu'un jour Wakai, visitant la collection de mon ami Burty, parmi les très charmants laques qu'il possède, souleva, avec des mains religieuses, une très médiocre boîte, qu'il affirma avoir 400 ans. Quant à moi, et je crois que Burty est tout à fait dans mes idées, si les beaux laques étaient ceux-là, je n'aurais pas la

(1) La fabrication des objets de laque, appelés au Japon *Jidaimono,* interrompue par les guerres civiles de 664 à 910, reprit avec éclat de 910 à 1650. Les Japonais des hautes classes se montrèrent toujours très jaloux de la possession de ces produits, et seuls, les princes de Kaga et d'Oji avaient le droit de donner des coupes à saki. Les Hollandais, les membres de la factorie de Dezima qui, à titre de cadeaux, reçurent quelques laques, n'en reçurent que de seconde qualité, et quand par hasard un laque de première qualité leur était offert à vendre, il l'était à des prix inabordables. Écoutons Thunberg : « On voulut ici vendre à l'ambassadeur un petit meuble garni de plusieurs tiroirs, haut d'un quart d'aune et large d'une demie, en vieux laque bien supérieur à celui qu'on fait aujourd'hui (1776) tant pour le vernis que pour l'uni des fleurs, qui étaient bien relevées en bosse. Mais le prix était aussi bien différent, il nous parut même exorbitant. On ne voulait pas le donner à moins de soixante-dix kobans ou quatre cent vingt rixdales. En dépit de la cherté et de la prohibition de sortie des laques, quelques-uns cependant étaient parvenus en Europe, et n'est-ce pas curieux d'en trouver un dans l'inventaire de Molière?

moindre tentation de me ruiner pour les posséder, et je regarde comme seulement désirables les pauvres petits laques, vieux d'un siècle ou de deux, pareils à ceux de la collection de Marie-Antoinette (1).

Donnons une description raisonnée des principales pièces de laque de la vitrine.

CABINET à laque couleur olive, sablé d'or avec de profonds reliefs dans les terrains, et dont les arbustes de laque d'or de divers tons portent des fleurs d'or, d'argent, de burgau, de cornaline. Une merveille de travail compliqué et délicat que ce petit cabinet, avec son panneau minuscule représentant, sous des iris fleuris, une troupe de lapins, aux oreilles peureusement dressées, et au milieu desquels est un lapin d'argent, qui s'apprête à boire dans l'eau d'un étang. Le meuble, qui a une hauteur de 7 centimètres sur 6 de largeur, contient dans l'intérieur six tiroirs, dont l'un renferme un petit plateau décoré d'un bouquet de fleurs de métal et de pierre dure sur un fond de laque d'or qui est le plus extraordinaire travail dans l'infiniment petit. Et l'un des six tiroirs du cabinet renferme trois petites boîtes, des chefs-d'œuvre de fabrication lilliputienne, des boîtes qui ont une largeur de 2 centimètres sur une profondeur d'un demi-centimètre.

PETITE ÉCRITOIRE en laque d'or. Forme quadran-

(1) Ils sont conservés au Louvre, et sont décrits dans l'inventaire des effets curieux qui sont déposés dans la maison des citoyens Daguerre et Lignereux, marchands bijoutiers, rue Saint-Honoré, 85, par les ordres de la ci-devant reine, le 10 octobre 1789.... inventaire que vient de publier M. Charles Éphrussi.

gulaire. Sur le couvercle des tiges de chrysanthèmes fleuries, au-dessus desquelles volent deux papillons; sur le pourtour des têtes d'oiseaux terminés par une accolade. A l'intérieur, la pierre pour l'encre de Chine avec le petit réservoir d'eau formé par une grue, les ailes éployées, de métal blanc. Dessous de l'écritoire, laque noir sablé d'or.

Le laque d'or n'a jamais été commun. Le Père Anyot, faisant, en 1786, un envoi de boîtes de laque au ministre Bertin, lui écrivait : « Elles sont à fond noir, on n'en trouve plus ici à fond d'or. (1) »

Grande écritoire en laque rouge sur un bois ondé. Forme carrée. Le couvercle enfermé dans un filet noir comme semé de fétus de paille d'or; aux quatre angles, des coins en cuivre ciselé où sont découpés des papillons en émail cloisonné. Pourtour, laque rouge. Intérieur et dessous de l'écritoire, laque aventurine.

Grande écritoire en bois naturel, forme carrée. Sur le couvercle des buffles paissent dans une prairie aux fleurettes de corail rose, sous un ciel aux nuages de nacre. Pourtour et dessous, bois naturel. Intérieur de l'écritoire, laque aventurine.

Bouteille a saki en laque marron. La partie supérieure, fermée par un petit bouchon d'argent, est décorée d'un semblant de recouvrement exécuté en laque d'or mat avec fleurs rouges et vertes, et qu'at-

(1) Catalogue de la collection chinoise... composant le cabinet de M. Sallé, avril 1826.

tache en passant, autour du goulot, une cordelière en laque d'or bronzée.

Grande boite a gateaux en bois naturel, à quatre compartiments superposés. Forme carrée aux angles arrondis (1). Sur le couvercle est représenté un guerrier japonais, couvert d'un manteau de jonc, traçant des caractères sur le tronc d'un arbre. Voici la traduction de ces caractères : *Kosen, pendant la guerre de sept provinces, a été battu. Hanlé n'abandonnera pas Kosen.* Cette composition se rapporte à un vieil épisode de l'histoire du Japon, très souvent répété pour la sculpture des objets usuels. L'empereur Godaï Go Tenno, bloqué dans Kassaki, pris et emmené en une province des plus lointaines, le guerrier Kosima Nori de Bingo, revêtant un costume de paysan, alla seul jusqu'à Massagari, où était relégué l'empereur. Là, pendant la nuit, il entra secrètement dans la résidence de l'empereur, et ne pouvant pénétrer dans la maison, il arracha un morceau d'écorce de cerisier, et grava sur le bois mis à découvert, la poésie traduite plus haut, et qui est quelquefois rédigée ainsi : *Dieu ne vous abandonnera jamais, mais vous trouverez un homme qui vous sauvera et vous protégera facilement, comme autrefois le roi de Hetzou, dans son embarras, rencontra un homme, appelé Haureï, par qui il apprit que son pays était presque entièrement devenu la proie du roi de Gô.* Les gardiens, n'ayant

(1) M. Humbert fait la remarque qu'on ne trouve pas, pour ainsi dire, d'objets parfaitement quadrangulaires, que l'ouvrier japonais a horreur de l'angle aigu, et qu'il le rabat et l'arrondit presque toujours.

pas compris cette poésie, avertirent l'empereur qui éprouva une grande joie, mais se garda bien de la montrer. La figure de Kosima Nori de Bingo est en ivoire colorié, et ses vêtements en nacre, en écaille, en laques de différentes nuances, avec des incrustations en corail, en serpentine verte; et des cloutis d'or donnent les infiniment petits détails de son armure et de ses chaussures. Sur la laque aventurine du dessous du couvercle, sont jetés trois masques de théâtre en laque d'or et en ivoire teinté. Le pourtour de la boîte est semé de bonnets de fonctionnaires, d'écrans, de coffrets, de flûtes, d'oreillers, d'éventails, exécutés en laque mélangé de nacre, de burgau. Intérieur de la boîte, laque aventurine.

Boite a fiches en bois naturel. Forme hexagone. Sur le couvercle et les six pans de la boîte, serpente une vigne aux feuilles laquées d'or, aux grappes de raisin laquées de couleur pourpre. Intérieur de la boîte, laque aventurine.

Boite en bois naturel, sur le couvercle de laquelle est laquée, couleur or et acier, une scie à poignée. Cette boîte est pleine de petits carrés représentant des armoiries de prince japonais laquées en or, et servant, je crois, de fiches pour le jeu.

Petit vase à brûler des parfums en forme de pot. Recouvrement de laque aventurine sur lequel se détachent, en laque d'or, des sapins, des arbustes fleuris, des rochers aux épais reliefs et aux petits trous qui ont l'air des enfoncements de clous tombés d'une feuille de métal, appliquée sur le laque. Ce vase a deux fois répétées sur la panse et le couvercle les armoiries du taikoun : trois feuilles de mauve dans un cercle. Doublure intérieure de vermeil.

Petit chibatchi. Forme festonnée à six lobes. Couvercle en bronze avec ouverture pour allumer la pipe, et décoré de palmettes de sapin incisées et dorées, et terminées par de petits bourgeons en trèfles repercés à jour. Le pourtour du brasero minuscule est en laque noir moucheté d'or, sur lequel sont jetées des feuilles en laque d'or, et d'où se détachent des caractères japonais ciselés en argent. Intérieur doublé de métal. Dessous du chibatchi, laque noir moucheté d'or.

Boite en laque d'or. Forme quadrangulaire. Le couvercle et le pourtour décorés d'éventails, tantôt à la peinture, tantôt aux panaches, faits d'or vert; l'un de ces éventails montre un écureuil mangeant un melon. Un petit plateau renfermé dans la boîte représente un chariot de fleurs. Intérieur de la boîte et dessous, laque aventurine.

Boite en laque d'or. Forme hexagone. Sur le couvercle des cryptomerias et des pêchers fleuris; le terrain et les fleurs or vert. Le pourtour formé de carrés d'or rouge dans des cadres d'or vert. Sur deux des pans sont attachés deux petits anneaux d'argent. Intérieur de la boîte et dessous, laque aventurine mordorée. Boîte de la plus grande légèreté. L'or a dans cette boîte ce bel aspect du vieil or, et non du cuivre, que l'on trouve dans les boîtes modernes où la poudre d'or est remplacée par des poudres de bronze.

Boite en laque aventurine. Forme d'écran. Sur la laque aventurine du couvercle se détachent en relief des bambous et des arbustes fleuris. Petit plateau intérieur où volent deux fong-hoang, même laque. Pourtour de la boîte, un quadrille pavé de fleurettes d'or vert. Le dessus, le dedans, le dessous de la boîte, laque aventurine orange du plus merveilleux poudroiement : c'est le laque appelé au Japon, d'après Thunberg, *salpiquat*, par Humbert *salvocat*.

Boite dont la forme est celle de deux bonbonnières accolées et entrées l'une dans l'autre. Sur le couvercle de laque d'or de la boîte entière, deux cercles avec trèfles en or vert ; même décor sur le couvercle de la boîte entamée, recouverte en partie par le pli d'une étoffe à petites fleurettes d'or et d'argent, tenant à une cordelière rubannée rouge et or. Le pourtour d'une très grande saillie est une merveilleuse imitation d'un bas-relief de fer ciselé, reproduisant des paysages montagneux traversés de cascade. Intérieur et dessous de la boîte, laque aventurine.

Boite dont la forme est celle de trois petites boîtes carrées enchevêtrées l'une dans l'autre. Le couvercle de l'une figure, au-dessus d'une haie de bambous, des arbustes d'or aux fleurs d'argent bruni. Sur le dessus d'or mat de la seconde sont jetés des nuages d'or poli et des caractères japonais ; sur la troisième, dont on ne voit guère que l'épaisseur d'un côté, se dessine un damier aux nuances changeantes, fait de petits carrés d'or vert et de petits carrés teintés de rouge. Le pourtour est alternativement de laque aventurine pour la première boîte, de laque d'or pour la seconde boîte, de laque d'or vert et rouge pour la troisième boîte. Intérieur de la boîte, laque aventurine; dessous, laque d'or mat.

Boite en forme de deux écrans dont une partie de l'un a disparu sous l'autre. Le dessus de l'écran entier représente, sur laque d'or, un daïmio entouré de ses femmes à la chevelure de laque noire; le dessus de l'autre écran, une javelle surmontée d'un bouquet de feuillage sur un fond de laque aventurine. Le pourtour est, pour le premier écran, un fond de laque d'or sur lequel se trouve jetée une arabesque fleurie de chrysanthèmes, pour le second écran, un dessin de sparterie à bambous rompus. Le dedans de la boîte est en laque aventurine; toutefois sous le couvercle est figuré, dans des espèces d'ondes de laque, un vol d'oies sauvages qui s'aperçoit comme une vague et bizarre ébauche dans les miroitements d'un or glacé de brun.

Bonbonnière. Forme ronde et surbaissée ressemblant à la juxtaposition de deux soucoupes l'une sur l'autre. La partie supérieure en laque d'or vert usé, figurant une fleur ouverte de chrysanthème; la partie inférieure, en laque aventurine de la qualité la plus fine et la plus brillantée, est recouverte de branchages de chrysanthème en or vert et de fleurs à demi ouvertes en or glacé couleur olive. Intérieur et dessous de la boîte, laque aventurine.

BONBONNIÈRE en laque d'or de même forme, dont le couvercle montre des flots de laque d'argent bruni submergeant une grande fleur de chrysanthème.

BOITE en laque noire brunâtre. Forme festonnée à cinq lobes. Boite d'une grande distinction, où sur le laque noir se dresse une tige de bambou en laque jaune verdâtre. Intérieur de la boite, laque aventurine contenant, sous le couvercle, un paysage en laque d'or.

BOITE en laque d'or. Forme zigzaguante. Le couvercle figure une branche d'arbuste en fleurs d'or vert, posée sur trois palissades de bambou jetées l'une sur l'autre; le pourtour, des sillonnements de flots roulant des fleurettes. Intérieur et dessous de la boîte, laque aventurine.

BOITE en laque d'or, en forme de fruit oblong, autour duquel s'enroule le feuillage d'une liane, semée d'un cloutis d'argent. Sur les côtés du fruit, une broderie de fines arabesques. Intérieur et dessous de la boîte, laque aventurine.

BOITE en forme de cylindre. Sur le couvercle au fond d'or vert, un sennin chevauchant, un sceptre à la main, un poisson en laque noir d'un ton mat. Le pourtour à l'intérieur de la boîte, laque aventurine mordorée.

Sous le couvercle est une inscription disant « qu'il a été exécuté une dizaine de cette boîte ». Remarquons que les boîtes en laque ne sont presque jamais signées, tandis que les boîtes à médecine le sont presque toujours.

BOITE, forme losange. Le couvercle à reflets changeants, et traversé de nuages d'or glacé en vert, et parsemé, de distance en distance, d'arabesques de laque d'or, fleuries d'une fleurette d'or vert. Intérieur de la boîte et dessous, laque aventurine.

BOITE en piqué d'or. Forme festonnée à quatre lobes. Le piqué d'or est recouvert de tiges d'herbacées sur le couvercle, et sur le pourtour de branchages en laque d'or. Intérieur de la boîte et dessous, laque aventurine.

BOITE en forme d'enveloppe de paquet, que les Japonais font si dextrement d'une feuille qu'ils ferment par un véritable nœud d'art. Recouvrements de laque d'or vert, sur lesquels sont jetées des branchettes de sapin en or rouge, aux bourgeons en argent bruni. Intérieur de la boîte et dessous, laque aventurine mordorée.

PETITE BOITE en bois naturel, à stries ombrées et satinées couleur d'écaille. Boîte à quatre compartiments superposés de forme carrée, aux angles arrondis et rentrants. Le couvercle et les quatre côtés sont ornés de cerisiers fleuris, dont les troncs sont en laque d'or fait avec ce petit pavage d'or, ressemblant aux imbrications d'une peau de lézard, et les fleurs, de délicates ciselures d'argent. L'intérieur de la boîte et le dessous, laque aventurine.

BOITE en forme de calebasse et qui offre, sur son couvercle et son pourtour festonnés, la réunion et l'assemblage de tous les laques : laque d'or, laque aventurine, laque couleur de bronze, piqué d'or, piqué d'argent; le tout relevé par un cloutis d'argent qui, avec ses têtes d'épingles, imite sur les feuilles les gouttes de rosée. L'intérieur de la boîte sablé d'or et semé de petites parcelles brillantes, semblables à celles qui se voient amalgamées sur les bronzes martelés d'or, montre, en son fond, des canards mandarins en laque d'or qui voguent sur des flots d'or vert et d'or bronzé. Le dessous, laque aventurine avec semis de parcelles brillantes.

Boite, dont le contenu festonné a le découpage accidenté et plein de saillies et de rentrants, d'une silhouette de femme à la grande jupe étalée autour d'elle. La femme, agenouillée devant un album, est exécutée en laque d'or avec mélange d'ors divers, et avec la figuration de la chevelure en noir. Le pourtour en laque avec bordure à petits rinceaux. L'intérieur de la boîte également en laque aventurine, sillonné de branchages d'or, et parsemé de petits ronds noirs où sont des bouquets de fleurettes, alternés or et argent.

Cette boîte, indépendamment de la déchiqueture de son découpage, est curieuse en ce qu'elle représente une femme de la cour de Kioto aux sourcils rasés et remplacés par deux grosses mouches, peintes au milieu de son front (1), et dont la coiffure, — coiffure qui se rencontre souvent dans les albums, — montre une épaisse et plate chevelure aplatie avec quelques petites mèches, semblables

(1) C'est la description exacte que M. Humbert en donne dans son livre du *Japon illustré*.

à des cordelettes, se détachant sur les tempes, les joues, les épaules, pendant que le restant, réuni en masse compacte, lui flotte au dos, disparaissant et reparaissant parmi les plis de sa robe (1).

Cabinets, écritoires, bouteilles et coupes à saki, coffrets à gâteaux, bonbonnières, boîtes à parfums, boîtes à jeux, boîtes à félicitations et à compliments : ce sont là les objets en laque décrits jusqu'ici. Il nous reste à parler des boîtes, pots, récipients, qui ont pour spécialité la toilette et le maquillage de la femme et qui sont en partie fabriqués en laque de la plus belle qualité, et que l'on rencontre contenant encore un rien coloré de ce qui sert aux coquetteries de la femme de l'Extrême-Orient. Il y a là les petites boîtes orbiculaires servant à renfermer les cardes ou ouates à farder; les petites boîtes plates à blanc pour le visage et pour le cou; les boîtes à rouge; les boîtes à poudre pour les dents, qui renferment là-bas de l'ivoire râpé (2); les boîtes à or pour faire purpurines les lèvres, dorées avec cet or particulier (3); les boîtes à

(1) Je citerai encore, comme superbe échantillon de laque moderne, une grande boîte en laque noir portant sur son couvercle deux moineaux sculptés en ivoire colorié, et où la sculpture, râpée par place, joue le plumetis et le duvet de l'oiseau. Le pourtour, très original, imite l'assemblage d'une série de bambous de tons et de *tigrages* divers.

(2) Les Japonaises se servent de brosses à dents fabriquées avec un arbuste que Thunberg appelle *lindera* et dont le bois tendre n'écorche pas les gencives. Ces brosses à dents ont l'apparence des morceaux de bois de réglisse mâchés par les enfants.

(3) L'or dont les Japonais se fardent les lèvres, n'est purpurin qu'à la condition d'être mouillé : aussi voit-on les coquettes de là-bas se passer, à tout instant, la langue sur les lèvres!

*ha-guro*, ou noir à laquer les dents, boites à l'usage des femmes mariées et des veuves; enfin les flacons à huile rosée pour les cheveux. M. le comte de Beauvoir nous donne, sur cette huile, un détail intéressant. Elle est fournie par des iris bleus, que l'on trouve, au Japon, poussant sur une couche de terre étendue sur toutes les toitures. Au sujet de ces iris, il y aurait un édit particulier d'un ancien mikado dont voici à peu près les termes :

« La déesse du Soleil nous a donné la terre, pour la labourer et l'ensemencer...

« Quant aux iris qui sont l'emblème du luxe des femmes, la déesse vous défend de les cultiver sur le sol sacré; mais semez-les sur le sommet de vos maisons en une place impropre à tout autre usage, et là, de même qu'ils donnent la beauté des cheveux de la femme, ils seront comme la chevelure vivante de votre toit paternel. »

Petite boite à double fond en laque aventurine. Forme carrée. Sur le couvercle, paysage de laque d'or en relief, avec dans un coin un médaillon, au milieu duquel est un bouquet de fleurs de pêcher et de palmettes de sapin. Pourtour et intérieur de la boîte laque aventurine. Dessous du premier compartiment et dessous de la boîte, laque noir sablé d'or.

Petite boite en forme d'éventail. Le couvercle moitié laque glacé couleur olive, moitié laque sablé d'or, émaillé de petites parcelles d'or brillantées. Sur ce sablé, le vol de deux fong-hoang. Pourtour intérieur et dessous de la boîte, laque aventurine.

PETITE BOITE en forme d'écran. Le couvercle laqué glacé couleur olive avec un bouquet de fleurs de différents laques, et dont les fleurs sont exécutées en nacre, en corail, en ivoire, en or et en argent ciselé. Pourtour, même laque avec une broderie laque d'or. Intérieur de la boîte et dessous, laque aventurine.

PETITE BOITE en forme de coquille. Le couvercle, laque glacé couleur bronze, nué, sablé d'or, est recouvert de petites coquilles sculptées en corail, en nacre, en argent. Pourtour, intérieur et dessous de la boîte, laque aventurine.

PETITE BOITE. Forme carrée aux angles arrondis et légèrement bombée. Dessous et dessus, laque d'or, sillonné de nuages bronzés, et recouvert de petits bouquets au feuillage d'or vert, aux fleurettes d'or rouge. Pourtour et intérieur de la boîte, laque d'or mat.

PETITE BOITE, laque aventurine. Forme carrée. Sur le couvercle, branche de chrysanthème en laque d'or, d'où se détachent deux chrysanthèmes ciselés dans le métal, l'un en or, l'autre en argent. L'intérieur de la boîte, laque aventurine sur laquelle est jetée, sur la plaque du dessus et du dessous de la boîte, une palissade de bambous en laque d'or.

PETITE BOITE en laque d'or. Forme quadrangulaire. Le couvercle représente une tige de bambou entremêlée de roses qui se répandent sur le pourtour. Intérieur de la boîte et dessous, laque aventurine.

Une merveille de forme, de décoration, d'exécution, un miracle de jointoiement dans l'infiniment petit que cette boîte qui n'a pas un centimètre d'épaisseur, indépendamment de la beauté du laque qui joue absolument le métal.

Au nombre des objets de toilette de la femme japonaise, il ne faut pas oublier les peignes, ces peignes coquets, dont on retrouve des dessins si variés dans les albums des laqueurs, et dont voici un spécimen fait d'un semis de pétales de fleurs exécutées en or de différents tons sur un fond laque d'or.

Parmi ces laques, il est chez moi une curieuse collection. C'est la réunion d'une vingtaine de ces boîtes à médecine, que tout Japonais porte à sa ceinture accrochée par un cordon de soie à un nestké (1), et dans ses quatre compartiments (2), au dire de M. Humbert, renfermant des pilules opiacées, de la thériaque, de la poudre d'huile de menthe, de la poudre de sucre blanc.

Ces boîtes, qui sont en quelque sorte avec les deux

(1) Le cordon lâche et flottant qui passe dans les rainures pratiquées aux deux côtés de la boite, et qui est terminé généralement par un nestké, quelquefois par une boule d'ambre, quelquefois par un disque d'émail cloisonné, est orné d'un coulant de matières diverses, mais très souvent fait d'argent bruni avec niellures d'or. Dans ces coulants, on trouve des modèles de bijouterie exquise, entre autres de petites feuilles chiffonnées et recroquevillées se contournant autour de la soie, de la manière la plus naturelle.

(2) Les compartiments vont de trois à sept et même à plus. Les boîtes qui n'ont qu'une ouverture au milieu, et qui ont l'apparence de boîtes à médecine, sont en général des boîtes à cachet. J'en possède une, où sous le tiroir du cachet se trouve encore du rouge d'impression.

sabres, la pipe, la blague à tabac, les bijoux que les riches japonais étalent sur eux, et qui ont été choisies parmi plus de douze cents, sont des plus belles qui soient venues à Paris.

Sur l'une, des fleurs de chrysanthèmes entremêlées de caractères japonais font toute la décoration ; sur l'autre, ce sont des zones de fleurs de pêcher et de palmettes de sapin, exécutées avec de l'or vert et de l'or rouge ; sur le bois naturel de celle-ci, figure tout simplement la palissade de bambous d'un jardin ; sur le fond d'or de celle-là, se dressent des iris d'eau aux fleurs en laque d'argent oxydé ; sur le fond d'or de cette autre, se développe, dans sept médaillons, tout l'Olympe japonais, peint avec des laques de tons divers ; enfin, sur cette dernière boîte à médecine, à la rondeur très aplatie, — signe d'ancienneté, — des albums entr'ouverts montrent des dessins, dont les infiniment petits détails sont rendus par le plus délicat rehaut d'or, dans le rien d'épaisseur de la gomme du *rhus vernicifera*.

Mais avant tout ces boîtes à médecine, et plus que tous les autres ouvrages de ce genre, sont des morceaux de laque, où l'artiste se plaît à détacher, sur les ors du fond, des reliefs en porcelaine, en ivoire, en jade, en argent, en or, en fer, sur lesquels, en un mot, il met sa gloire à faire œuvre de laqueur-mosaïste.

Et voici, sur un sablé d'or, une tige de pavot, à la fleur et aux boutons de porcelaine de Satzuma, et voilà, sur un fond noir, un faucon blanc tout en nacre.

La boîte à médecine, au faucon blanc, porte deux signatures : la signature du laqueur : *Nagataka;* la signature de l'incrusteur : *Kazou Yossi.*

Deux de ces boîtes à médecine, dont l'une, est signée : *Yu toku saï Yokou Ké*, représentent, avec quelques changements, un jeune Japonais, tendant, agenouillé, un soulier à un personnage qui passe à cheval sur un pont. Ko Sekko, un savant qui s'était occupé de science militaire et qui était possesseur du fameux livre de stratégie, écrit par Taikô-bo, et intitulé : LU KOUTO SAN RIA KOU, en passant sur un pont, fit la rencontre d'un jeune Japonais, dont la physionomie intelligente lui plut. Il laissa tomber son soulier dans la rivière et pria le jeune homme de le repêcher. Et cela à trois reprises différentes, sans que le jeune Japonais montrât de la mauvaise humeur, quoiqu'il dût chaque fois arracher le soulier à un dragon. Le lendemain, Ko Sekko, rencontrant encore une fois Tcho rio, lui donna rendez-vous, le jour suivant, dans un certain endroit, et il manqua trois fois de suite au rendez-vous donné, pour éprouver la patience du jeune homme qui y vint chaque jour. Alors seulement, assuré du caractère de Tcho rio, Ko Sekko lui donna son livre, et le jeune Japonais, après l'avoir étudié, se mit en rapport avec le prince Kanno Ko So, et, par sa valeur et par sa science militaire, délivra son pays réduit en servitude.

Et, sur toutes ces boîtes à médecine, la légende, sans s'occuper du tournant de l'objet, se déroule sur les deux plats avec des choses à moitié commencées d'un côté et qui finissent de l'autre, ainsi que ce sanglier, que j'ai sur une boîte d'ivoire, et dont la tête est sur la face et le train d'arrière sur le revers. L'artiste est guidé dans son travail par ces albums de laqueur, dont M. Haviland possède une si intéressante collection et où les épures des boîtes, cabinets, objets quelconques à pans coupés, sont préparées comme si elles devaient être exécutées sur des surfaces absolument planes.

Une boîte à médecine, où Fukuroku-jïu, au crâne conique, est figuré assis, les jambes croisées, sur un rocher, au milieu de daims familiers, avec un revers représentant un admirable vol de grues.

Cette autre boîte à médecine nous fait voir, sur un fond d'or, un Yebis et un Daikoku, représentés avec des visages et des mains d'ivoire, verdâtrement teintés de ces colorations, rappelant les petits portraits en cire du seizième siècle.

Sur cette autre encore à fond d'or, c'est une société de Japonais et de Japonaises, parmi lesquels on distingue Komati qu'on voit jeune et belle, et parlant, la figure à moitié masquée par un éventail. Dans cette boîte à médecine, les vêtements sont en laque noir et rouge, les mains et les têtes en ivoire, mais le travail offre cette particularité, que les têtes de second plan sont laissées à l'état d'ébauche, de croquis d'un modelage.

L'une des plus riches de la collection est une boîte d'une forme légèrement ovoïde, au fond d'écaille incrusté d'une vermicellure d'or, et sur laquelle se détache cette inscription : *Boîte destinée à être portée à la ceinture pour conserver les médecines*, une inscription formée de lettres en nacre de la plus fine découpure. Cette boîte à médecine porte à la fois la signature du laqueur *Hasségama* et de l'incrusteur *Takéyama*, dont la signature est suivie de ses deux cachets.

Mais la plus extraordinaire de ces boîtes est une boîte à médecine où, sur un fond bronzé au semis d'or, des grues grandes comme des insectes, formées de pierre dure, volent au milieu de fleurs de cognassiers en corail et de pivoines en nacre, dont la nacre est rosée par des dessous de métal. Il y a sur cette boîte des diaprures d'ailes de minuscules papillon, obtenues avec des parcelles de poussière brillantée, qui sont de la grosseur d'une pointe d'aiguille. La splendeur, le fini, le goût de cette incrustation dépassent tout ce qu'on peut imaginer. C'est un bijou d'art qui peut tenir sa place à côté d'un bijou de Cellini. Cette boîte à médecine est signée, sur une petite bande de burgau, du nom de l'incrusteur *Shibayama*, qui jouit d'une grande réputation au Japon.

A ces laquages sur bois il faut joindre les laquages sur écaille et ivoire, où des fleurs et des rinceaux prennent ces épais reliefs, qui font croire à l'application d'une feuille de métal. Je citerai, parmi ces boîtes, une boîte portant la fleur de pawlonia, les armoiries du mikado et contenant encore de l'or à farder les lèvres.

Un des plus étonnants laquages sur ivoire est un nestké, un bouton de la largeur d'une pièce de quarante sous, enfermant, sur sa petite surface, les sept dieux et déesse de l'Olympe japonais, laqués en or et argent bruni, avec des fruits en burgau posés sur un plateau, de la grosseur d'un grain de millet. Ce bouton est signé : *Shti foukou jïn.*

Et nous retrouvons encore dans la vitrine quelques objets des séries décrites, mais en d'autres matières que le laque.

Pour les boîtes à médecine, ce sont :

Une boîte à médecine en porcelaine gros bleu, toute couverte de libellules aux ailes dorées, et dont la tête à facettes est faite de nacre fixée dans la porcelaine.

Une petite boîte à médecine en fer, d'une exécution très soignée, montrant la reine Otohimé, souveraine de l'île de Liou Gou, prenant congé du pêcheur Ourashima, que l'on voit, sur le revers de la boîte, naviguant sur un gros poisson d'or, la ligne sur l'épaule. Cette boîte à médecine me vient de la vente du graineur italien Meazza.

Une petite boîte à médecine en ivoire sculpté, représentant d'un côté deux Japonais, mesurant de leurs bras tendus le tronc du fameux pin d'Onoé, de l'autre une Japonaise en promenade, la pipette à la main. Cette boîte à médecine est signée : *Shïn iou Maï Min gokou.*

Pour les peignes, ce sont :

Un peigne en bois avec le bâtonnet horizontal pour

soutenir l'échafaudage des cheveux et le bâtonnet transversal pour le couronnement (1). Ce peigne, mi-bois brun, mi-ivoire, est semé de jouets d'enfants, toupies, oiseaux en carton, poupées, figurés en nacre, en écaille, en serpentine, en corail, en laque aventurine.

Un peigne en ivoire, sur le haut duquel court une grappelette de raisins, faite dans une matière qui imite la transparence du raisin ambré, et qui s'échappe de dessous la feuille d'une vigne automnale, en ivoire colorié. Ce peigne est signé : *Kouai gio Kou.*

Nous arrivons maintenant à quelques petits objets isolés.

Une ancienne épingle à cheveux de femme, en fer, représentant une dégringolade microscopique de singes. Cette épingle est signée : *Yatsou Sluro* (2).

Une boîte en fer ciselé, décoré, en relief d'or et d'argent, d'une orange, d'une langouste, d'un morceau de charbon, accompagnés d'un toron de paille de riz : les étrennes que les Japonais ont l'habitude de s'envoyer au jour de l'an. Cette boîte est signée : *Its tyo Saï Harou Hissa.*

Une boîte à pinceaux, dont le bois disparaît sous

(1) Jusqu'à Temmu-Tennô, quarantième empereur du Japon (673-686), les femmes et les hommes laissaient pousser leurs cheveux naturellement ; alors seulement un édit les força à relever leur chevelure.

(2) Les femmes ne portent pas dans leur chevelure que des épingles ; j'ai vu un petit tube de verre, aux trois quarts rempli d'un liquide contenant des paillettes d'or, semblables à l'eau-de-vie de Dantzig, que les Japonaises s'amusent à agiter sur leurs têtes.

la sculpture de fleurs de cerisier la recouvrant intérieurement. Intérieur, laque noir, dans lequel est pratiqué un système de jointoiement des plus simples, au moyen de deux trous et deux encoches.

Une boîte à parfums en joli bois strié, sur le couvercle de laquelle est représenté en nacre et en ivoire et en corne, au milieu de deux oiseaux qui s'envolent, l'appareil qui les chasse des arbres fruitiers : de petits morceaux de bambou cliquetant sur une planchette de bois.

Un bouton en fer, où sont ciselées deux poupées dorées, sous une branche de cerisier en fleurs, d'où pend une banderole sur laquelle est gravée une poésie de femme, reconnaissable à sa maigre et légère écriture. Ce bouton, qu'on expose sur de petits reposoirs, dressés à la porte des maisons, le 3 mars, le jour de la fête des filles, est signé : *Beï Koua*.

Un encrier de voyage en forme de petit marteau et qui se porte attaché à la ceinture, un encrier de bronze enguirlandé d'une liane de coloquinte aux feuilles d'or, aux gourdes d'argent. Je possède un autre encrier portatif, fabriqué d'un petit bambou contenant le pinceau et lié à une rondelle de bois plus grosse formant le réservoir à encre de Chine. Ces deux morceaux de bambou sont décorés de jeux d'enfants, incisés et teintés en noir. Il est signé ainsi : *A été fait la* 3$^{me}$ *année de Tën Wa, par l'artiste Otoka Noboukyo, sujet du prince Akao* (province de Harima). M. Otsouka croit que ce travail est du seizième siècle.

Au milieu de ces pierres dures, de ces laques, de ces ivoires, est perdu un petit rond d'argent bruni du diamètre d'un dé à coudre, sur lequel est sculpté, dans un bouquet d'arbres, un kiosque vers lequel se dirige un personnage d'or de la grosseur et de la grandeur d'une puce. Un volet fermé qui s'ouvre, quand on fait tourner au bout de son cordonnet de soie le petit rond, laisse voir dans l'intérieur deux points brillants d'argent, que la loupe fait reconnaître pour deux joueurs de dames.

Les ouvriers japonais ont eu, comme les ouvriers de l'antiquité grecque et romaine, l'imagination des bijoux-joujoux lilliputiens. Un de ces joujoux d'art, acheté par un voleur, cent kobans, au célèbre Fakeda et donnée par lui à la prostituée Otone, jouit, au Japon, d'une certaine célébrité. C'étaient deux petites figures, dont l'une représentait une jeune fille, et l'autre un serviteur tenant un parasol : les deux figures construites de manière que, lorsqu'on les faisait flotter sur une coupe de saki, le domestique ouvrait le parasol et le tenait au-dessus de la tête de sa maîtresse marchant devant lui. Et l'on suit un moment dans une chronique l'histoire du bijou. La fille Otone, très amoureuse du comédien Sakakihama-siro-taro, et quittée par lui, vendait ses robes et tout ce qu'elle possédait pour payer une dette qu'elle avait contractée à l'effet de donner de l'argent à son amant, puis se pendait dans le grand salon de Tomonya-Grobe. Parmi les objets qu'elle avait vendus, se trouvaient les deux petites figures de Fakeda, dont la malheureuse n'avait pu obtenir que six kobans, et les deux petites figures étaient passées, à la suite de cette vente, entre les mains de la femme du musicien Toyo-Taki (1).

Dans les objets en argent, rentrent les pipes d'homme et de femme, ces pipettes dont le fourneau est si petit, qu'on les prend pour des pipes à opium (2), pipettes tout entières faites d'un morceau d'argent ou bien d'un bout de bambou, enfermé dans des enveloppes d'argent, aux deux extrémités. Sur celle-ci sont sculptés deux faisans au plumage mi-doré, mi-argenté; sur celle-là se détache, au milieu d'une tige de pivoines, un paon exécuté de la même manière que les faisans.

Cette autre pipette, un chef-d'œuvre de ciselure, du fourneau à l'embouchure, est toute couverte de fleurs de chrysanthème fouillées et détachées dans la masse.

Enfin cette dernière, une pipe de lutteur, et qui représente un combat entre deux terribles dragons, se distingue par une grosseur particulière aux objets possédés par cette classe d'hommes énormes, amants de l'énormité. On dirait la pipe d'un ogre.

La description des pipes amène naturellement à la description de leurs étuis, à cette bimbeloterie d'art, où sur toutes les matières, mais principale-

(1) *Mémoires et anecdotes des Djogouns*, par Titsingh, publié par Abel de Rémusat. Nepveu, 1820.

(2) On fume au Japon le tabac coupé très fin et qu'on humecte parfois de saki. Ricord dit que le meilleur tabac est celui de la province de Satzuma. Après le tabac de Satzuma vient le tabac de Nagasaki, où fut introduite la culture de cette plante.

ment sur le bambou, les Japonais se sont montrés des ouvriers-artistes incomparables. C'est chez eux une spécialité de décorer le bois naturel en introduisant, dans la sculpture, la pierre dure, la nacre, le jade, l'écaille, l'ivoire colorié, avec une fantaisie adorable, et avec, je le dis bien haut, la sobriété et la retenue du goût le plus pur en la richesse de l'ornementation. Les Japonais font enfin de ces bois, sculptés et mosaïqués en relief, des choses qui n'ont d'équivalent chez aucune nation.

Étui en bois noir, sur lequel se détachent, en argent doré et émaillé, un enfant et deux petites figures de femmes.

Étui en bois brun, aux fendillements en forme de stalactites, décoré de papillons en pierre dure et en nacre, dans des feuillages en ivoire colorié, portant des fleurs d'or et d'argent.

Étui en corne de cerf, représentant un vieux pèlerin en extase devant une vision dans le ciel, vers laquelle monte l'adoration murmurante de ses lèvres, en une espèce de phylactère.

Étui en bambou, de forme ronde, figurant, profondément entaillé dans le bois jaune et fibreux, un tigre aux yeux de nacre. L'attache et le couvercle et le revêtement inférieur en fer, finement damasquiné d'or.

Étui en bambou à six pans, où se voient des tortues faites en ivoire colorié, avec carapaces d'écaille. Rien de plus heureux que l'agencement de ces tortues surprises dans le naturel de leurs poses, et rien de plus ingénieusement charmant que le couvercle composé d'une tortue aplatie dans le repos, ses pattes repliées sous elle. Cet étui est signé : *Ikko.*

Étui en bambou, à la rondeur aplatie, couverte de *dragons volants* (de libellules) aux ailes d'émail cloisonné, aux têtes et aux corselets d'ivoire colorié et d'écaille. La libellule ou la demoiselle, appelée, au Japon, dragon volant, est un insecte presque légendaire, et qui revient souvent dans la décoration. On raconte que Jimmu-Tennô, fondateur de la monarchie japonaise, étant monté sur une haute colline, la forme du Japon lui parut ressembler à celle du dragon volant, ce qui lui fit donner le nom de cet insecte à son empire. Le travail de cet étui est d'un luxe, d'une beauté, d'une originalité tout extraordinaire, avec des dégradations et des éloignements de second plan, obtenus par l'opposition de libellules seulement sculptées dans le bois un peu teinté, et de la libellule d'émail et de nacre du premier plan. Ce porte-pipe est signé : *Itsko.*

Étui fait d'un ivoire particulier, d'un ivoire fossile de Sibérie peut-être, ou plutôt d'un ivoire ordinaire rendu transparent par un procédé inconnu, et appartenant aux seuls Japonais. Il est décoré de rinceaux de feuillages, comme légèrement teintés de rouille dans les rentrants de la sculpture. Au milieu des rinceaux, le guerrier Kosima Taka Nori de Bingo, ciselé en or, trace, sur le tronc du cerisier, l'avertissement donné à son prince, et que nous avons déjà trouvé sur le couvercle de la boîte à gâteaux. Le travail de l'ivoire n'est pas signé, mais sur un petit cartouche d'or est gravé : *L'or fait par Tatté utchi.*

Étui en shakudo. Le seul que j'ai vu fabriqué de ce métal, employé en général pour de petits objets. Sur le beau bleu violacé de l'étui, sont niellées des fleurettes en argent, en or, en émail rouge brique.

A la description de ces étuis de pipes, je joindrai la description d'un attirail complet de fumeur assez ancien, composé d'un étui de pipe et d'une blague à tabac. L'étui de pipe est en une imitation de peau de serpent, appelée au Japon *indën*, et décoré d'une libellule de métal avec des parties bronzées et vermeillées. A cette libellule se rattache la blague par un petit anneau, auquel sont soudés deux médaillons de bronze gravés, représentant l'Olympe japonais en caricatures. Sur la blague en cuir doré, argenté, mordoré, pourpré, un morceau de cuir, dit le Japonais Otsouka, fabriqué à l'imitation d'anciens cuirs chinois, un morceau de cuir que je croirais plutôt de cuir de Cordoue ou peut-être de Venise et que les Japonais recherchaient et achetaient aux Portugais, — un morceau de cuir qui a les riches et sourds tons de hareng saur, affectionnés par les coloristes fauves, — se détache dans un relief de demi-ronde bosse, un corps de jeune enfant, dont la chair potelée a quelque ressemblance avec les contours enflés des amours de Boucher. La serrure extérieure est faite de deux petits bronzes-appliques, l'un Laizïn, le dieu du tonnerre, sous sa patine florentine, l'autre Fouzïn, le dieu du vent, sous sa patine d'acier. La serrure intérieure, qui se ferme au moyen d'un petit bouton en forme d'éventail, est formée d'une plaque d'acier rayée d'éclairs d'or et de trombes d'argent, se croisant sur la crête de flots courroucés et écumeux. Cette plaque porte deux signatures *Korusaï* et *Thiojou*, et sur le bronze doré de la charnière intérieure, se trouve encore la signature de *Djindaïsha*, l'ouvrier ciseleur de la garniture et des deux petits médaillons de bronze.

« Est-ce ancien? » dit presque chaque personne, dans les mains de laquelle vous mettez un objet japonais, toute prête à vous le rendre sans le regarder, si vous ne mentez pas un peu. Eh bien, il faut avoir le courage de dire la vérité : l'art japonais n'a pas d'antiquité. En Chine, les mandarins amateurs ont un certain droit à ne vouloir posséder que des objets de *mille ans*, à préférer le travail original des anciennes dynasties aux Kien-Long. Au Japon, rien de pareil. Tout l'art ancien du Japon est une pauvre et servile imitation de l'art chinois, tout vient du Céleste Empire, tout, jusqu'aux couturières, qu'envoie chercher au troisième siècle l'empereur Ojiu-Tennò (1). Les porcelainiers, les bronziers, les peintres sont des Chinois, ou des Japonais, retour de la Chine. Ce sont des potiers coréens qui fabriquent les premières porcelaines japonaises et c'est en Chine que Gorodayu Shonsui, le créateur de la porcelaine

(1) *Le Japon à l'Exposition universelle*, première partie; Paris. 1868.

d'Imari, va apprendre la construction des fours. C'est le peintre Douchò, de l'État de Koma, qui au huitième siècle, enseigne aux Japonais et le dessin et la fabrication de l'encre et du papier. C'est le prêtre Sesshiu qui, au quinzième siècle, après avoir étudié en Chine, devient un des plus grands peintres du Japon. Et les peintres Kudara, Kawanari, Kosé-Kanaoka, le prêtre Meichò, ainsi que les deux familles Tosa et Kano, illustrées par les artistes qu'elles ont produits, semblent avoir été chercher leur talent dans le Céleste Empire. Le croirait-on enfin? la musique et la danse japonaises n'appartiennent pas même au Japon, elles sont chinoises, et furent apportées par Minashi, originaire de Kudara qui se fit naturaliser au Japon! Et les Japonais reconnaissent si bien cette vérité, ont tellement pris l'habitude de considérer l'Empire du Milieu comme la patrie de leur art, comme le lieu de provenance des belles choses, comme leur Grèce, que Narushima, auquel je demandais, un jour, s'il y avait des collectionneurs parmi ses compatriotes, me répondait : « Oui, oui, certainement » ; puis ajoutait avec une nuance de mépris intraduisible pour son art national : « Oui, mais les collectionneurs chez nous n'ont que des objets de la Chine. »

Du reste, l'on peut se rendre compte du nombre d'objets chinois que contenait, que contient une collection japonaise, par ce curieux inventaire d'objets d'art possédés au dix-septième siècle par Yodoya-Fatsgro, l'un des plus riches marchands d'Osaka, inventaire si renseignant sur les goûts d'un bibeloteur exotique.

EFFETS PRÉCIEUX.

Un coq d'or pur, apporté de la Chine qui avait appartenu à l'empereur Genso-Koté (Han-kao-tsou.

Un tableau peint par l'empereur Kiso-Koté, représentant un coq et une poule, et jugé hors de prix.

Une natte pour servir de jalousie faite de corail rouge (1).

Deux tuiles du palais de l'empereur Kan.

Quatre tuiles du palais de l'empereur Koo-ko-te (Soung-Kao-tsou).

Trois lettres de l'officier du Daïri, le fameux écrivain Teïka (2).

Un poids en or, pesant sept cent cinquante taels, que Taïko avait donné en présent à un de ses parents.

Un encensoir d'or en forme de chariot.

Seize figures de moineaux d'or et d'argent.

Treize petites idoles d'or.

(1) Ces jalousies, qu'on place, en Chine et au Japon, devant les portes et les fenêtres pour empêcher les insectes d'entrer, et qu'on appelle *lien-tsée*, sont fabriquées souvent de matières précieuses. Dans la collection envoyée du Japon à l'Exposition universelle de 1867, il y avait une de ces jalousies en perles de cristal taillé de diverses couleurs, formant un paysage.

(2) La beauté de l'écriture a une très grande importance au Japon, et quand on reconstruisit, en 977, le palais du Daïri, entièrement détruit par un incendie, le mémorialiste japonais rappelle que les *gakf*, les inscriptions sur les planchettes au-dessus des portes, ont été tracées au pinceau par Fousiwara-no-Soukemasa, célèbre en Chine même pour sa belle écriture.

Un chaudron d'or.

Un vase d'or pour faire bouillir l'eau.

Deux tasses à thé en or.

Trois boîtes à thé en or.

Un chapelet de cent vingt-huit grains de corail rouge, dont cent huit de la grosseur d'un œuf de pigeon et vingt de moindre grosseur.

Dix branches de corail.

Cinq tasses à thé en argent.

Sept soucoupes faites du bois de *calamback* (bois d'aigle, que les Japonais tirent du Cambodge et de la Cochinchine et qu'ils payent au poids de l'or) (1).

Un damier avec les dames d'or et d'argent dans une caisse de bois d'ébène.

Un grand encrier chinois enrichi d'une pierre précieuse.

Un magnifique pot à l'eau chinois.

Vingt-huit fermiers à carreaux.

Quarante-huit tapis ayant chacun trente pieds de long et dix-huit pieds de large.

Cinq cents tapis plus petits.

Trois cent trente tableaux japonais différents.

Cent soixante-dix sabres de toutes longueurs.

(1) Voici une note curieuse sur l'importance du bois de calambac : « Selon la tradition, une grosse pièce de bois de calambac fut jetée, pendant une tempête, sur le rivage de Sakaï, bourg situé à peu de distance d'Osaka. On la conserve dans le temple de Tô-daï-si. Lorsque le Shogun désire en avoir un morceau, il s'adresse au Daïri, qui lui en accorde un de la grosseur d'un pouce carré. Il y envoie deux officiers de sa cour, sous les yeux desquels le morceau est scié, et inscrit sur les registres du temple. »

Trente-sept piques ou sabres.

Trois harnais de cheval (1).

Au fond, parmi les vieilles choses du Japon qui ne sont pas des objets chinois ou des imitations imparfaites de chinoiseries, qu'est-ce que vous trouvez? Des bronzes, sans conteste, inférieurs aux bronzes chinois, des peintures d'un primitif baroque, des laques que je crois, jusqu'à preuve du contraire, inférieurs aux laques de choix des dix-sept et dix-huitième siècles, et en dernière ligne cette porcelaine or, rouge et gros bleu, ce *vieux Japon* qui n'est pas sans mérite, mais d'une monotonie désespérante (2). Mais tout ce que j'aime, tout ce que je vois aimer par ceux dont j'estime le goût : les bronzes qui ont la mollesse de la cire, les peintures au dessin de nature, les broderies qui sont de tendres et chatoyants tableaux, les délicates ciselures du fer, la décoration enchanteresse des Satzuma, les jolis travaux d'incrustations dans le bois, tout cela, à l'exception des laques, est moderne, oui moderne, n'a pas plus de quatre-vingts ans, appartient enfin au dix-neuvième siècle. Les plus souples bronzes sont de bronziers morts il y a vingt, trente, quarante ans. Et à quelle époque remonte la statue de Ban Kurobioë par Murata Shosaburo Kunihissa, possédée par M. Cernuschi, la seule pièce de bronze qui puisse

(1) *Mémoires et anecdotes des Djogouns*, par Titsingh, publiés par Abel de Rémusat, 1820.

(2) Il y a bien encore l'ancien Japon *première qualité coloriée;* mais est ce bien sûr que ce vieux Japon ne soit pas une imitation d'un plus vieux Chine?

entrer en comparaison avec la grande sculpture de notre antiquité? A la fin de Louis XVI, peut-être à la période du Directoire. Combien de gardes de sabres à la rondissante facture, après le déchiffrage de la signature de l'armurier, se sont trouvées des ciselures ne remontant pas à plus de vingt-cinq ans! Qui oserait affirmer que les plus vieux foukousas ont plus d'un demi-siècle? Et les bols de Satzuma achetés par les amateurs les plus difficiles, à quelle date remontent-ils? Enfin même, les boîtes à médecine et les étuis de pipes à luxueuse ornementation, seraient, au dire de certaines personnes bien renseignées, de création assez récente. En un mot, l'objet d'art original, l'objet d'art bien japonais ne semble né là-bas qu'à la suite de la révolution introduite dans le dessin par O-kou-sai, et de son affranchissement de l'art chinois (1), et de son retour à la na-

(1) A la note envoyée par le Japonais Narushima à M. Bergerat, un livre tout récemment publié en Angleterre : « Fuyaku Hiyokukei : A hundred wiews of Fuji (Fusi-yama) par E. Dickins, London 1880 », ajoute quelques renseignements sur la vie et l'œuvre d'O-kou-sai.

O-kou-sai serait né en 1760, et aurait eu pour père un fabricant de miroirs de métal, nommé Nakajima Isé. On trouve, dans le travail de M. Dickins, la confirmation des nombreux changements de noms de l'artiste, et entre autres de son premier nom d'Hotteyimon Miuraya, venant de la maison de Honjo, le quartier de Yédo, où il était né, et encore de son nom de Saitô, sous lequel il est désigné dans le quatrième cahier du MANGUWA. Le livre anglais parle également des nombreuses illustrations des romans de son ami Bakin, le Walter Scott du Japon, et dont il illustra le « Satomi Hakenden » en quarante volumes. O-kou-sai serait mort, d'après M. Anderson, en 1849, à l'âge de quatre-vingt-neuf ans, mais la publication du *Fusi-yama* en 1834, annoncée comme une publication de *feu* O-kou-sai, dément cette

ture, vue pour la première fois par un œil japonais. Et pour moi, c'est seulement en toutes les dernières années du siècle dernier, et dans les cinquante premières années du siècle actuel, qu'ont été fabriquées,

assertion, et doit faire adopter la tradition qui le fait mourir en 1834, à l'âge de soixante-quatorze ans.

O-Kou-sai est le fondateur de l'école de Katsushika, dont les productions *ukijo-yé* peuvent se traduire par « les peintures du monde passant ». L'œuvre capitale d'O-kou-sai, publiée entre 1810 et 1820, est sa suite des quinze cahiers (n'est-ce pas quatorze?) portant pour titre : Manguwa, ou Esquisses de premier coup.

Les préfaces en tête de chacun de ces cahiers sont curieuses, et je vais en donner quelques extraits. Voici la préface du premier cahier : « L'apparence extérieure et les gestes des hommes rendent abondamment l'expression de leurs sentiments de joie et de désappointement, de souffrance et de réjouissance. Les collines et les torrents, et les arbres et les herbes, ont également chacune une nature particulière. Et en même temps, les bêtes, les oiseaux de l'air, les insectes, les reptiles, les poissons, contiennent tous en dedans d'eux une essence vitale, propre à chacun d'eux, qui réjouit nos cœurs, lorsque nous reconnaissons une telle abondance de joie et de bonheur dans le monde. Cependant, avec les changements de lieux et de saisons, tout s'évanouit, tout disparait. Comment donc transmettre aux âges futurs, et porter à la connaissance des hommes, éloignés par des milliers de lieues, l'esprit et la forme de toute la joie et le bonheur que nous voyons remplissant l'univers? L'art seul peut perpétuer la réalité vivante des choses du monde, et le vrai art, le seul qui habite les hauteurs du génie! Le rare talent d'Hokusai est connu par tout le pays. Cet automne, pendant son voyage vers l'Ouest, le Maître, par une bonne fortune inespérée, a visité notre ville, et là, pour le délice des deux hommes, a fait la connaissance de Bokusen de Gekko (Maison du clair de lune), sous le toit duquel plus de 300 compositions furent projetées et exécutées. Les choses du ciel et de Boudha, la vie des hommes et des femmes, oui même les oiseaux et les bêtes, les herbes et les arbres, tout fut essayé, et le pinceau du maître retraça toutes les phases et toutes les formes de l'existence. Depuis quelque temps le talent de nos artistes diminuait, la vie et le mouvement manquaient à leurs productions, et leur exécution était de beaucoup inférieure à leurs conceptions. On ne toujours à l'exception des laques, les originales japonaiseries où l'élément européen n'a pas eu encore le temps de s'introduire, et qui ont eu la fortune d'être exécutées et parfaites par la vieille génération

manquera pas de reconnaître l'admirable puissance des esquisses présentées ici, toutes ebauchées qu'elles soient. Le Maître a essayé de donner la vie à tout ce qu'il a peint, et son succès éclate dans la joie et le bonheur qu'il a si fidèlement exprimés. Qui pourra ajouter à son œuvre? Pour l'étudiant aspirant à l'art, cette collection est un guide, un instrument inestimable. Le titre de *Manguwa*, esquisses de premier coup, a été choisi par le Maître lui-même. « *Écrit par Keijin de la maison Hanshu à Beroka en Owari* (dans l'année 1812) pendant la période *Bankuwa, au temps où les lettres florissaient.* »

Le préfacier du cinquième cahier dit : « La fleur des jardins de pruniers, la fleur de cerisier de Sudadzutsumi, les festons de fuji (wistaria) de Kamedo, les fleurs de hadji (lespedeza) de Yanagishima (l'île des Saules), les asters et les chrysanthèmes de Tarashima (l'île des Temples), ces cinq lieux de plaisance bien connus à Katsushika, sont visités par des foules, dans les saisons de floraison du printemps et de l'automne, qui remplissent les chemins, discutant, par petits groupes, les beautés qu'ils viennent de contempler. Par là demeure le Maître Hokusai, depuis son enfance; et sa renommée est maintenant tellement répandue que sa gloire est arrivée à surpasser celle de toute la fragrance des cinq jardins dans toute leur floraison. »

Le préfacier du septième cahier dit : « Ils me disent comme quoi ils ont traversé hier le Fukagava à Hirohata, où les hommes prient le dieu Tametomo, comme quoi ils sont allés aujourd'hui écouter le coucou, s'ébattant parmi les arbustes de Asaji-hara et Hashiba, et me parlent de beaucoup d'autres choses agréables. Et maintenant mes amis voudraient bien que je me lève de mon siège près de la fenêtre, où j'ai paressé toute la journée, pour m'en aller avec eux..... Doucement, doucement..., je suis debout et parti... Je vois les innombrables feuilles vertes trembloter à la cime des arbres feuillus, j'observe les nuages floconneux dans le ciel bleu, se groupant fantastiquement en toutes sortes de formes déchirées... Je marche, de-ci de-là, indolemment, sans volonté et sans but... A présent je traverse le pont des Singes, et j'écoute comme l'écho renvoie les cris sauvages des grues... Me voici dans le champ de cerises d'Owari... A travers les brouillards qui trainent sur les rivages de Miho, je d'ouvriers anciennement aux gages des princes (1), et qui ont mis au service d'O-kou-saï et du groupe d'artistes dans tous les genres, évoluant autour du novateur, une main-d'œuvre qui ne s'est jamais peut-être rencontrée chez aucune nation.

Maintenant ces objets de 40, de 50, de 60 et bien rarement de 100 ans, ces objets choisis, triés, et qu'il est même bon de payer cher, ces objets qui possèdent une qualité que n'a pas l'objet chinois, *l'amusant*, ces objets, il faut le dire bien haut, sont merveilleux, uniques, incomparables, et tels qu'ils doivent sortir de l'imagination et des doigts de ce peuple artiste jusqu'au dernier des hommes, et où le paysan n'ayant pas que des yeux comme le nôtre pour sa récolte, avec deux ou trois pierres, se crée dans son champ une cascatelle, y plante un abricotier à fleurs doubles (2), et jouit, des heures entières, de la floraison de son arbuste au-dessus de la musique de l'eau, ainsi qu'un peintre et un poète.

vois les célèbres pins de Suminoye... Maintenant je suis debout en tremblant sur le pont de Kameji, et je regarde avec étonnement la gigantesque plante de fuki (pétasites)... Ceci est le rugissement de la cataracte vertigineuse d'Ono... Un frisson me traverse. Ce n'est qu'un rêve que j'ai rêvé, couché près de la fenêtre, avec ce volume du Maître, comme oreiller sous ma tête. »

Enfin, dans le huitième cahier du MANGUWA, le préfacier fait dire, par Hokusai, à ses élèves qui lui demandaient de publier ses croquis pour leur instruction : « On n'enseigne pas l'art, vous n'avez qu'à copier la nature pour devenir un artiste. »

(1) Cette génération, dont il reste encore quelques octogénaires, est en train de s'éteindre tous les jours ; et quand elle sera complètement enterrée, la main-d'œuvre *artiste* n'existera plus au Japon.

(2) *Promenade autour du monde*, par le baron de Hübner; Hachette, 1873.

# BOUDOIR

A droite, au fond du cabinet de japonaiseries, une porte enlevée livre passage dans un petit boudoir pas beaucoup plus large que la porte-fenêtre ouvrant sur le balcon du boulevard Montmorency. Le boudoir est laqué en noir, et au plafond sur un carré de soie jaune, la princesse Mathilde a jeté des oiseaux et des fleurs aquarellés dans le goût japonais. Une robe de crêpe de Yédo, brodée en or et en soie, au fond gorge de pigeon et commençant et mourant dans du violet, recouvre un petit divan appuyé au mur. Sur les parois sombrement luisantes, entre de gaies et claires porcelaines de la Chine, provenant des ventes de doubles qu'a faites le Musée de Dresde, sont accrochés seulement trois objets de haut goût.

Le premier est un immense *foukousa* représentant, sur un morceau de velours noir, une double et noueuse tige de bambou brodée en or : une broderie, dont l'originalité distinguée est due à la grandeur du dessin et à l'opposition à peine sensible de l'or vert des feuilles et de l'or rouge des tiges. Il est signé : *Kakou-Leï*.

Le second figure sur un panneau de laque une

branche de magnolia en fleurs, dans un vase de bronze vert, fouetté d'or. Les fleurs sont sculptées en ivoire, et les boutons en formation sont composés de fragments de jade un peu transparents, pris dans les tons les plus frais de la nature, et le vase en bronze vert, le sculpteur a su en faire, au moyen de matières ignorées, un trompe-l'œil qui pose, en sa légère saillie, sur un vrai pied de bois de fer. D'un côté, il y a une grenade entr'ouverte sous son semblant d'écorce de carton pourpré, et dont le rose aqueux, où baignent ses pépins, est rendu avec un art inimitable par de la nacre. De l'autre côté sont une petite théière en boccaro, une tasse de faïence de Satzuma sur sa soucoupe en bateau de métal, obtenus avec le boccaro, la faïence, le métal ou je ne sais quoi. Ce tableau sculpté est intéressant comme un spécimen du soin, de la perfection, de la menue et infinie imagination d'art apportés par l'artiste à tous les détails de son œuvre. C'est ainsi que le cadre en bambou, exécuté là-bas, montre, près de l'intersection des nœuds, de petites pousses, des folioles en ivoire découpé, et coloriées, et jouant les jeunes pousses, et qu'un escargot, d'un glaireux à jeter par la fenêtre, monte, les cornes rigides, le long du cadre du bas-relief. Ce tableau porte deux cachets que n'a pu déchiffrer M. Otsouka.

Le troisième objet est un tapis de soie persan du seizième siècle, le *desideratum* des peintres-banquiers, la chose d'industrie artistique qui vous laisse hésitant, si elle n'est vraiment pas de l'art, et si elle ne vaut pas le plus beau tableau de fleurs, enfin la loque *radieuse* par excellence. N'ayant jamais pu réunir assez d'argent pour acheter *de ça*, je m'étais dédommagé en en créant un, dans LES FRÈRES ZEMGANNO, quand un de ces hasards étranges m'a mis face à face avec l'original du tapis de fantaisie, que j'avais inventé pour les siestes de la Tompkins. C'était bien le morceau de velours ras, tissé dans le lumineux et la tiède tendresse de l'or bruni, de l'argent éteint, du bleu lapis-lazuli. Et elle était si séduisante, la bordure de ce tapis au vert, qui était à la fois une couleur de mousse et d'émeraude, et où couraient des branchages d'un pâle et presque imperceptible violet d'améthyste! Et le fond étalait un si harmonieux ton d'or de paille, d'or chaud de nattes de Manille, avec dessus des rinceaux si maladivement bleus, blancs, jaunes! Et chaque secousse de la main du marchand, dans le tapis de soie, glaçait d'un si éblouissant givre les douces colorations se cassant avec des brillants micacés! Je ne pus résister. Au fond, si mon tapis, je l'ai payé cher, fort cher, j'ai, pour me consoler, la croyance, l'illusion, si l'on veut, que tout au plus une soixantaine de ces tapis, — on les dit tous venir d'une bataille dans laquelle les bagages du shah auraient été pris par les Turcs, — oui, tout au plus une soixantaine sont dispersés en Europe. Pourquoi n'étais-je pas à Constantinople, le lendemain de l'incendie du vieux Sérail? J'aurais pu aussi bien que M. Gutun, parmi les objets jetés la veille par les fenêtres, acheter au bazar, moyennant 112 francs, soit 56 rancs pièce, les deux merveilleux tapis aux suaves couleurs, entremêlées de vers d'argent chantant la femme et le vin, — ces tapis dont on demanderait de chacun 25,000 francs, aujourd'hui?

A l'heure présente, c'est bizarre, quand je me prépare à écrire un morceau, un morceau quelconque, un morceau où il n'entre pas le moindre bric-à-brac, pour m'entraîner, pour me monter, pour faire jaillir le styliste, de l'écrivain paresseux et récalcitrant à l'arrachement douloureux du style, j'ai besoin de passer une heure dans ce cabinet et ce boudoir de l'Orient. Il me faut me remplir les yeux de la patine des bronzes, des ors divers des laques, des irisations des flambés, des éclairs des matières dures, des jades, des verres colorés, des chatoiements de la soie des foukousas et des tapis de Perse, et ce n'est que par cette contemplation d'éclats de couleur, par cette vision excitante, irritante pour ainsi dire, que peu à peu, et, — je le répète sans que cela ait aucun rapport avec le sujet de ma composition, — je sens mon pouls s'élever, et tout doucement venir en moi cette petite fièvre de la cervelle, sans laquelle je ne puis rien écrire qui vaille. Mais l'excitation produite par le bibelot de lumière obtenue, et le moment arrivé pour me mettre au travail, j'ai besoin pour écrire de me trouver dans une pièce qui n'ait rien aux murs, et que j'aimerais toute nue et blanchie à la chaux.

# SECOND ÉTAGE

L'escalier tourne et monte, du premier au second étage, toujours entre des dessins de l'école française et des *kakemonos* japonais.

Le *kakemono* est une bande longitudinale de gaze peinte à l'aquarelle (1), collée sur un morceau de soie qui la marge tout autour d'un dessin de fleurs, généralement tissées en or ou en argent, et que tient tendu un petit rouleau de bois, terminé par deux rondelles d'ivoire pendant en bas. C'est le tableau du Japon, la seule peinture que les amateurs de là-bas (2) et le commun des martyrs accrochent à ses cloisons. Dans ces aquarelles toujours étroites, mais d'une

(1) Il y en a de peints sur soie, sur papier, il y en a de brodés, quelques-uns même ne sont qu'un tissage d'or dans la soie. C'est ainsi que, chez moi, deux kakemonos représentent des vases de fleurs, encastrés dans des zones où volent des grues hiératiques aux couleurs qu'on dirait cherchées dans les mosaïques de Saint-Marc. Mon ami, le poète de Heredia, en possède dans ce genre deux très supérieurs. C'est un canevas blanc, entouré d'une première bande amarante sur lequel courent des branchages d'or, d'une seconde bande réséda sur laquelle sont jetées également en or des armoiries de prince. Le canevas blanc est brodé d'une paonne et d'un paon, la queue déployée. Ces deux broderies, sur cette trame à jour, ont à la fois des tons assoupis de tapisseries passées et de vieilles orfévreries émaillées.

(2) Car il faut que l'Europe sache que le Japon a ses curieux de peinture, et des curieux maniaques comme les nôtres. M. Réal,

longueur qui va d'un à deux, à trois mètres, il est des œuvres d'art qui font l'ébahissement de nos aquarellistes, en présence de ces immenses machines peintes à l'eau. Devant un de ces kakemonos, de Nittis (1), qu'on sait n'être pas un maladroit, déclarait qu'il n'y avait pas d'Européen capable d'exécuter ces étonnantes décorations. Dans l'atelier du peintre Hirsch est suspendue une grue parmi les roseaux d'un marais, la nuit, sous une lune voilée d'un nuage. Dans le gris perle des ténèbres, c'est un chef-d'œuvre que l'échassier blanc, en son arrêt suspendu, avec l'interrogation de sa petite tête dressée et retournée, de son œil qui veille à travers le fouillis obscur, — l'échevellement des lances de roseaux, d'abord jaunes d'or, puis noires, puis couleur des choses vues dans le lointain de la nuit. Un modelage désespérant des détails, d'une science de procédés incroyable, avec des oppositions singulières, et qu'on n'ose pas en Europe : ainsi, dans cette aquarelle délavée et sans aucune épaisseur de couleur, la patte

l'associé des Sichel, achetant des kakemonos au Japon, et s'étonnant de la différence du prix entre deux kakemonos, dont le faire lui paraissait identique, le marchand lui disait : « Oui, tous les deux sont du même, mais celui-ci est du temps où sa célébrité était faite. »

(1) De Nittis a acheté le beau et grand kakemono de l'Exposition, représentant une vingtaine de pigeons s'ébattant à la margelle d'une vasque en pierre. Il l'avait acheté pour le copier et avoue modestement y avoir renoncé devant la difficulté. Il me faisait toucher, avec l'enthousiasme qui jaillit de son individu en présence d'une vraie chose d'art, tous les détails de l'exécution, et ces contours dans l'ombre, et qui sont faits simplement du balayage et du rebroussage lavé des teintes de la pleine lumière.

relevée de la grue est empâtée de gouache, et de toute la peinture seule ressort en relief, absolument comme si elle était brodée. Chez moi, dans mon escalier, battent contre le mur des tortues jouant sur une grève à la mer basse, d'un matutineux extraordinaire (1), et une tige de pavots violets entrelacée dans un rameau d'arbuste aux fleurs cerise d'un charme tout réjouissant, et bien encore une demi-douzaine représentant des oiseaux de rivière au milieu de plantes aquatiques. Toutefois la merveille est une guenon tenant son petit dans ses bras. Il est vraiment impossible de rendre, par une coloration plus vraie, le rose violacé de la face et des bouts de sein de la singesse, de la face et des callosités ischiatiques du petit, au milieu de l'envolée fauve du pelage, où, çà et là, se voient des aplatissements, de lumineux versements de poils faits d'un ton bleuâtre indescriptible. Ce kakemono est signé : *Leï Meï Wan Sossen*. Sossen, au Japon, est reconnu comme le grand peintre du singe, et ne peint uniquement que le singe.

Donnons ici un rapide historique des anciens peintres du Japon d'après la grande encyclopédie, intitulée : WA-KAN-SANZAI-DZUYÉ, dont un fragment a été traduit par M. Dickins dans son livre sur le Fusi-yama.

Mih-Hi (2697 avant Jésus-Christ) dessina, le pre-

(1) D'après une inscription tracée au pinceau, ce kakemono ne serait qu'une répétition par un élève d'un célèbre dessin du dessinateur spécialiste des tortues. Voici l'inscription : *Copie de Oh-kio.*

mier, les diagrammes au lieu de les écrire. Ce fut l'origine du dessin.

Tsao-fuh-hing, le premier, dessina les choses appartenant aux hommes.

Shi-tao-shih dessina, le premier, des oiseaux et des bêtes.

Quelques-uns des vieux maîtres possédaient une puissance miraculeuse : l'un ayant dessiné un dragon, aussitôt qu'il eut terminé l'œil, le dragon s'envola ; un autre, nommé Han kan, ayant dessiné un cheval, un démon l'enfourcha, trompé par la ressemblance.

Les peintres célèbres des époques postérieures sont innombrables. Il y eut d'abord Kose no Kanaoka; après vint Fujihara no Takayoshi qui fut suivi par Takuma Temeyuki et Tosa Tsuné taka.

Dans la succession des plus renommés des époques postérieures, se trouvent Tsunemori, Tosa Mitsunobu, Sesshiu, Josetsu, Oguri Sotan, Schiubun, Sesson et le plus célèbre de tous, Kano Motonobu.

Tsunemori s'est illustré par ses *oiseaux sur l'aile*, oiseaux volants.

Tosa Mitsunobu, qui a été surintendant de la peinture, est le fondateur de l'école de Tosa, dont les élèves peignent avec un pinceau fin comme un cheveu, et affectionnent la feuille d'or.

Sesshiu, qui avait été prêtre dans sa jeunesse, était un disciple des écoles de Josetsu et de Shiubun. Sa renommée arriva jusqu'à l'empereur de la dynastie des Ming régnante alors en Chine, qui le décida à se charger de la décoration du palais impérial. Son début fut celui-ci : Sesshiu remplissant un balai d'encre de Chine, sans que sa main hésitât une minute, dessina un dragon, éclaboussant l'encre autour de lui; et l'admirable vigueur de l'esquisse fit bientôt que son nom et sa gloire se répandirent dans tout l'Empire du Milieu. Il était habile à retracer les paysages, les fleurs, les oiseaux, les quadrupèdes, les hommes. Il travaillait avec une grande rapidité, et, pour ainsi dire, d'un seul trait courant, avait une préférence marquée pour les tons gris clair, évitait le rouge et les verts. Il est le fondateur de l'école de Sesshiu, l'école du noir et du blanc, une école de grisaille distincte de l'école de Tosa, l'école coloriste du pays, et de l'école éclectique de Kano, qui cherchait à fondre les deux écoles.

Sesson était un fameux peintre pour les effets de clair de lune en automne.

Kano Motonobu, le prince des peintres chinois et japonais, a été appelé aussi souvent Kohôgen.

Les principales couleurs, employées autrefois par les peintres japonais, étaient pourpre clair, jaune et rouge, gris brun d'écorce d'arbre, couleur de pêche, bleu vert, jaune vert, gris de thé, gris de souris, brun jaune, feuille morte. Les matières colorantes servant à la composition de ces couleurs étaient l'ocre, la terre d'ombre, le cinabre, l'orpiment, l'*airo*, sorte de pigment bleu, le *nakuroku*, vert formé d'un pigment arsénieux, le noir de fumée, le charbon ou la cendre de laine de coton.

Dans le livre chinois Rui-yen (Jardin des Miscellanées), on raconte une curieuse anecdote sur un procédé de peinture japonaise. Nous y lisons qu'un nommé Sû-Nogh dessina, dans un tableau, un taureau qui quittait, le jour, la toile, pour aller pâturer, et revenait prendre sa place dans la peinture le soir. Ce tableau arriva dans les mains de l'empereur Taï-Tsung (976-998), qui demanda à ses courtisans, mais en vain, une explication de ce prodige. A la fin, cependant, un certain prêtre révéla que les Japonais trouvaient une substance nacreuse dans la chair d'une espèce d'huître qu'ils ramassaient sur les rochers à la marée basse, et que cette substance broyée en une matière colorante faisait des tableaux invisibles le jour, visibles la nuit.

Mais il nous a été donné de surprendre un peu du secret de ces peintures, de ces aquarelles pendant l'année de l'Exposition, aux trois soirées du commissaire général Matzugata, de l'éditeur Charpentier, de Burty, ces trois soirées où les japonisants de Paris ont pu regarder travailler des artistes japonais. Chez Matzugata, nous avons vu un Japonais, debout devant une table, sans l'aide d'un fusinage, d'un crayonnage, attaquer du premier coup, et à main levée, avec un pinceau, des dessins, sur des morceaux de mousseline, retenus par les deux bougies qui éclairaient le peintre, et les commencer par un bec d'oiseau, par une queue de poisson ; et des extrémités de l'ensemble, de fragments de dessin se rejoignant à la fin bout à bout, réaliser, dans l'étonnement de tous, un être de l'air ou de l'eau qui semblait dessiné d'après nature.

Chez Charpentier, un autre peintre japonais, la joue labourée par une contraction du muscle zygomatique, sa grosse bouche sérieuse gonflée et avancée, et le front peinant, comme si sa mémoire cherchait à refaire identiquement un dessin déjà fait, tenait le pinceau entre la première phalange du pouce et l'index, et, pour ainsi dire, à pleine main. Je me rappelle un surprenant dessin de trois corbeaux, et l'adresse avec laquelle, de son pinceau écrasé et aux poils presque secs, dans une teinte plate d'encre de Chine encore humide, l'artiste *facsimila* le duveteux de la poitrine d'un des noirs oiseaux.

Mais jusque-là, rien que des improvisations, rien que des croquis à l'encre de Chine; chez Burty, nous avions la représentation dans les coulisses, de l'élaboration, pleine de *ficelles*, d'un grand panneau à l'aquarelle, poussé au dernier fini : d'un véritable kakemono. Disons d'abord qu'un dessin, pour être précieux au Japon, doit être dessiné sans aucune reprise du trait, sans aucun *repentir*. On attache même une certaine importance à la rapidité du faire, et le compagnon du peintre alla regarder l'heure à la pendule, quand il commença. L'artiste japonais s'était muni cette fois d'un coupon de soie gommée presque transparent, se fabriquant pour cet usage au Japon seulement, et le coupon de soie était tendu sur un châssis de bois blanc. Sauf deux ou trois bâtons de couleur, parmi lesquels il y en avait un de gomme-gutte et un autre d'un bleu verdâtre, l'aquarelliste se servait de couleurs au miel, de couleurs européennes. D'abord, pour commencer, ce fut au milieu du panneau comme toujours un bec d'oiseau devenant un oiseau, puis encore trois autres becs, trois autres oiseaux : le premier grisâtre ; le second au ventre blanc, aux ailes vertes ; un troisième ayant l'apparence d'une fauvette à tête noire ; le quatrième avec du rouge dans le cou d'un rouge-gorge. Il ajouta à la fin, au haut de son panneau, un cinquième grimpereau, un calfat au bec de corail. Ces cinq oiseaux furent exécutés avec le travail le plus précieux, et presque avec le *froufrou* révolté de leurs plumes. Et c'était charmant de voir notre Japonais travailler, tenant deux pinceaux dans la même main : l'un tout fin, et chargé d'une couleur intense, et filant le trait ; l'autre plus gros et tout aqueux, élargissant la linéature et l'estompant ; tout cela, avec des prestesses d'escamoteur debout devant sa petite table aux gobelets.

Les oiseaux paraissant terminés, Watanobé Seï Sé a jeté dans un coin des feuilles, des bouts de branchages, sans le dessin des branches. A ce moment, d'un gros pinceau sans couleur et trempé d'eau, il a mouillé le fond resté vierge de toute coloration, en épargnant, autour des oiseaux, de petites déchiquetures, laissées par lui sèches, dans le papier mou. Le panneau a été séché, un moment, à la flamme d'un journal dans la cheminée, et retiré lorsqu'il conservait un rien d'humidité. Alors brutalement, et comme sans souci de la délicatesse de son dessin, il a laissé pleuvoir, sur tout son panneau, de gros pâtés d'encre de Chine, qui, étendus avec un blaireau, ont tout à coup mis la plus douce demi-teinte autour des branchages et des oiseaux, enfermés dans une couche de neige faite miraculeusement par les espèces d'archipels, gardés secs dans le papier. Puis, quand le panneau a été ainsi préparé, ainsi avancé dans certaines parties, ne voilà-t-il pas que notre peintre japonais s'est mis à le laver à grandes eaux, donnant, sur la tête colorée des oiseaux, de petits coups de pouce amortissants et ne laissant sur le papier que la vision effacée de ce qui y était tout à l'heure. Et le panneau est encore une fois remis au feu et retiré mollet, et l'artiste indique le tronc tortueux par un large appuiement, mais interrompu, mais cassé, et pique avec la plus grande attention, dans le vide et l'effacement, les petites fleurs rouges d'un cognassier du Japon, ne plaçant qu'au dernier moment la valeur noire de son dessin, la tâche intense à l'encre de Chine du tronc de l'arbuste. Et ç'a été encore des lavages, des séchages, des reprises, des relavages, au bout desquels le lumineux et moelleux dessin était parachevé, tirant de tout ce travail dans l'humide quelque chose du joli flottement des contours que l'on voit en un dessin baignant dans l'eau d'une cuvette de graveur, et sans que, — selon l'expression d'un peintre, — dans cette chose *soufflée* se sentît la moindre fatigue.

Je revoyais ces jours-ci ce kakemono, dont Watanobé Seï So a fait cadeau à Burty, et j'admirais l'art doux et délicat de ce dessin noyé dans un si charmant brouillard gris, et où cependant tout est dessiné, achevé, fini. La merveille de nature, que ces cinq grimpereaux, et la perfection et la vie de leur plumage, et l'intelligente opposition, au milieu de la sautillante allure des quatre bien portants, de la pose frileuse et ratatinée du petit malade, la tête rentrée dans le soulèvement de ses plumes en boule. Du reste, le dessin a été enlevé avec amour : l'artiste japonais était véritablement exalté par le plaisir admiratif qu'il nous voyait prendre à son travail, et le lendemain il disait à son compagnon que c'était la seule soirée en France qui lui eût rappelé une soirée de dessin du Japon.

Sur le palier s'ouvrent des chambres inhabitées, ensevelies dans la poussière des capharnaüms, où tout bibeloteur emmagasine et entasse les choses boiteuses et estropiées, les choses achetées les jours d'erreur, où le goût est *embourgeoisé*, et les choses pour lesquelles une inexplicable indifférence est venue. Il y a là, pêle-mêle, dans le fouillis pittoresque d'un grenier du bric-à-brac, des porcelaines égueulées, des grues de bronze aux frêles et longues pattes cassées par la trépidation du chemin de fer, des cadres dédorés qui doivent aller en visite chez le doreur, des dessins chassés de l'entresol et du premier étage par des acquisitions récentes, des piles de cuirs japonais destinés à fabriquer des reliures de livres orientaux, des objets de toutes sortes et de toutes formes, dont la mémoire est comme perdue, et dont le regard se détourne, ainsi que d'achats dont on rougit : cela au milieu de paquets intacts de fiches commandées pour rédiger des catalogues, qui ne seront jamais faits. Et ce sont des cabinets de laque délabrés, aux ferrures arrachées, dont la restauration ruineuse est indéfiniment ajournée ; des tapis persans qui ne sont plus que la trame de lumineuses couleurs, — revivront-elles ? — Et à côté de vieilles malles, couchés sur le plancher, de gras amours en bronze du dix-huitième siècle, qui, le lendemain d'un gain inespéré en littérature, feront, avec une tablette de marbre bleu turquin, un royal buffet de salle à manger.

Au milieu de cet amoncellement de choses, disparates et hétéroclites, des armoires entre-bâillées laissent voir des rangées interminables de livres modernes.

Et tout d'abord de Chateaubriand, le créateur de la langue littéraire d'aujourd'hui, l'édition de 1809 d'*Atala*, avec son titre rococo : ATALA, OU LES AMOURS DE DEUX SAUVAGES DANS LE DÉSERT. — Et de Hugo, presque toute sa prose et sa poésie dans ces élégants in-octavo d'Eugène Renduel, et au milieu desquels se trouve la petite édition de 1829, ornée de son fac-similé, de la complainte en argot du livre enfanteur, qiu a pour titre : LE DERNIER JOUR D'UN CONDAMNÉ. — Et de Musset et de M^me^ Sand et de Sainte-Beuve, les éditions originales de la CONFESSION D'UN ENFANT DU SIÈCLE, de LÉLIA, de VOLUPTÉ : les trois romans, les trois livres documentaires sur l'état d'âme inassouvi et splénetique des romantiques de 1830; et encore de Mme Sand, la romancière si peu réelle, la première et belle édition de l'HISTOIRE DE MA VIE, où la faiseuse de mémoires rencontre des pages si vraies, pareilles à la page, où elle raconte la mort de sa mère, cette Parisienne pur sang, ne voulant pas mourir dans son lit, mais dans un fiacre qui la roule agonisante parmi le bruit et l'animation joyeuse de Paris, montant l'avenue des Champs-Élysées. — Et de Mérimée, l'homme sec, l'auteur sec, la DOUBLE MÉPRISE, le joli volume typographié par Fournier en 1833, un exemplaire sur chine de la CHAMBRE BLEUE, et la sceptique notice sur Beyle, publiée à Eleutheropolis en 1854, avec une figure érotique. — Et de Stendhal, malheureusement un si pauvre styliste, les éditions originales DE L'AMOUR, et du roman bien humain : LE ROUGE ET LE NOIR. — Et de Janin, l'habile équilibriste de phrases impossibles, l'éminent jongleur de mots, peut-être trop dédaigné à l'heure présente, L'ANE MORT ET LA FEMME GUILLOTINÉE, avec l'illustration du *Bon Lapin* par le talent ingénu de Tony Johannot, et le pimpant et casseur petit volume de DEBURAU, HISTOIRE DU THÉATRE A QUATRE SOUS.

Mais arrivons aux livres des amis morts ou vivants, donnés par eux, ou achetés par moi sur des papiers durables.

C'est de Michelet, le sublime visionnaire de l'histoire, l'artiste en style par excellence, de Michelet qui m'a fait l'honneur de me signer, dans une de ses préfaces, un brevet d'historien, la vieille édition de sa monumentale *Histoire de France*, publiée par la librairie classique de Hachette. — De mon cher *Théo*, indépendamment de presque tous ses livres dans les premières éditions, l'exemplaire d'ÉMAUX ET CAMÉES, où Jacquemard l'a gravé en poète olympien, et qui a en tête la dernière dédicace, que l'écrivain, déjà bien malade et cherchant ses idées et ses mots, ait écrite :

*Aux graveurs sur pierre fine de la prose,*
*Edmond et Jules de Goncourt.*
*Un maintenant, mais toujours double.*

*Leur ami*

THÉOPHILE GAUTIER.

— De Feydeau, un des cent exemplaires du tirage in-octavo de FANNY. — De Fromentin, un exemplaire sur papier Whatman, avec une affectueuse dédicace de l'auteur, du SAHARA et d'UN ÉTÉ DANS LE SAHEL. — De Monnier, l'édition embryonnaire, à la date de 1830, de ses SCÈNES POPULAIRES, un mince volume avec ses petites vignettes à l'encre lithographique, et l'apparition pour la première fois du profil et de la signature de M. Prudhomme; et encore le volume des BAS-FONDS DE LA SOCIÉTÉ, — imprimé on n'a jamais su pourquoi en caractères elzéviriens, — volume dans lequel il n'est demeuré que bien peu de la féroce réalité, que le soir, au coin d'une cheminée, le raconteur, avec sa tête d'un Tibère au Café Turc, et tout en somnolant, fumant, éructant, jetait dans ses admirables et cruelles et toujours nouvelles improvisations. — De mon vieux Flaubert, l'édition, en un seul volume, de MADAME BOVARY, et une SALAMMBÔ, pour laquelle j'ai inventé une vraie reliure carthaginoise, faite d'un cuir japonais brunâtre, qui a l'air d'une peau humaine sortie de la tannerie de Meudon, et de gardes fabriquées d'une soie barbare, représentant des chouettes tissées d'or sur un fond de sang. — De Chennevières, les CONTES NORMANDS, qui contiennent le chef-d'œuvre ému de *Georgine*, en cette édition aux petites imageries enfantines, imprimée avec des têtes de clous sur du papier de journal de sous-préfecture, cette édition agréablement provinciale, sortie de l'imprimerie de Hardel, de Caen. — De Banville, du poète, de l'homme d'esprit et de cœur, un exemplaire, des ODES FUNAMBULESQUES, de l'édition de Poulet-Malassis, l'éditeur-artiste. — De Barbey d'Aurevilly, UNE VIEILLE MAÎTRESSE, le chaud et verveux roman, et à l'état de premier jet, que renferment les trois volumes publiées par Cadot en 1853. — De Tourguéneff, tous ses livres, toutes ces délicates et intimes études de nature humaine, en des paysages si profondément sentis par le rêveur, en des dessous de bois si fraîchement peints par le chasseur. — De Claudius Popelin, ses CINQ OCTAVES DE SONNETS, aux originaux encadrements dessinés par le gentil rimeur, et, s'il vous plaît, un des deux exemplaires sur chine, avec un envoi dans une branche de fleurs à l'aquarelle, et encore du poète et de l'écrivain d'art, un exemplaire sur peau vélin, de son savant livre sur LES VIEUX ARTS DU FEU. — De Renan, l'aimante notice nécrologique, consacrée par le frère à sa sœur bien-aimée : HENRIETTE RENAN. — De la princesse Mathilde, deux raretés bibliographiques, une biographie de sa dame lectrice, ARMANDE DIEUDÉ-DEFLY, une charmante vieille femme du bon vieux temps, et une monographie du blanc *Didi*, sous le titre d'une HISTOIRE D'UN CHIEN : une plaquette pour laquelle l'auteur a bien voulu me broder le morceau de soie qui lui servira de reliure. — De d'Hervilly, MESDAMES LES PARISIENNES, où nos Parisiennes de l'heure actuelle sont croquées dans une prose à talon rouge. — De Cladel, ses robustes paysanneries, toutes ensoleillées du soleil de la Provence. — De Jules Vallès, JACQUES VINGTRAS, cette autobiographie à la grande et rageuse ironie, avec des coins de style si délicats. — De Burty, son excellent livre des MAÎTRES ET PETITS MAÎTRES, où il a inséré une amicale notice sur mon frère, et un des deux exemplaires sur Whatman, de la curieuse correspondance qu'il a publiée de Delacroix. — De Zola, L'ASSOMMOIR, NANA, ces vivaces et plantureux romans, ces poussées de 550 pages d'impression, qui font de vrais blocs en papier de Hollande. — D'Alphonse Daudet, les FEMMES D'ARTISTES, FROMONT JEUNE ET RISLER AÎNÉ, JACK, le NABAB, les ROIS EN EXIL, tous en papier de choix, avec, dans l'exemplaire du *Nabab*, la dédicace si glorieuse pour la femme de l'auteur, dédicace tirée seulement à quelques exemplaires pour les amis intimes du ménage. — Les *jeunes* aussi sont sur ces planches, en beau papier, à côté de leurs aînés, et il y a là les livres du poète Jean Richepin, à la prose si vivante, d'Huysmans, de Liesse, de Guy de Maupassant, d'Hennique, de Paul Alexis; et bientôt, j'espère, un livre d'Henry Céard.

Mais de tous les écrivains modernes, l'auteur collectionné avec le plus d'amour, de passion, de persévérance, de recherches dans les catalogues de vente et à prix marqués, de furetage chez les libraires : c'est Balzac, dont l'Œuvre, sauf quelques brochurettes, est dans une armoire tout entier en éditions originales. Les voilà, ces beaux vilains livres de cabinet de lecture, sous leurs couvertures à peine défraîchies, avec leur texte si lisible, en leurs grandes marges pas bien blanches et peu satinées. Cela commence par le CODE DES GENS HONNÊTES dont je rappelle la première phrase de l'avant-propos, daté de 1825 : « L'argent, par le temps qui court, donne le plaisir, la considération, les amis, les succès, les talents, l'esprit même ; ce doux métal... » Cette longue phrase, et, pour ainsi dire, la première phrase du début de l'écrivain, n'est-elle pas typique chez l'homme qui, quelques années après, fera de l'Argent le nouveau ressort dramatique du roman moderne. Et l'Œuvre continue l'année suivante par l'in-24, qui a pour titre : LE PETIT DICTIONNAIRE *critique et anecdotique des Enseignes de Paris*, par un *batteur de pavé*. Puis ce sont : LES DERNIERS CHOUANS, les quatre volumes in-12 publiés en 1829, chez Urbain Canel. Enfin toute la titanesque série de l'épopée bourgeoise, publiée et chez Werdet et chez Hippolyte Souverain et chez Charles Gosselin et chez Chlendowski et chez de Potter, et qui se termine par LES PARENTS PAUVRES, LES PAYSANS, LE DÉPUTÉ D'ARCIS (1).

A ces éditions de Balzac, sont mêlées quelques plaquettes faites d'épreuves, ainsi que l'article de LA FEMME COMME IL FAUT, où l'on retrouve en marge sa lisible et ronde écriture d'expéditionnaire, son impérieux *deleatur*, et son bon à tirer fait d'un *B*, suivi d'un paraphe, qui a quelque chose du serpent se tortillant sur la couverture de LA PEAU DE CHAGRIN. Une de ces plaquettes qui vient de la vente Dutacq, et qui contient LES MARTYRS IGNORÉS, une de ces créations les plus géniales, a un petit intérêt : dans les corrections, le Courlandais Grodninski passe *lithuanien* en marge, et Balzac change en *blonds* les cheveux noirs de Raphaël, et à la place de son œil d'émerillon lui donne tout bonnement un œil *bleuâtre*, etc., etc. Le curieux, c'est que ces corrections n'ont point été faites dans la réédition de l'opuscule, à la suite de LA DERNIÈRE INCARNATION DE VAUTRIN, publiée en 1848.

Dans la même armoire, Gavarni voisine avec Balzac, et les lithographies du dessinateur avec les livres du romancier. C'est l'armoire, je ne crains pas de le dire bien haut, des deux grands génies du siècle, des talents les plus originaux de l'art et de la littérature, des deux hommes sans prédécesseurs.

De Gavarni, je n'ai pas tout à fait les trois mille planches cataloguées par MM. Mahérault et Bocher;

(1) On ne sait pas si le *Député d'Arcis* a été complètement terminé par Balzac, mais l'on sait que les dernières parties des *Paysans* ont été écrites par Rabou.

mais j'en ai beaucoup, beaucoup, beaucoup, et surtout des *avant la lettre,* de ces épreuves dont Gavarni faisait tirer six sur chine et six sur papier blanc (1), épreuves auxquelles ne ressemblent en rien les feuilles du tirage courant. Car, sous quelques coups de presse, bien vite s'en va le léger velouté de la pierre lithographique avec son joli ton de mine de plomb dans les demi-teintes. Et c'est tôt fini des noirs brillants, qui deviennent des taches boueuses, de la douceur nourrie des gris qui se mettent à ressembler à du pointillé où il y a des manques, et de l'étroite réserve des blancs dans la cernée enveloppante et voltigeante d'une légère estompe. Et vous n'avez plus qu'une lithographie, dont le travail à fleur de pierre a disparu, une épreuve à la fois charbonnée et dépouillée, où les caresses infinies du modelé s'en sont allées, et où, dans une froideur bleuâtre, n'apparaît plus, pour ainsi dire, que le squelette du coup de crayon lithographique. Je voudrais, par exemple, qu'on pût comparer du n° 8 des Impressions de ménage, une épreuve avant la lettre avec même une bonne épreuve ordinaire, je voudrais qu'on vît à côté l'une de l'autre, dans les deux états, cette jeune femme vue de dos, en robe d'été, la nuque, les épaules, les bras à l'air, et qui, toute lumineuse, n'a de noir sur elle que ses longues papillotes et l'envolée de son

(1) Ce tirage n'a rien d'absolu : il y a certaines lithographies, dont il y a eu tout au plus deux ou trois épreuves avant la lettre, tandis que d'autres, et particulièrement celles des derniers temps de la vie de Gavarni, ont de beaucoup dépassé le nombre douze.

petit tablier de soie : on verrait que le clair ensoleillement et de la blanche peau et du blanc linon s'est envolé dans le second état. Et la même chose est à répéter pour toutes les planches, et surtout pour ce chef-d'œuvre du clair-obscur, qui a pour titre : *Monsieur à la cuisine, Madame au piano.* Un jour, Gavarni, me parlant de cette lithographie, me disait : « J'ai trouvé pour cette planche un certain noir qu'il m'a été impossible de retrouver jamais ! »

Beaucoup de ces avant la lettre sont amusantes par les recommandations, les confidences au crayon ou à la plume jetées en marge : celle-ci, en haut de laquelle est écrit le nom de M. Ricourt, le fondateur de « l'Artiste » porte : *Un peu — très peu plus de ton;* celle-là, faite pour la série inédite, qui a pour titre LES CARACTÈRES, a inscrit en dessous : *Il faudra mettre ces titres petits et bien gris;* cette autre, qui est un travestissement, est pleine de renvois, indiquant dans le blanc du fond les infiniment petits détails de couleur du costume; cette autre de D'APRÈS NATURE est toute contournée de chiffres mathématiques; cette dernière enfin m'a été envoyée, avec la suscription : *A mes Goncourt.*

Et les curieuses et les rarissimes planches dans les inédites, et surtout dans les procédés, dans ce temps où Gavarni était en quête d'un moyen d'intercaler ses dessins en pleine impression d'un volume, sans recourir à la traduction d'un graveur. Je vois encore ce petit homme sec, nerveux, silencieux, nommé Jacquin, cet avocat devenu inventeur, se glissant, sans qu'on l'annonçât, dans l'atelier de Gavarni, lui mettant, sans mot dire, sur son chevalet, une planche de métal, sur laquelle aussitôt l'artiste crayonnait un bonhomme, — puis disparaissant comme il était venu. Du procédé qui n'était jamais trouvé satisfaisant, une, deux épreuves revenaient, et c'était tout. Dans ces rares petits bouts de papier, que Gavarni ne jugeait pas dignes d'entrer dans son Œuvre, il en est deux bien intéressants pour moi. L'un est une tête de vieillard aux cheveux et à la barbe blanche, autour de laquelle Gavarni, que cela ennuyait d'en faire plus, pria mon frère de mettre quelque chose de son cru ; et mon frère y a dessiné une tête de femme de profil en madras, et deux têtes drolatiques de carnaval, dont l'un porte sur le nez de grandes besicles. L'autre est une tête d'homme, de face, à la barbe et aux cheveux incultes, au front plissé par la contention d'un regard appliqué et clignotant, au méplat charnu du bout du nez ; — le portrait le plus ressemblant qui ait été jamais fait, et sans le vouloir, de Gavarni, du vrai Gavarni, — par Gavarni.

Parmi ces chambres, il en est une, où il y a un lit aux rideaux fermés, et sur les murs, deux ou trois eaux-fortes, signées *J. G.*, au milieu desquelles est accroché l'original et macabre dessin d'Une Parisienne, portant cette dédicace de Rops : *A MM. Edmond et Jules de Goncourt, après Manette Salomon.*

C'est la mansarde d'étudiant, où mon frère aimait à travailler, la chambre choisie par lui pour mourir, et demeurée telle qu'elle était le lendemain de sa mort, avec le fauteuil-balanceur dans lequel il se plaisait à fumer après un morceau de style. Au milieu se trouve encore cette grande table en bois blanc, où, sa faible tête appuyée sur les deux mains, il me lisait, très malade, une page de son livre préféré, une page des MÉMOIRES D'OUTRE-TOMBE, quand il bégaya un mot, le répéta, sans pouvoir bien le dire, et plusieurs fois avec colère, — se leva le front pâle, chancela.

De certains anniversaires et des jours de tristesse, où le long passé inoubliable de notre vie à deux me revient au cœur, je monte dans cette chambre, je m'assois dans le grand fauteuil près du lit vide, et dans le recueillement de la demi-obscurité, et parmi ce que gardent et vous font retrouver d'un mort bien-aimé les choses de sa chambre mortuaire, je me donne la douloureuse jouissance de me ressouvenir.

Et je le revois, mon bon et joli frère, quand je le relevai, et que je l'interrogeai, et que je lui parlais sans qu'il eût l'air de m'entendre, et que je lui demandais s'il ne me reconnaissait pas, et enfin qu'il me répondait par un gros rire moqueur, qui semblait dire : Crois-tu cela possible?

Puis quelques instants après, ce cri qui n'avait rien d'humain, et ces convulsions pendant deux heures, où la sueur froide de sa tête appuyée contre ma poitrine traversa mes habits, ma chemise.

Et enfin cette agonie de cinq jours sans reprendre connaissance.

C'étaient des élancements qui ressemblaient à des

tentatives d'envolées d'oiseau blessé ; c'étaient, sous ses draps, des blottissements épouvantés devant des visions, auxquelles, une fois, il cria, de sa parole retrouvée : « Va-t'en ! » c'étaient des tendresses de corps pour d'autres visions qu'il appelait de ses mains tendues, leur envoyant des baisers ; c'étaient des sonorités de phrases tumultueuses, jetées avec l'air de tête, le ton ironique, le sifflant mépris d'une intelligence hautaine qui lui était particulier, quand il entendait une stupidité ou l'éloge d'une chose inférieure. Un suprême rêve délirant, dans lequel revenaient, par moments, la mimique de son existence vécue, l'action de soulever des altères, avec lesquels je fatiguais ses derniers jours, le geste de mettre son lorgnon, et le simulacre de faire son métier, d'écrire sur une feuille de papier.

Et à mesure que les jours, les heures passaient, — encore vivant, déjà il n'était plus mon frère, — ses yeux profonds, larmoyants, ténébreux, son teint enfumé et doré, le sourire indéfinissable de ses lèvres violettes, lui donnaient une ressemblance troublante avec une figure mystérieuse et non humaine du Vinci, que j'avais vue en Italie, dans un coin noir, de je ne sais quel tableau, de quel Musée.

Le pauvre cher enfant mort, cette expression disparut ; il lui remonta alors sur la figure une tristesse terrestre que je n'ai encore vue sur la face d'aucune personne morte. Sur ce jeune visage, on croyait voir, au delà de la vie, le désolé regret de l'Œuvre interrompu.

# JARDIN

Quelques centaines de mètres à soi, où des choses de nature poussent, verdissent, fleurissent : l'intime et particulière jouissance pour un vieux Parisien, pour un homme d'appartement! Et la *passionnette* qui vous prend pour ce coin de terre, et les folies qu'on y fait!

Que de journées de novembre, pendant lesquelles, levé avec le jour, je battais les horticulteurs et les pépiniéristes de la grande banlieue, pataugeant des dix heures dans la boue de mauvais chemins, revenant dans la nuit, mouillé, gelé, harassé, affamé! Et que de journées encore de ce même mois de novembre, passées à voir planter, à planter moi-même, les arbustes arrivant par charretées; et où, le soir venu, la fatigue de tout le jour dans la bise et le vent, l'heureuse et immense lassitude du plein air, me faisaient bien souvent coucher sans dîner!

Et la Providence, qu'est vraiment un jardin, au milieu des grands chagrins, quand toutes les volontés d'un homme sont brisées, quand il n'a plus le courage du travail, quand il a horreur de la société des heureux de la terre, et lorsque la vie lui pèse dans la solitude et l'inaction de la pensée! A cet homme qui ne veut pas de distraction, le discret et insensible détournement de sa douleur que cette occupation, qu'il croit n'être qu'un moyen mécanique d'user le temps, et comme en se mettant à aimer les plantes et les fleurs, il se reprend tout doucement, et sans qu'il s'aperçoive, à *raimer* la vie!

Le jardin que j'avais acheté avec ma maison, planté d'arbustes communs, vulgaires, bourgeois, possédait cependant une beauté. C'était au fond, une superbe trochée d'immenses arbres de l'ancien parc Montmorency, tout habillés de lierre, et dessinant, au-dessus d'un petit rocher, un de ces grands éventails de verdure dont Wattèau abrite le repos et la sieste de ses sociétés galantes. Il fallait garder cela, en arrachant tout le reste, et mettre ce bouquet de grands arbres dans un milieu d'arbustes à feuilles persistantes, d'arbres restant verts toute l'année, et qui vous jouent un jardin d'été par un coup de soleil d'hiver; — et ces arbustes, les choisir parmi les arbustes rares, car le rare en tout, quoi qu'on *die*, est presque toujours le beau. Il y avait plus, avec les recherches et les progrès actuels de l'horticulture, et son retravail et son recoloriage *artiste* de la verdure naturelle, il y avait pour un homme de lettres coloriste, à faire un *jardin de peintre*, et à se mettre en grand, sous les yeux, une palette des verts, allant des verts noirs aux verts tendres, en passant par les verts bleuâtres des genévriers, les verts mordorés des cryptomerias, et par toutes les panachures variées des houx, des fusains, des aucubas, qui, dans l'absence des fleurs, font l'illusion de fleurs avec la pâleur de leurs feuilles. Disons-le, dans ce goût de jardinage où se mêle un peu de bibeloterie, l'arbuste élégamment branché, joliment architecturé, coquettement tacheté, devient une espèce d'objet d'art qu'on revoit les yeux fermés, auquel on rêve dans son lit, et qu'on songe à conquérir dans tel jardin privé de grand horticulteur, tout comme une rareté cachée sur une tablette de la collection particulière d'un marchand de curiosités. Et l'arbuste enfin obtenu, on le place dans son jardin, absolument comme un meuble de goût, qu'on poserait dans sa chambre.

Mais des arbustes, et des plus rares et des plus chers, ce n'était pas assez. L'Italie avec ses villas, m'avait donné le goût des jardins meublés, de ces jardins où, de tous côtés, apparaissent, dans le vert du feuillage, des morceaux de bronze, de marbre, de terre cuite, de faïence. A défaut d'antiques, qui étaient tout à fait au-dessus de mes moyens, à la sortie d'une porte de jardin, je faisais poser contre un treillage, exécuté sur un modèle du dix-huitième siècle, deux termes de faïence, terminés par des gorges de femmes et de petites têtes riantes portant des corbeilles. A la descente d'un escalier, aux rampes et aux dessous de marche tapissés de lierre, je plaçais deux amours de bronze, provenant d'une vente de Monbro, deux amours d'une exécution imparfaite, mais d'un maniérisme plaisant. En tête de la petite pelouse, je dressais une grande grue japonaise, à la marche élancée en avant, à la tête retournée en arrière, et si vivante sur sa feuille de nénuphar, qu'une fois un chien est tombé, une seconde, en arrêt sur l'échassier de bronze. Dans un cippe de pierre, enguirlandé de plantes grimpantes, je faisais encastrer une terre cuite, — elle s'effrite, hélas! un peu à l'air, — un bas-relief d'amours d'Angelo Rossi, le puissant et gras sculpteur des anges de Saint-Pierre de Rome, et qui, — remarque que n'a faite personne, — est le vrai père de notre Clodion, mais un père à la Michel-Ange.

Enfin, j'enfermai mes massifs dans un encadrement de porcelaine, de *biscuit*, dont je crois être l'inventeur, et formé des ronds à jour sur lesquels on cuit les soupières, et qui, à moitié enfoncés en terre, à moitié croisés l'un sur l'autre, forment un enchevêtrement tout à fait ornemental.

Pour mon coin aimé, pour mon petit rocher sous les grands arbres, et après lesquels j'ai fait monter des rosiers grimpants, maintenant aussi hauts que les arbres, je sacrifiais une porcelaine de blanc de Saxe, un dauphin au corps, au mufle, aux nageoires modelés dans la tourmente d'une gracieuse rocaille, et qui fait, dans la verdure mouillée de la fontaine, la plus heureuse tache blanche.

Là dedans, un sécateur à la main, les longues heures qui paraissent si courtes, et où l'on se dit, toutes les cinq minutes : « Allons, il faut remonter », et où l'on ne remonte pas; — continuant à émonder, à couper, à tailler,

Tous les mois, le jardin a son spectacle; même l'hiver, il a des fleurissements de nature, à vous tenir planté sur les deux pieds, devant un arbuste, dans cette pose à la fois imbécile et béate, si bien rendue par l'amateur des jardins, Gavarni, faisant sa propre caricature. N'ai-je pas, dans mon jardin, un certain jasmin jaune, qui fleurit en plein décembre, une bruyère paradoxale qui fleurit avec les lauriers-tin, tout le mois de janvier, un chèvrefeuille printanier, qui met sa fragrance de fleurs d'oranger dans l'air humidement glacé de février?

Mais le premier mois, où vraiment le jardin vous prend, vous retient, vous garde, vous fait paresseux à revenir à votre table de travail : c'est le mois d'avril, ce mois dans lequel vos yeux, sur ce bois qui vous paraît mort, ont chaque jour la surprise de la revie verte de l'arbre et de l'arbuste. Alors, sur les sarments desséchés du *deutzia*, l'arbuste symbolisant le printemps de l'Extrême-Orient, en ces endroits qui ont quelque chose d'une aisselle humaine, commencent à jaillir de petites feuilles frisées. Alors les boutons gonflés des cognassiers du Japon montrent une pointure de rouge, sous le coup de soleil pluvieux d'une giboulée, qui suspend au bout de chaque brindille une perle de cristal. Alors le vert naissant des clématites du Japon se recouvre d'un poilu argenté. Alors les mahonias du Japon, à la feuille de cuir, entr'ouvrent un peu du jaune de leurs graines d'immortelles. Alors les azalées de pleine terre, en leurs extrémités rondissantes, prennent une teinte pralinée. Alors les magnolias à feuilles caduques, au milieu de leur squelette rameux, laissent percer, au travers des enveloppes brunes de leurs fleurs, un peu de blanc verdâtre, s'ils sont blancs, et du blanc où s'allonge une tache violacée, s'ils sont mauves. Et déjà parmi les aucubas, dont les graines rouges ressemblent en ce moment à des cerises, le groseillier de la Californie étale ses longues grappelettes roses, à moitié fleuries.

Au Japon, on se rend solennellement, en mars, dans les vergers de Muméyashi, sur le Tokaïdo, pour regarder fleurir les pruniers *mumé;* au mois d'avril, on se rend à Muko-sima, à Tlèno, à Ojï, pour regarder neiger les cerisiers (1); moi qui suis un amoureux des floraisons d'arbres, je descends tous ces mois, en pantoufles, dans mon jardin, pour voir fleurir les pruniers *triloba*, et les genêts blancs, dont le blanc frappé par le soleil est comme de l'argent en fusion parmi des ombres d'argent bruni, et les ébéniers avec leurs grandes grappes jaunes, et les cognassiers du Japon qui paraissent constellés de rosettes d'officier de la Légion d'honneur, et les magnolias pourpres, aux larges coupes entr'ouvertes

(1) On lit dans les Annales des Empereurs du Japon : « Le deuxième mois de la troisième année (812 de J.-C.), le Daïri alla au jardin de Sin-yeu-sen (le jardin de la source des génies) pour s'amuser à y contempler des fleurs et à faire des vers. C'est à cette époque que commence au Japon le goût pour les fleurs. » Et depuis ce temps les Empereurs qui se succèdent ne manquent pas de venir, dans ce jardin, voir fleurir les arbustes à fleurs, voir rougir à l'automne les feuilles des arbres.

dans l'éther, et qui ont l'air de ces roses bols de porcelaine, imitant un sein de femme, dans lequel le dix-huitième siècle buvait son lait. Et, quoique je ne sois pas encore assez Japonais pour attacher aux branches de l'arbre admiré un sonnet commémoratif, il m'arrive de demeurer un long temps à jouir de la vue, dans le ciel bleu, de ces tendres et riants bouquets, sur lesquels, à tout moment, les vols rapides des oiseaux qui font leurs nids, laissent tomber de grands fétus de paille, trop lourds pour leurs petits becs.

Voici juin avec la floraison des rhododendrons, et le chiffonnage de leur tulle rose et mauve, qui éveille des idées de robes de bal, et leurs belles macules fauves ou noires, simulant des bourdons endormis dans le cœur de la fleur; et voici, avec la floraison des rhododendrons, la floraison des rosiers grimpants, montés après les grands arbres et perdus dans le lierre. Des fusées, des guirlandes, des chutes aussi bien disposées que celles des anciens maîtres vénitiens autour de la panse de leurs aiguières : des chutes de roses blanches, jaunes, roses, qui illuminent, du soleil enfermé en leurs pétales translucides, la verdure noire. Et, le soir venu, des journées qui finissent dans des senteurs de poivre mêlées à des odeurs de parfumerie d'Orient, dans des chants lentement modulés d'oiseaux las, et où, dans un jour sans lucidité, un ton de soleil disparu fait jaune, encore à huit heures, le vert de la pelouse. C'est le moment, parmi le crépuscule, des ébats de jeunes et imprudentes merlettes, encore sans queue, surveillées par un vieux merle grave et très noir. Et au milieu de l'endormement des couleurs, où le blanc d'un viorne macrocéphale, le jaune d'un bouquet d'iris, le cerise d'un rhododendron Broughton, ne sont plus que des fantômes du blanc, du jaune, du cerise, des zigzags de petites chauves-souris effacées qui ne semblent plus des vols, mais des ombres de vols. Enfin, dans le brouillard des choses et le jardin obscurci, plus rien que la pâleur presque spectrale d'un *negundo* panaché, dont le feuillage argenté et rosé, sous la lune qui se lève, me fait penser à un arbre enchanté de minuit, où va venir battre des entrechats, dans un linceul de satin blanc, une svelte trépassée de l'ancienne Comédie-Italienne.

Le mois de juillet, encore tout un mois de roses, et tout un mois dans le feuillage, de rouge corail, de rouge groseille, de rouge cramoisi, de rouge nuancé de ponceau, de rouge amarante, *d'écarlate velouté*, *de pourpre noirâtre, illuminé de feu*, et de rose vif et de rose tendre satiné, et de rose carminé et de rose lilas, et de rose saumoné, et de rose *velouté de violet d'évêque*, et de rose *carné virginal*... Puis c'est le mois, où l'arbre au pied duquel Chateaubriand dormit toute une nuit, la tête des deux Floridiennes sur sa poitrine, l'arbre d'amoureux souvenir, soigné par lui avec tant d'affection dans sa *Vallée aux loups*, où le magnolia détache, sur le lustre bombé de ses feuilles, le blanc de moelle de ses grandioses fleurs odorantes, en leur dessin de force, en leur contournement turgide et crispé.

Août est arrivé : un ruissellement d'une lumière comme mouillée sur le recroquevillage luisant des houx, d'une lumière pétillante et micacée sur le frisotis des genévriers, d'une lumière métallique sur le lisse des magnolias, des lauriers, des *crategus* dont la tête semble laquée de rouge. Tout luit, tout brille, tout éclaire. L'incendie du soleil met sur toute cette verdure exotique un vernissage aveuglant, et moi à qui on reproche d'aimer les arbres de zinc, je regarde cela parfaitement heureux, d'une petite allée à l'ombre parfumée, au cailloutis de rivière si joliment blanc après une ondée, et qui serpente entre des troncs d'arbres habillés de lierre, et qui est bordée de petits arbustes baroques, un peu parents des chênes en pot de la Chine. Souvent, de cette allée qui serpente autour du rocher, où se dresse mon dauphin de Saxe, j'ai l'amusante représentation d'un oiseau venant prendre son bain dans la vasque, du barbotage tapageur et presque colère avec lequel il s'inonde d'eau, et dont il sort, le vol lourd et secouant des gouttelettes de pluie.

Puis septembre, où dans l'affolement de la feuillée, dans les projections désordonnées d'une verdure délustrée, et qu'on ne sent plus parcourue par la vie humide de la sève, apparaissent quelques roses aux maigres folioles et qui ne sont plus doubles, quelques incomplètes clématites du Japon, quelques tardives fleurs de magnolias au milieu de feuilles qui se bronzent. Et c'est encore l'heure du fleurissement frisé des *althæa* au cœur mauve, et l'heure dans l'échevellement des fuchsias, des mille petites fleurs aux longs pistils, toutes semblables à de petits glands de passementerie rouge, accrochés à un arbuste. Et parmi les derniers rouges de la flore, dans le jardin défleuri, l'heure de la note intense, brutale, massacrante des géraniums, ces fleurs qui semblent peintes avec le *minium* dont on enduit le fer.

Octobre! les rhododendrons grippés jusqu'à midi par la gelée blanche des matinées, les grandes feuilles caduques des magnolias, au vert mangé par les limaces, et dont le réseau textile, à jour, ressemble à une toile d'araignée perlée de rosée, le feuillage des azalées devenu pourpre; et sur le pourpre, le roux, le jaune, et sur le noir des ramilles et des branchettes des grands arbres à moitié dépouillés, et sur la constriction des dernières feuilles, et sur ce violet de l'hiver qui commence à se glisser dans les fourrés, d'étroits coups de soleil bornés par de l'ombre froide.

Novembre. Une lumière d'éclipse, dans laquelle vole la rouille des dernières feuilles.

Décembre. De la neige, partout de la neige. Un jardin disparu, abîmé, où de temps en temps, de dessous la blancheur, émerge un rameau vert aux feuilles contractées et colères, tandis qu'un gros flocon descend à terre, en se balançant à la façon d'une plume tombée d'une aile. Et dans le jardin peu à peu réapparaissant, les deux amours de bronze du perron, gardant des jours entiers sur leur tête, un monceau de neige qui leur fait d'énormes perruques blanches, au-dessus de leurs mignons petits corps.

Ou bien si ce n'est pas de la neige, c'est la vue, dans un bain de lumière jaune, des grands arbres filigranés de grésil, et faisant l'effet de gigantesques madrépores de cristal, aperçus dans l'eau sale d'un aquarium abandonné.

Infortuné jardin, qui peut-être est mort, tué par la gelée de cet hiver, au moment où j'en fais la description, bien souvent au retour d'un dîner d'hommes de lettres, les yeux pleins des reflets brûlants du gaz, la cervelle encore échauffée du capiteux des idées, des paradoxes, des paroles de tout à l'heure, j'ouvre une fenêtre sur la nuit, et m'appuyant à la barre, la tête avancée dans le noir, le silence, la senteur de bois montant d'en bas, en ce grand calme de la nature, où ne se perçoit plus que *pianissimo* le chœur coassant des grenouilles de la mare d'Auteuil, j'éprouve comme une jouissance de me sentir, à la fois, si près et si loin de Paris.

FIN.

R.F.

# TABLE



Paris. — Typ. G. Chamerot, 19, rue des Saints-Pères. — 10010

www.ingramcontent.com/pod-product-compliance
Lightning Source LLC
LaVergne TN
LVHW010534100826
845148LV00001B/186

*9782012562226*